沈阳师范大学法律实务实训系列教程

沈阳师范大学涉外法治实务实训教程

U0638527

行政法律
实务实训教程

方 芳／主 编

徐海静　山万峰／副主编

中国民主法制出版社

图书在版编目（CIP）数据

行政法律实务实训教程／方芳主编；徐海静，山万

峰副主编． -- 北京：中国民主法制出版社，2024.11.

ISBN 978-7-5162-3773-1

Ⅰ．D922.1

中国国家版本馆 CIP 数据核字第 2024DX7597 号

图书出品人： 刘海涛

责 任 编 辑： 许泽荣

书　　　名 ／ 行政法律实务实训教程

作　　　者 ／ 方　芳　主编　徐海静　山万峰　副主编

出版·发行 ／ 中国民主法制出版社

地址 ／ 北京市丰台区右安门外玉林里 7 号（100069）

电话 ／（010）63055259（总编室）　　63058068　63057714（营销中心）

传真 ／（010）63055259

http ：//www.npcpub.com

E-mail ：mzfz@ npcpub.com

经销 ／ 新华书店

开本 ／ 16 开　710 毫米×1000 毫米

印张 ／ 23　　**字数** ／ 339 千字

版本 ／ 2025 年 1 月第 1 版　2025 年 1 月第 1 次印刷

印刷 ／ 北京建宏印刷有限公司

书号 ／ ISBN 978-7-5162-3773-1

定价 ／ 88.00 元

出版声明 ／ 版权所有，侵权必究。

目　录

第一章

行政法务实训概论

一、行政法务实训课程概述

行政法务实训课是在法学实践教学理念基础上开设的一门以行政法领域法律实务为内容，旨在了解行政法律实务、开展行政法律实践，提高学生行政法律实践能力的课堂实践教学课程。中国共产党第二十届中央委员会第三次全体会议通过的《中共中央关于进一步全面深化改革、推进中国式现代化的决定》提出，深入推进依法行政，完善中国特色社会主义法治体系，全面推进国家各方面工作法治化。行政法务实训课的教学理念要在依法行政法治理念的基础上进一步发展，深入推进行政法律实务与法学教学相对接。通过行政法律诊所式的教育对各类典型行政行为以及行政诉讼案件进行具体的、深入的法律实训。

行政法务实训围绕行政实体法以及行政程序法两个方面开展实际的训练。行政法是典型的实体法与程序法相结合的法律部门，实体和程序相互交织，除行政诉讼法是典型的程序法之外，大多数的行政法规范都是实体与程序的结合，其目的在于用程序法律规范规制实体的行政权运行。一方面，行政法通过对行政权力的事前或事中的控制，规制行政权力启动的条件以及运行程序；另一方面，行政诉讼法对行政权力进行事后控制，防止行政权力的失范，为行政相对人提供救济保障。因此，行政法务实训围绕全部行政行为展开实际的训练，包括行政立法行为、行政许可行为、行政处罚行为等具体行政行为，独具特色的行政复议行为以及行政诉讼行为。

二、行政法务实训课程的定位

学生在学习行政法领域相关理论知识及法律法规的基础上，了解行政法领域实务、实践内容，掌握解决行政法律案件的方法、技巧，形成行政法律案件解决思维方式，具备分析、解决行政法律案件的能力，为法律职业奠定实践基础。

由于行政执法领域涉及范围广、内容多，在课程设计上难以纳入全部行政执法行为。因此，在行政法务实训课程中需要凝练教学内容，突出重点。既要照顾到行政法务全面性的引导，又要突出重点行政行为、行政实务的特点，尤其是行政法领域独具特色的行政行为以及行政诉讼案件类型，要做重点的实践训练。在课程内容设计上大致分为三个方面：（1）一般实训内容，介绍行政法律实务的基本内容、特点以及一般性的、规律性的实务方法、技巧；（2）重要行政行为实训，针对行政法实务中重要的具体行政行为进行重点实训，如行政处罚行为、行政许可行为、行政复议行为以及行政诉讼行为；（3）类型案例实训，甄选行政法领域多发、重要的案件类型进行有针对性的实训，如国家赔偿案件、劳动争议案件、工伤认定案件以及环境保护案件等。

三、行政法务实训课程的目标与要求

（一）教学目标

通过行政法务实训课课堂教学改革，以提高学生思辨能力，培养学生形成法律思维、角色意识，提高学生动手操作能力及提升学生法律实践综合能力。

（二）教学要求

学生在学习行政法领域相关理论知识及法律法规的基础上，了解行政法领域实务、实践内容，掌握解决行政法律案件的方法、技巧，形成行政法律案件解决思维方式，具备分析、解决行政法律案件的能力，为法律职业奠定实践基础。

四、行政法务实训课程的教学手段

（一）采用教师引导与学生自学相结合的教学模式

采用教师引导与学生自学相结合的教学方法。在每一个实训模块中，教师预先将重点知识点布置给学生，由学生自主完成相关理论知识的预习。在课堂教学中，教师侧重针对行政法律实务中的细节进行讲授，引导学生自主形成法学思维。通过学生之间、教师与学生之间的互动，引导学生以法学思维解决具体行政实务问题。教师最后进行总结归纳、对学生的表现进行评价，并提出拓展的思考问题。

（二）丰富教学手段

采用实训、模拟的法律实训方法，结合教学实际需要，利用多媒体教学等各种现代化教学手段；利用法学实践数据库，在教学运行中，围绕课程内容，结合经典或社会热点案例，进行分析、讨论，锻炼学生应用所学理论解决实际问题的能力；充分利用网络资源，将网络化、数字化教学引入实训课教学，为学生课下交流提供平台。

1. 情景教学模式

在课堂教学过程中，让学生进行"角色扮演"，还原案件办理的过程，在真实情景中使用法律，操作实务。让学生在情景中体验不同的法律关系主体对法律的使用、操作的方式方法及程度，形成角色思维、角色意识。

2. 案例教学模式

针对典型、经典案例进行分析、讨论。学习法官、律师对案件的分析思路、解决问题的方法以及对案件的整体把握，有助于学生提高对案件分析、把握的能力。

3. 实务专家进课堂

邀请行政部门的实务专家给学生进行专题讲座。针对重要的行政行为在实践中的表现、操作以及相关问题进行讲解，让学生对抽象的、理论的行政行为形成感性的、具体的认识，扩大学生的知识面，有助于学生对行政法律案件的理解。

4. 诊所式教育模式

在课堂中引入真实行政法律案件，由教师引导，让学生自主完成对法律案件的解决，带领学生亲身参与法律案件办理的过程，将实训知识应用到具体案件的解决中。

五、行政法务实训课程的考核方法

（一）建立评价体系

教学评价可以反映课程教育价值、及时整理教学信息、互动反馈教学意见。建立科学的、规范化、系统化的行政法律实训课教学评价方法应首先明确评价目标，保证评价的正确性、可靠性和公平性。通过评价让学生了解其专业水平提高程度，教师在评价的时候应注意将阶段性评价与总结性评价相结合，逐步建立起多样化和制度化的诊所式评价方法。

（二）平时阶段性和期末总结性评价相结合

给学生提供阶段性评价并反馈应该是法学教学中最基本的评价形式。阶段性评价对于法律诊所教学来说尤其重要。因为阶段性评价也可以帮助教师了解学生对某个知识点掌握、操作的程度以及存在的问题。阶段性评价能采取多种形式，可以进行练习考试、课堂上讨论表现、学生互评或自我评价等。

期末总结性评价是对学生行政法务实训知识学习情况与实务操作能力的一个总结。总结性评价应当包括的内容有三个方面：1. 实践中的总体表现：办案数量、质量、效率。2. 律师技能：访谈的技能、事实调查的技能、取证的技能、谈判的技能、法律知识的掌握与运用技能、文书写作的技能、庭上表现的技能等。3. 律师责任感与职业道德：学生在忠实当事人、履行保密义务，对案件持负责、严谨、敬业的态度等方面的表现。

（三）多元化评价内容

行政法务实训课采用多元化评价内容，要对学生的认知、行为、表现以及态度等方面进行评价：

1. 认知评价是指对于学生知识学习或者知识掌握程度进行评价，如对于学生是否掌握实体法、程序法知识并加以运用的评价。认知评价以学生运用知识的能力为核心内容。

2. 行为评价是指对学生在进入课程学习后的实操技能提升效果进行评价。行为评价是教师对于学生的学习行为观察后所作出的评价。例如，教师检查学生是否通过课程学习已经掌握出具书面法律意见的能力、检查学生接待当事人时是否清晰解释了时效问题等。

3. 表现评价是指评价学生在以评价为目的而要求其执行的任务中的表现情况，例如教师对于学生在课堂上的表现进行评价。

4. 态度评价是对学生在进行相关课程学习之前和之后的不同进行评价。例如，我们可以评测学生在完成行政法务实训课之后的变化。教师可以通过面谈等多种方式了解学生对于教学计划规定的特定内容的认识和看法，了解学生对于行政法律实训、律师职业、法官职业等问题的态度。

（四）评价方法

课程考核以平时考核与期末考核相结合，以综合打分的方式进行。平时考核根据每一个模块学生的个人表现以及团队合作表现分别赋分，得出平时成绩，期末考核采用模拟法庭的方式，得出期末成绩。平时成绩与期末成绩以各占50%的比例得出最后的考核成绩。

第二章

行政立法实训

第一节　行政立法

一、实训目标

通过实训了解行政立法过程，使学生了解行政立法中行政机关的重要地位及作用，能够对行政立法的目的和权限有较为深刻的认知，掌握行政立法的具体程序。此外，深化对行政立法基本理论知识的理解和贯通，培养学生行政法素养。

1. 通过实训能够对行政立法的目的、权限等问题有全面了解。

2. 通过实训熟练地掌握行政立法的具体程序，准确把握行政立法的各个环节的具体操作。

二、实训素材

为了加强职业卫生监督管理，控制和消除职业病危害，保护劳动者身体健康和生命安全，促进经济发展，根据《中华人民共和国职业病防治法》《使用有毒物品作业场所劳动保护条例》等有关法律、法规，结合实际，制定《××市职业卫生监督管理条例》。

三、实训准备

（一）理论准备

1. 行政立法的概念

行政立法是指国家行政机关依照法律规定的权限和程序，制定行政法规和行政规章的活动。它包含以下三层含义。

第一，行政立法是行政机关的行为。

第二，行政立法是行政机关依照法定权限和程序所为的行为。这是行政立法同其他行政行为的显著区别。行政立法必须经过起草、征求意见、讨论、通过和公布等立法程序，这就使它与行政处罚、行政许可等由行政机关单方面作出决定的具体行政行为不同。

第三，行政立法是行政机关制定行政法规、行政规章的抽象行政行为。从行为的结果看，行政立法的结果是产生具有普遍约束力的规范性文件。这些规范性文件并不是针对某个具体的人或具体的事，而是普遍适用。

2. 行政立法的分类

依据不同的标准，可以对行政立法作不同的分类。

（1）一般授权立法和特别授权立法

行政立法依其立法权力的来源不同，可以分为一般授权立法和特别授权立法。

①一般授权立法。所谓一般授权立法，是指国家行政机关直接依照宪法和有关组织法规定的职权制定行政法规和行政规章的活动。

②特别授权立法。所谓特别授权立法，是指依据特定法律、法规授权或者依据国家权力机关或上级国家行政机关通过专门决议的委托，制定规范性法律文件的行为。

（2）中央行政立法和地方行政立法

行政立法依据行使行政立法权的主体不同，可分为中央行政立法和地方行政立法。

①中央行政立法。国务院制定行政法规和国务院各部门制定部门规章的

活动称为中央行政立法。

②地方行政立法。地方行政立法是指一定层级以上的地方人民政府制定行政规章的活动。

（3）执行性立法、补充性立法和试验性立法

依据行政立法内容、目的的不同，可以将行政立法分为执行性立法、补充性立法和试验性立法。

①执行性立法。它是指为了执行法律或地方性法规以及上级行政机关发布的规范性文件而作出具体规定，以便于更切合实际情况的行政立法活动。

②补充性立法。它是为了补充已经发布的法律、法规而制定的规范性文件的活动。

③试验性立法。它是指行政机关基于有权机关或法律的特别授权，对本应由法律规定的事项，在条件尚不充分、经验尚未成熟或社会关系尚未定型的情况下，先由行政机关作出有关规定，经过一段试验期以后，再总结经验，由法律正式规定下来。

3. 行政立法的主体及权限

（1）行政立法的主体

行政立法的主体是指依法取得行政立法权，可以制定行政法规或行政规章的国家行政机关。根据我国宪法、组织法以及有关法律、法规的规定，我国行政立法的主体为：

①国务院。国务院是我国最高的行政立法主体，既有依职权立法的权力，又有依最高国家权力机关和法律授权立法的权力。

②国务院各部、各委员会。这类行政立法主体，在其权限内可以依法律授权立法。

③国务院直属机构。它们的行政立法权来源于单项的法律、法规的授权，它们享有不完整的规章制定权，即制定的规章要经过国务院批准后才能作为行政规章发布施行。

④省、自治区、直辖市人民政府。从我国组织法和有关法律的规定来看，省、自治区、直辖市人民政府在其权限内可以依法律、法规的授权进行行政立法。

⑤省、自治区、直辖市和设区的市、自治州的人民政府。它们可以根据法律、行政法规和本省、自治区、直辖市的地方性法规，制定规章。

⑥作为经济特区的市人民政府。

（2）行政立法权限的划分

行政立法权限，是指行政立法主体行使相应立法权力的范围和程度。它是行政立法的核心问题，因为它既涉及权力机关与行政机关之间的立法权限，也涉及中央和地方行政机关之间的立法权限。

①国务院的立法权限。《宪法》第 89 条第 1 款规定，国务院有权"根据宪法和法律，规定行政措施，制定行政法规，发布决定和命令"。由此确定了国务院制定行政法规的立法权。

②国务院各部门的行政立法权限。国务院是由各部、各委员会、审计机关和直属机构组成的，根据宪法和国务院组织法的规定，国务院各部、委可以根据法律和国务院的行政法规、决议、命令，在本部门的权限内，发布命令、指示和规章。由此确定了国务院各部门的行政规章制定权。

③有关地方人民政府的行政立法权限。根据《立法法》第 93 条第 1、第 2、第 3 款的规定，省、自治区、直辖市和设区的市、自治州的人民政府，可以根据法律、行政法规和本省、自治区、直辖市的地方性法规，制定规章。

地方政府规章可以就下列事项作出规定：

（1）为执行法律、行政法规、地方性法规的规定需要制定规章的事项；

（2）属于本行政区域的具体行政管理事项。

设区的市、自治州的人民政府根据本条第 1 款、第 2 款制定地方政府规章，限于城乡建设与管理、生态文明建设、历史文化保护、基层治理等方面的事项。已经制定的地方政府规章，涉及上述事项范围以外的，继续有效。

4. 行政立法的程序

（1）立项

立项是立法准备阶段中的重要环节，是立法主体经过立法预测和决策作出的判断性立法安排，制定立法计划。

（2）起草

起草就是对列入规划需要制定的行政法规和规章，由人民政府各主管部门分别草拟法案。

（3）审查

审查是指行政法规、规章草案拟订以后，送交政府主管机关进行审议、核查的制度。

（4）决定

决定是指行政法规、规章在起草、审查完毕后，交由主管机关的正式会议表决的制度。

（5）公布与备案

行政法规和规章制定以后应当及时地向社会公布，并在公布后 30 日内报有关部门备案。

（二）实践准备

1. 熟悉《立法法》第三章、第四章第二节、第五章，《行政法规制定程序条例》《规章制定程序条例》《法规规章备案条例》等相关法律、法规。

2. 学生按照行政立法过程分为立项组、起草组、审查决定组、公布备案组，角色分配，划分工作职责。

四、实训要点

（一）立项

立项是立法准备阶段中的重要一环，关系地方立法的方向和质量，关系地方法治化建设的进程。行政立法的立法项目，来源广，渠道多，包括政府及其职能部门申报、人大常委会及人大专门委员会和有关常委会工作机构建议、人大代表甚至社会公众反馈意见、国家根据经济社会发展趋势立项以及行政领导批示等方式。

（二）起草

1. 多部门联合起草或法制机构起草：行政法规或者规章在涉及两个以上部门职权范围事项的情况下，应该由人民政府的法制机构或几个部门共同来草拟法案。

2. 政府主管部门起草：行政法规或者规章的主要内容不涉及其他业务部

门的，则由主管部门负责起草。

3. 起草应当听取公众的意见：在起草行政法规、行政规章的过程中，应当广泛听取有关机关、公民、社会组织的意见。只有让广大的民众能够参与到立法中来，才能够保障行政立法的透明性，才能使行政立法行为制定出来的行政法规或规章，能够更容易让人接受，并服从法规。所以，作为行政机关在征求意见过程中，可以通过座谈会、论证会、听证会等多种形式广泛听取有关机关、公民、组织或个人的意见，这里包括了技术专家、管理学家和法学专家的意见，尤其是利害关系人的意见。对于涉及其他主管部门的业务或者与其他部门关系密切的规定，应当与有关部门协商一致。经过充分协商不能够取得一致意见的，应当在上报草案时专门提出并且说明情况和理由，由上级机关出面协商或者决定。

（三）审查

1. 审查机构

具体作出审查职能的机构只能是政府法制机构。

2. 审查内容

审查的主要内容是这个行政法规、规章的制定是否具有必要性，是否具有可行性，是否具有合法性，手续是否完整，资料是否完整，有无超越权限立法的情形产生。

3. 审查报告

形成审查报告，对相应草案进行合法性确认，提出修改建议，补充程序要求，提出不合法的意见，进行风险评估与建议，对于专业性较强的也可以进行专家论证，为了保障民主性可进行公众参与。

（四）决定

1. 行政法规草案由国务院常务会议审议，国务院常务会议审议行政法规草案时，应由国务院法制机构或者起草部门作说明。行政法规草案也可以由国务院审批。

2. 部门规章由部门的部务会议（如公安部、司法部）或者委员会会议（如国家发改委、国家卫生健康委员会）决定。

3. 地方政府规章由政府常务会议或者全体会议决定。

（五）公布与备案

1. 公布

公布是行政立法的必经程序，没有经过这个程序，则视此行政行为为明显的违法行为，为无效的行政行为，自始至终不产生法律效力。这是符合一个合法行政行为最基本的概念，也体现了公开、公平、公正的法律理念。

根据制定的机关不同，规范不同，发布形式也不同。

（1）行政法规

国务院对行政法规草案提出审议意见后，由国务院法制机构对行政法规草案进行修改形成草案修改稿，报请总理签署国务院令公布施行。

行政法规签署公布后，及时在国务院公报和中国政府法制信息网以及在全国范围内发行的报纸上刊载。

（2）部门规章

法制机构应当根据有关会议审议意见对规章草案进行修改，形成草案修改稿，报请本部门首长或者省长、自治区主席、市长、自治州州长签署命令予以公布。

部门规章签署公布后，及时在国务院公报或者部门公报和中国政府法制信息网以及在全国范围内发行的报纸上刊载。

（3）地方政府规章

法制机构应当根据有关会议审议意见对规章草案进行修改，形成草案修改稿，报请本部门首长或者省长、自治区主席、市长、自治州州长签署命令予以公布。

地方政府规章签署公布后，及时在本级人民政府公报和中国政府法制信息网以及在本行政区域范围内发行的报纸上刊载。

2. 备案

《立法法》第 109 条规定，行政法规、地方性法规、自治条例和单行条例、规章应当在公布后的 30 日内依照下列规定报有关机关备案：

（1）行政法规报全国人民代表大会常务委员会备案；

（2）省、自治区、直辖市的人民代表大会及其常务委员会制定的地方性法规，报全国人民代表大会常务委员会和国务院备案；设区的市、自治州的人民代表大会及其常务委员会制定的地方性法规，由省、自治区的人民代表大会常务委员会报全国人民代表大会常务委员会和国务院备案；

（3）自治州、自治县的人民代表大会制定的自治条例和单行条例，由省、自治区、直辖市的人民代表大会常务委员会报全国人民代表大会常务委员会和国务院备案；自治条例、单行条例报送备案时，应当说明对法律、行政法规、地方性法规作出变通的情况；

（4）部门规章和地方政府规章报国务院备案；地方政府规章应当同时报本级人民代表大会常务委员会备案；设区的市、自治州的人民政府制定的规章应当同时报省、自治区的人民代表大会常务委员会和人民政府备案；

（5）根据授权制定的法规应当报授权决定规定的机关备案；经济特区法规、浦东新区法规、海南自由贸易港法规报送备案时，应当说明变通的情况。

五、实训过程

（一）立项

立项组以职业卫生监督管理为内容，以1~2种行政立法立项模式，模拟立项过程，有关部门并予以立项。

（二）起草

起草组以一种起草方式，模拟《××市职业卫生监督管理条例》起草过程，并向审查部门报送条例草案。

（三）审查决定

审查决定组模拟《××市职业卫生监督管理条例》审查、决定过程，对《××市职业卫生监督管理条例》草案予以审查、决定。

（四）公布备案

公布备案组模拟公布、备案程序，将《××市职业卫生监督管理条例》

公布，并向有关部门予以备案。

六、实训点评

（一）立项

根据案例素材，思考《××市职业卫生监督管理条例》可能出现哪种立项模式，每种立项模式启动的主体有哪些？立项理由是否应根据主体不同侧重点有所不同？

（二）起草

《××市职业卫生监督管理条例》可以采用哪种起草模式？每一种起草模式特点是什么？何种起草模式能够保证条例的权威性？职业卫生领域可能涉及的利益群体有哪些，何种起草模式能够保证这些利益群体的利益平衡？

（三）审查决定

《××市职业卫生监督管理条例》审查机构主体是哪个机构？审查的内容是什么？审查机构与决定机构是不是同一机构，为什么？行政立法的决定过程体现了什么原则？

（四）公布备案

为什么不同的行政规范公布的途径不同？备案的意义何在，其只是行政程序性工作吗？备案规则如何？备案对象体现了立法法的什么原则？《××市职业卫生监督管理条例》通过后应当向社会公布，并且在××市区域内发行的报纸上予以刊登。同时报送××市人大常委会、××省人大常委会、××省人民政府和国务院备案。

七、实训拓展

1. 行政机关立法与立法机关立法的区别。
2. 如何提高公众参与行政立法积极性？

第二节　行政立法征求意见

一、实训目标

通过实际参与立法意见征求，并运用专业知识提出合理化建议，让学生了解立法意见征求的程序，掌握立法意见征求的具体流程，深化行政立法及其有关的理论知识的理解和认识，培养学生依法行政的理念，训练学生以公民的身份参与行政立法活动的能力。

1. 通过实训掌握立法意见征求的程序。

2. 通过实际对待征求意见对法律法规提出意见，进一步熟悉立法意见征求的程序，并加深认识公众参与立法的重要性。

3. 熟练运用行政立法征求意见专用系统。

4. 针对正在进行的征求意见法律、法规提出具体的意见建议。

二、实训素材

案例一

为切实解决网络时代隐患潜在的危险，针对《治安管理处罚法》第42条提出相应的立法改进建议。

案例二

选择正在征集意见的法规规章，提出立法建议。

三、实训准备

（一）理论准备

1. 行政立法征求意见

征求意见是行政立法程序中法案起草完毕后、提交正式审议前，广泛听取各方面意见、建议和要求的一项程序性工作。这已经成为我国当前立法中的一项通行程序。《行政法规制定程序暂行条例》（已失效）第9条明文规定："起草行政法规，应当征求有关部门的意见。对于涉及其他主管部门的业务或者与其他部门关系密切的规定，应当与有关的部门协商一致；经过充分协商不能取得一致意见的，应当在上报行政法规草案时专门提出并说明情况和理由。"

行政立法过程中的征求意见程序一般包括以下两个方面的内容：

一是听取利害关系人的意见和有关专家的意见。专家的意见包括技术专家、管理专家和法学家的意见。征求利害关系人的意见的主要途径是：通过新闻媒介公布即将制定的法规和规章草案，召开相关问题的座谈会或者举行公开听证等，向利害关系人提供发表和陈述意见的机会。

二是广泛听取和征求行政机关和其他国家机关中有关部门的意见。在行政立法的过程中，既要征求本部门、本系统的意见，也要征求其他部门和系统的意见，尤其是综合部门的意见；既要听取中央机关的意见，又要听取地方机关的意见。在涉及其他主管部门的业务时，应当与有关部门协商一致，经过反复协商不能取得一致意见的，应当在上报草案时专门提出并说明理由，由上级机关出面协调和裁决。

2. 行政立法征求意见的意义

（1）公众参与是行政立法正当性的基础

目前，通过各种形式保障公众参与行政立法过程已成为行政立法机关的共识。

征求意见是反映和体现公众要求、利益和愿望的一种直接形式。法应当是公众利益和要求的反映和体现。尽管法案的起草者、审议者和表决者都是公众的代表，在他们的工作中一般都能够比较全面、合理地反映和体现公众的愿望和利益，但毕竟是间接的。并且，当前立法中存在的地方保护主义和部门垄断主义，严重影响了公众利益的真正体现。因此，直接听取和吸收公众的意见、要求和愿望，反映公众的利益，可以增强法的人民性。

（2）征求意见是实现民主的一种良好形式

征求意见制度体现了凡是"涉及大家的事就应让大家同意"的民主宪政传统，是人民参与管理国家和社会事务、体现主人翁地位、增强主人翁意识的一种直接形式。

（3）征求意见是增强法的可实施性的良好形式。

通过征求意见，可以集中大家的智慧，使法更具科学性；它本身又是一种法治宣传，有利于法的普及，因而就有利于它的实施。

3. 行政立法征求意见的实施

行政立法意见的征求一般由立法机关统一实施。

（二）实践准备

1. 熟悉相关行政立法征求意见法规内容，对自己关心的内容作立法建议准备。

2. 了解行政立法征求意见专用系统操作流程。

3. 学生分两组，一组演示行政立法征求意见专用操作系统，一组选择正在征求意见的规范提出意见。

四、实训要点

从技术角度上讲，行政立法公开征求社会公众意见工作主要有四种表现形式：专用系统方式、信函方式、传真方式和电子邮件方式。目前，更多采用通过专用系统方式公布法规草案，征集公众意见。

（一）信函方式

行政立法机关公布其收纳立法建议的公共地址，公众根据地址以信件的形式对相关立法提出建议或发表自己的看法，立法机关对其予以回复。

（二）传真方式

行政立法机关公布传真地址，公众以传真的方式对立法提出意见。

（三）电子邮件方式

公众根据行政立法机关提供的电子邮箱地址，对自己所关心立法内容提出建议。

（四）专用系统方式

通过开放的征求意见系统公布法规规章草案和收集公众意见。公众通过互联网可以随时就自己关心的事项提出建议，立法机关通过该系统能及时知晓公众意见，并对意见作出相关回应。充分实现立法机关与社会公众的互通交流，更加方便完善行政立法。

五、实训过程

（一）基础训练

1. 点击中国政府法制信息网并进入。

2. 点击其中的"立法意见征集"模块，进入法规规章草案意见征集系统。

3. 根据征求意见草案的所属类型选择进入"法律行政法规草案意见征集"或"部门规章意见征集"。本次实训内容为，国家市场监督管理总局起草的《食品委托生产监督管理办法（征求意见稿）》，应进入"部门规章意见征集"。

（二）提升训练

1. 小组成员登录中国政府法制信息网查看最近国家将要修订的法律法规。

2. 小组成员经过讨论确定感兴趣的立法建议。

3. 小组成员讨论对相关修改法条的意见，最后确定将《治安管理处罚法》第42条及其配套相关法条作为进行深入探讨对象。

4. 小组成员根据立法背景，相关法律文件，结合自己的切身感受发表各自的看法，提出自己的立法建议。

5. 经过深入的讨论基本形成自己本组的立法建议。

6. 形成立法建议的定稿文书。

六、实训点评

（一）总体点评

1. 实训小组掌握了提出立法建议的方式、方法，通过登录相关行政立法机关网站获得立法信息。思考，获得行政机关立法信息的途径有哪些？通过行政立法专门系统征求意见的有什么优势，有什么缺陷？

2. 实训小组掌握了信息检索的方法，检索与征求意见的法规相关的法律法规，通过新旧法律法规对比的方法，提出新旧法律法规的不同之处。检索与征求意见的规范相关的法律法规，新旧法律法规对比的作用是什么？立法建议是否可以突破现有法律法规规定？

3. 实训小组通过小组讨论的方式，确定了征求意见的法律法规的不足之处，并提出相关的建议。立法建议应该包括哪些方面内容？宏观立法建议与具有可操作性的立法建议哪个更可取？

4. 立法建议是否具有法律效力？如何提高立法建议效力？

（二）作业点评

学生作业一：关于《治安管理处罚法》第 42 条及其配套法条的立法建议

《治安管理处罚法》第 42 条规定：有下列行为之一的，处 5 日以下拘留或者 500 元以下罚款；情节较重的，处 5 日以上 10 日以下拘留，可以并处 500 元以下罚款：

（1）写恐吓信或者以其他方法威胁他人人身安全的；

（2）公然侮辱他人或者捏造事实诽谤他人的；

（3）捏造事实诬告陷害他人，企图使他人受到刑事追究或者受到治安管理处罚的；

（4）对证人及其近亲属进行威胁、侮辱、殴打或者打击报复的；

（5）多次发送淫秽、侮辱、恐吓或者其他信息，干扰他人正常生活的；

（6）偷窥、偷拍、窃听、散布他人隐私的。

这是该条立法的立法原文，建议在《治安管理处罚法》第 42 条中增加一款，作为第 2 款：利用信息网络实施上述行为的，处 10 日以上 15 日以下拘留，可以并处 1000 元以下罚款。

立法建议理由：行政法是网络暴力治理的前置法，我国现行有效的行政法中并无针对"网络暴力"的专门规定，对网络暴力行为的处罚往往依赖于《治安管理处罚法》第 42 条的解释适用。但是以网络技术为媒介实施的诽谤侮辱、造谣、陷害、公开隐私等人身攻击，相较传统的侵害方式而言，突破了时间和空间的限制，具有传播速度快、传播范围广、传播人群多、传播时间长等特征，给当事人的人格权益和网络公共秩序造成更为严重的危害后果。尤其是"网络水军""黑公关"等组织性、营利性网络暴力行为，具有极大主观恶性，严重恶化网络生态，扰乱公共秩序。

如果依旧根据现行《治安管理处罚法》第 42 条的规定来调整网络暴力行为，相应的处罚结果并不能妥当评价网络暴力行为的危害后果，难以发挥行政处罚的预防与惩罚功效，无法有效规制网络暴力行为。根据《治安管理处罚法》第 5 条第 1 款的规定，治安管理处罚必须以事实为依据，与违反治安管理行为的性质、情节以及社会危害程度相当。行政处罚应当遵循比例原则，保证违法行为的法益侵害性与应受的处罚幅度相匹配，才能实现法律效果与社会效果相统一。现行《治安管理处罚法》第42条的处罚标准与网络暴力行为的危害后果不成比例，应适当提升利用信息网络实施该条相关行为的处罚幅度。

为了维持该法在处罚标准上的体系融贯性，针对"利用信息网络实施该条相关行为"的处罚幅度不得突破法律内部限度。根据该法第三章第三节"侵犯人身权利、财产权利的行为和处罚"部分的规定，同类性质单一违法行为的最高处罚幅度为拘留15日与罚款1000元。而根据该法第16条的规定，有两种以上违反治安管理行为的，行政拘留处罚合并执行的，最长不超过20日。该法第42条已经确立了"5日以下拘留"与"5日以上10日以下拘留"这两个基准罚，所以第三个基准罚就可以设置为"10日以上15日以下拘留"。故为了实现网络暴力行为在行政处罚效果上的合比例性与体系协调，可以在《治安管理处罚法》第42条中增加一款，作为第2款：利用信息网络实施上述行为的，处10日以上15日以下拘留，可以并处1000元以下罚款。

以上是我们对于《治安管理处罚法》第42条提出的立法修改建议。谢谢!

教师点评

该立法建议通过对《治安管理处罚法》第42条提出了具体的立法建议。立法建议首先肯定了该法第42条对于制约现实社会中一些违法治安管理行为的发生具有重要意义。同时对于目前互联网时代的发展而产生的一些潜在的安全隐患提出问题。在立法原文第42条的基础上加上了对信息网络违反治安管理行为的打击，能够更好地保障社会的网络环境，降低信息网络违法犯罪行为的发生。

学生作业二：关于《食品委托生产监督管理办法》的立法建议

食品委托生产监督管理办法
（征求意见稿）

第一章 总 则

第一条 【立法目的】为规范食品（含食品添加剂，下同）委托生产行为，督促食品生产经营者落实食品安全主体责任，加强食品委托生产监管，保障食品安全，根据《中华人民共和国食品安全法》及其实施条例等法律法规，制定本办法。

第二条 【委托生产定义】食品委托生产是指食品生产经营者通过合同约定，由取得食品生产许可的食品生产企业为其代为生产食品的行为。委托双方应当按照法律法规、食品安全标准、产品技术要求以及合同约定开展委托生产活动。

第三条 【委托方资质】委托方应当为取得食品生产经营许可的食品生产经营者或取得备案的仅销售预包装食品的食品经营者。

保健食品委托方应当为保健食品注册证书持有人（含注册转备案的原注册人），且需取得相应保健食品生产或经营许可（备案）。

境外企业委托生产仅用于出口的食品的，相关法律法规已有规定的，从其规定。

法律法规对食品生产经营有其他特殊要求的，还应当符合相应要求。

第四条 【受托方资质】受托方应当为持有有效的食品生产许可的食品生产企业，生产许可范围应当涵盖受委托生产的产品品种类别并具备相应的生产能力。

第五条 【禁止条款】特殊医学用途配方食品和婴幼儿配方乳粉不得进行委托生产。

纳入地方立法管理的食品生产加工小作坊等生产经营主体不得从事食品委托生产活动。

第六条 【法律要求】委托方对委托生产的食品安全负责，应当对受托方生产行为进行监督。受托方应当依据法律法规、食品安全标准、产品技术要求以及合同约定进行生产，对生产行为负责，并接受委托方的监督。

委托方、受托方应当接受食品安全监督管理部门对食品委托生产的监督管理。

第二章 责任和义务

第七条 【资质查验】委托双方应当查验对方的营业执照、食品生产经营许可（仅销售预包装食品备案凭证）、保健食品注册证书或备案凭证等资质证书，并记录存档。资质证书不全、超出证书载明的生产经营范围、委托食品质量安全要求不符合法律、法规、食品安全标准相关规定和注册证书或备案凭证相关要求的，不得从事委托生产。

根据食品生产许可有关要求，需要完整工艺生产的食品不得委托多个受托方分段生产。委托方不得将同一保健食品分段委托生产。

第八条 【签订合同】委托方和受托方实施食品委托生产行为，应当签订委托生产合同，约定双方权利义务。

第九条 【报告制度】委托方和受托方应当在签订合同10日内分别向所在地县级食品安全监督管理部门报告委托生产情况。报告内容应当包括委托双方的名称、地址、质量负责人、联系方式、生产经营许可证或仅销售预包装食品备案凭证编号、保健食品注册证书或备案凭证和食品的名称、品种、数量、执行标准、合同期限等。签订期限超过1年的长期合同的，还应当每年报告一次委托生产情况。

委托方和受托方合同终止或发生企业更名、迁址、生产经营范围、生产许可条件、生产许可证被吊销等重大变化或不可抗力原因造成合同终结的，应在变化之日起10日内报告所在地县级食品安全监督管理部门。

第十条 【原料交付】委托双方应当约定食品原料、食品添加剂、包装材料等的采购方式，并对质量安全负责。委托方提供的，受托方应当进行验收。受托方提供的，应当经委托方审核确认。

第十一条 【标签标识】委托生产食品的标签标识应当符合法律、法规、规章和食品安全标准规定。委托双方应当对产品标签、包装标识及宣传材料进行合法性审核，并留存记录。

委托生产保健食品的标签标识应当与注册或者备案的内容相一致。

第十二条 【标注要求】委托生产的食品，应当同时标注委托方和受托方的名称、生产经营许可证编号或仅销售预包装食品备案凭证编号、地址、联系方式。在企业名称前冠以"委托方、受托方"或"委托单位、受委托单位"等字样。

第十三条 【生产过程监督】委托方对受托方生产行为的监督情况应单

独记录，由委托双方确认并分别留存。对受托方的监督可采取选派专人驻厂监督、派出监督检查组或聘用第三方机构定期或不定期审核等形式进行。

监督内容应当包括但不限于受托方委托生产食品的生产条件（厂区、车间、设施、设备）、进货查验、生产过程控制、食品安全自查、产品检验、贮存控制、标签和说明书、从业人员管理、信息记录和产品追溯等。

第十四条 【管理人员及机构】食品经营者委托生产食品的，应当建立与所委托食品种类、数量等适应的食品安全相关管理制度和食品安全管理机构，配备相应的食品安全管理人员。

第十五条 【产品检验】委托方应当查验委托生产食品的出厂检验报告，或抽取样品进行检验，确保符合法律法规、食品安全标准、产品技术要求和合同约定的要求。

第十六条 【产品留样】受托方应当按规定期限妥善保存委托生产产品留样，并留存产品生产和交付记录。委托方可根据需要或合同约定保存产品留样。

第十七条 【召回管理】委托双方发现委托生产食品不符合食品安全标准、产品技术要求或者有证据证明可能危害人体健康的，应当立即通知对方停止生产经营活动，排查风险隐患。委托方应当依法召回已经上市销售的食品，通知相关经营者和消费者，并记录召回和通知情况。

第十八条 【赔偿责任】委托生产的食品不符合食品安全标准的，委托方和受托方承担连带民事责任。因食品安全对消费者造成人身、财产或者其他损害的，对消费者提出的赔偿要求，实行首负责任，委托双方不得推诿。属于委托方责任的，受托方赔偿后有权向委托方追偿；属于受托方责任的，委托方赔偿后有权向受托方追偿。

第三章 食品委托生产合同

第十九条 【合同内容】委托生产合同应当明确下列食品质量安全相关事项：

（一）委托方和受托方的资质；

（二）委托生产的食品的名称、品种、数量、规格；

（三）食品原料、食品添加剂和包装材料的采购及提供方式；

（四）食品标签标识审核及提供方式；

（五）产品的生产工艺、执行标准、技术要求和保证措施；

（六）生产行为监督方式；

（七）产品检验、交付、运输及销售方式；

（八）发生食品安全事件的处置方式及责任；

（九）质量纠纷或争议的仲裁解决方式；

（十）赔偿消费者后的追偿方式；

（十一）委托生产合同的变更、解除和终止；

（十二）委托方与受委托方约定的其他事项。

第二十条　【补充协议】委托生产合同约定的食品质量安全相关事项发生变化的，经委托双方协商，可签订补充协议。

第四章　监督管理

第二十一条　【检查要求】食品安全监督管理部门应当将委托生产情况作为监督检查的重点，定期检查辖区内涉及委托生产的食品生产经营者及委托生产食品的相关情况。

第二十二条　【检查内容】食品安全监督管理部门应当在日常监督检查中对委托生产情况报告进行核查，核查情况应当单独记录，留档备查。核查内容包括：

（一）委托双方资质；

（二）委托生产合同约定委托生产的食品品种、批次数量、委托期限等内容；

（三）委托方对受托方生产行为进行监督的记录；

（四）委托生产的食品标签标识；

（五）需要检查的其他事项。

第二十三条　【责令终止】委托方或受托方资质证书不全、委托生产的食品超出委托方或受托方生产经营许可（备案）范围或其他不具备委托生产食品必备条件的，应责令双方停止委托生产行为，并依法依规处理。

第二十四条 【风险管理】食品安全监督管理部门按照风险管理的原则，可根据委托生产食品的类别、业态规模、风险控制能力等调整风险等级。

第二十五条 【责令召回】食品安全监督管理部门可以对不安全食品停止生产经营、召回和处置情况进行现场监督检查。对不主动实施召回的，可以责令其召回不安全食品。

第二十六条 【信用管理】食品安全监督管理部门应当将委托双方监督检查、调查处置及整改等情况记入食品安全信用档案。对存在严重违法失信行为的，依法列入严重违法失信名单，通过国家企业信用信息公示系统对外公示，按照规定实施联合惩戒。

第二十七条 【协作监管】食品安全监督管理部门发现违法违规线索的，应当依法调查处理并及时通报委托方、受托方所在地食品安全监督管理部门。相关地方食品安全监督部门应当配合开展调查，控制食品安全风险，并依法对委托方、受托方违法违规行为进行处理。

第二十八条 【信息化手段】鼓励县级以上地方食品安全监督管理部门采用信息化方式，公示委托双方报告的不涉及商业秘密的委托生产相关信息。

第五章 法律责任

第二十九条 【资质违法责任】违反本办法规定，有下列情形之一，由县级以上食品安全监督管理部门依照《中华人民共和国食品安全法》第一百二十二条给予处罚。

（一）委托方未取得食品生产经营许可（仅销售预包装食品备案凭证）或保健食品注册证书或备案凭证的；

（二）受托方未取得相应委托生产的食品生产许可从事食品生产活动的；

（三）受托方生产的食品不属于食品生产许可证上载明的食品类别的；

（四）委托方和受托方未取得食盐定点生产企业证书和食品生产许可，或受托方在证书载明的生产地址之外生产加工食盐的；

（五）委托生产特殊医学用途配方食品和婴幼儿配方乳粉的；

（六）食品生产加工小作坊等纳入地方政府立法管理的食品生产经营者从事食品委托生产的。

第三十条　【食品安全责任】委托双方生产经营不符合法律、法规或者食品安全标准的食品，尚不构成犯罪的，由县级以上食品安全监督管理部门依照《中华人民共和国食品安全法》第一百二十二条至第一百二十五条对应条款给予处罚。

第三十一条　【行为违法责任】违反本办法规定，有下列情形之一，由县级以上食品安全监督管理部门依照《中华人民共和国食品安全法》第一百二十六条给予处罚。

（一）未按照规定报告委托生产情况的；

（二）未签订委托生产合同或委托生产合同明确质量安全事项不全的；

（三）委托方未对受托方生产行为进行监督；

（四）未按规定查验营业执照、食品生产经营许可等资质的；

（五）未对产品标签和包装标识进行合法性审核的。

第三十二条　【相关人员责任】委托双方有食品安全法规定的违法情形，除依照食品安全法相关规定给予处罚外，有故意实施违法行为、违法行为性质恶劣、违法行为造成严重后果等情形的，由县级以上食品安全监督管理部门依照《中华人民共和国食品安全法实施条例》第七十五条给予处罚。

第三十三条　【其他违法责任】委托双方违反食品安全法及其实施条例规定，涉嫌犯罪的，依法移交司法机关处理。

第六章　附　　则

第三十四条　【特殊形式】采取商标授权、特许经营等方式生产食品的，应当对其使用商标的食品质量安全负责，其委托生产活动按照本办法执行。

第三十五条　【解释权】本办法由国家市场监督管理总局负责解释。

第三十六条　【实施日期】本办法自　　年　　月　　日起施行。

教师点评

该立法建议围绕《食品委托生产监督管理办法》（征求意见稿）提出意

见和建议。办法明确了委托生产定义，以及委托方的资质要求。此外，对于境外企业委托生产仅用于出口的食品不适用此办法。明确了委托方对受托方生产行为的过程监督，提出了三种监督方式，分别是专人驻厂、派出检查组、聘用第三方机构，后两者采用定期或不定期审核等形式。同时，监督情况需要单独记录，由双方确认并分别留存，进一步落实了委托方责任，加强了委托方的监管责任。办法细化了资质违法、行为违法的情形及法律责任，落实了委托方责任和受托方责任"两个责任"要求，从而进一步压紧压实食品安全属地管理责任和企业主体责任"两个责任"，严防严管严控食品安全风险。如果在食品委托生产过程中出现违反办法的行为，将会受到相应的处罚，这些罚则成为制度的重要保障。

第三节　行政立法听证

一、实训目标

通过模拟行政立法听证程序，了解行政立法的程序，掌握行政立法听证的适用范围及具体流程，深化对行政立法及相关理论知识的理解和认识，培养学生依法行政的理念，训练学生以公民或者行政立法者的身份参与行政立法活动的能力。

1. 了解行政立法听证程序；

2. 掌握立法听证会相关文书写作方法，起草立法听证会方案听证会公告、听证会通知及听证会报告等文书；

3. 认识行政立法制定过程中公民参与的重要性。

二、实训素材

为了体现"围绕中心，服务大局，助推发展，关注民生"的立法原则，加强职业病危害防控工作，保护劳动者的身体健康，《××市职业卫生监督管理条例》立法研究项目在参照《中华人民共和国职业病防治法》

《使用有毒物品作业场所劳动保护条例》等有关法律法规，在××召开启动会议，结合此次会议，拟在班级对此立法《条例（草案）》举行听证活动。

三、实训准备

（一）理论准备

1. 立法听证

立法听证会，是指由法案的起草（审查）单位主持，由代表不同利益的双方或多方参加，对立法草案的必要性、合理性等进行辩论，起草单位根据辩论结果，确定草案内容。听证一词来自英国的司法程序，最初指司法听证，后来这一制度从英国传到美国，扩大到立法和行政中。20 世纪 60 年代，西方社会公众参与立法和行政事务的呼声越来越高，美国法律规定了立法听证制度，受到西方社会的普遍认同。目前，立法听证在国外是一种比较成熟的立法民主制度。在我国，立法法、行政法规制定程序条例、规章制度程序条例都规定了听证制度。它是加强立法民主化、科学化的一个重要措施，是我国社会主义民主立法和人民群众参加国家管理的重要形式。

2. 听证机构

行政法规制定程序条例中规定，国务院法制机构可以举行听证会。规章制度程序条例中也有相应规定，起草单位或法制机构经本部门（起草单位）或者本级人民政府批准可以举行听证会。

3. 听证参加人

听证参加人包括听证主持人、听证秘书、听证代表、听证陈述人及旁听人等。

4. 听证范围

实践中，一般包括应当举行听证会和可以举行听证会的情况。对于法律法规内容涉及社会普遍关注的热点事项或者对公民、法人或其他组织的权益有较重大影响的，都应当举行听证会。可以举行听证会的情况，是指在这些情况下，可能需要举行听证会，也有可能通过座谈会、专家论证会的方式征求意见更合理。

5. 听证原则

相关立法并未具体规定听证所需遵循的基本原则，一般认为立法听证会应遵循以下原则：一是不重复听证原则，二是公开原则，三是公正原则，四是客观原则。

6. 听证组织程序

组织一次听证会一般包括：听证准备阶段、听证举行阶段及听证会后的听证报告制作。

（1）听证准备

①作出举行会议的决定。

②发布听证公告。关于听证公告的内容，一般规定听证时间、地点、目的等，同时应强调听证事项和与之有关必要的背景资料，且介绍所包含的信息应当足以使公众判断听证事项是否会对其产生影响。听证公告应尽可能让更多的人知道或让尽可能多的相关人知道。

③确定听证陈述人。听证陈述人一般由听证机构根据相关规定予以确定。

④遴选听证代表。根据立法所涉及相关事项范围确定相应听证代表。

⑤确定听证会旁听人员。

⑥发布听证通知。

（2）听证会举行

①由听证主持人宣布听证会的相关事宜。

②陈述人就立法相关事项发表陈述意见。听证会举行的目的在于，听证人通过听取听证陈述人提供的信息和发表的意见看法，对听证事项有比较全面的了解。因此，听证陈述意见应当具体全面。

③听证代表提问。听证代表就关涉自己切身利益或关心事项发表观点或要求听证陈述人就有关异议事项作出解答。

④旁听人提交书面材料。旁听人对在听证过程中所存异议内容或关心问题，在听证会结束后可以书面的形式提交听证意见书。

⑤听证记录。由听证秘书就听证全过程作听证记录。

（3）听证报告制作

听证报告应当将听证陈述人提供的主要事实、观点意见及其依据作出充分的、客观的报告，并就听证代表所提问题做相关回应（是否采纳意见及原因等）。听证报告应当公开。

（二）实践准备

1. 学生分组，角色扮演陈述人、听证代表、主持人、听证秘书、旁听公民，分角色的方式进行会前准备。

2. 立法听证会流程及注意事项。

3. 按照角色分配准备听证会《实施方案》《听证会公告》《听证会通知》《听证会笔录》《听证会报告》等材料。

四、实训要点

（一）行政立法听证会一般情况

1. 立法听证会原则

立法听证会应当遵循公平、公开、公正和便民的原则。

2. 举行立法听证会事项

《立法法》没有明确规定听证的范围，对于法律法规等规范性法律文件内容涉及社会普遍关注的热点事项或者对公民、法人或其他组织的权益有较重大影响的事项都应当举行听证，如下列事项：

（1）拟设定行政许可事项的；

（2）拟设定行政强制措施的；

（3）拟设定收费、补偿项目或者调整标准的；

（4）拟对公民、法人或者其他组织设定较多义务性规范的；

（5）对规章、法规草案的立法必要性或者内容有较大争议的；

（6）不同利益群体之间有明显利益冲突的；

（7）其他需要公开听取意见的。

3. 听证机构

听证机构负责立法听证会的具体组织工作。根据立法阶段的不同，听证机构不同，部门起草阶段召开的立法听证会，起草部门为听证机构；市政府法制机构审查阶段召开的立法听证会，市政府法制机构为听证机构。

4. 立法听证会形式

立法听证会以现场会议形式公开举行，也可以通过视像、网络同步直播等形式向社会公开立法听证会情况。

5. 立法听证会人员组成

立法听证会由下列人员组成：听证主持人、听证秘书、听证代表、听证陈述人及旁听人等。

（二）会前准备

1. 制定听证会实施方案

听证实施方案一般包括下列内容：

（1）举行立法听证会的目的和听证事项；

（2）立法听证会的时间、地点；

（3）参加立法听证会的人员、人数和产生方式；

（4）立法听证会的具体程序；

（5）立法听证会的宣传报道、材料准备及其他事项。

2. 发布立法听证会公告

听证机构应当在举行立法听证会前，通过新闻媒体或者网站等向社会发布听证会公告，并规定具体的公告期限。公告一般包括下列事项：

（1）立法听证会的时间、地点；

（2）听证法规、规章草案的基本情况及听证事项；

（3）听证代表以及旁听人员的范围、名额、比例以及报名条件、报名方式；

（4）其他有关事项。

3. 确定听证代表

听证机构应当选举听证代表。在甄选听证代表时应综合考虑地区、职业、专业知识背景、表达能力、受立法影响程度等因素，合理确定听证代表的范围、名额、类别划分以及比例，并在《听证会公告》中列明。公民、法人和其他组织可以按照听证会公告确定的类别向听证机构提出参加听证会的申请。听证机构应当在举行听证会前，从报名者中确定各类别的听证代表并向社会公布。

4. 确定听证会旁听人员

听证机构根据实际情况确定立法听证会旁听人员，需要旁听的公民、法人和其他组织可以在举行立法听证会前向听证机构申请旁听。听证机构在举行立法听证会前通知旁听人员到会。旁听人员可以在立法听证会结束后就听证事项向听证机构提交书面意见。

听证机构可以根据实际需要，直接邀请下列人员旁听立法听证会：

（1）与听证事项有利害关系的公民、法人和其他组织；

（2）了解听证事项的专家学者；

（3）市人大代表、市政协委员以及民主党派、无党派人士；

（4）新闻媒体从业人员。

5. 发布立法听证会通知

听证机构公布听证代表名单后，应当在举行听证会前向听证代表送达立法听证会通知，并附规章、法规草案文本、起草说明、相关依据和背景资料等相关材料。立法听证会通知一般载明下列内容：

（1）立法听证会的时间、地点；

（2）听证的内容；

（3）参加听证的有关要求；

（4）联系方式；

（5）其他需要通知的事项。

6. 听证代表的平等的发言权

听证代表享有平等的发言权，可以就听证事项发表自己的观点和意见。但听证代表在发言时应当注意以下事项：听证代表应当在规定时间内发言，需要延长发言时间或者补充发言的，应当征得听证主持人的同意。听证代表发言不符合听证要求或违反听证会纪律的，听证主持人可予以纠正或者制止；拒不改正的，可以责令其退出会场。

（三）听证过程

1. 听证秘书核实听证陈述人、听证代表身份；

2. 听证主持人宣布立法听证会开始，介绍听证陈述人、听证代表，说明听证事项，宣布会议程序，告知听证代表的权利和义务及注意事项；

3. 听证陈述人按照听证主持人的要求，对听证事项作出说明；

4. 听证代表应当按照听证主持人宣布的发言顺序和发言时间，围绕听证事项，陈述各自的观点与理由；

5. 听证主持人归纳分歧点，组织听证代表围绕主要分歧点展开辩论；

6. 听证主持人对听证情况进行简要总结；

7. 听证主持人宣布立法听证会结束。

（四）听证会结论及其效力

1. 听证记录的制作

听证记录包括听证笔录和听证代表递交的书面材料。听证秘书应当制作书面听证笔录，真实准确地记录发言人的主要观点和理由。听证笔录由听证主持人、记录人和发言人签名并存档备查。听证代表递交的书面材料由听证秘书接收，并在笔录中载明。

2. 旁听人员提交书面意见

旁听人员可以在立法听证会结束后就听证事项向听证机构提交书面意见。

3. 听证报告

立法听证会结束后，听证机构应当组织听证人对听证记录等相关材料进行整理，对听证意见进行研究，形成听证报告书。听证报告书一般包括以下内容：

（1）听证事项；

（2）立法听证会的基本情况；

（3）听证参加人发言的主要观点、依据的事实和理由；

（4）听证机构的处理意见和建议。

4. 听证报告的效力

听证报告书中有关听证会争论的主要问题及其处理意见和建议，应当在规章、法规的立法公众参与情况中重点说明，作为市政府常务会议或者全体会议讨论规章、法规草案时的重要参考。

五、实训过程

（一）听证前期准备

1. 听证会角色分配

听证会设主持人 1 人、听证陈述人 1～3 人、听证代表 10～20 人（分别代表不同阶层）、旁听公民若干人、听证秘书 1～2 人。

2. 听证会角色任务分配

听证会主持人：负责听证会整个流程的主持工作

听证陈述人：熟悉草案，了解草案的制定背景、必要性与可行性、基本思路和预期效果评估

听证代表：准备各自身份角色方面问题

旁听公民：可以对感兴趣的问题发问

听证秘书：听证会现场记录

3. 听证材料准备

由两名同学设计听证方案、一名同学设计发布听证公告、另一名同学设计发布听证通知。（相关格式见附件一、二、三）

（二）听证会举行

1. 主持人宣布听证会开始

由主持人介绍此次听证会听证依据、听证内容及听证基本流程，到场参加听证会的听证陈述人、听证会代表、旁听人员等。

2. 听证陈述

由听证陈述人就听证事项作系统介绍，如立法听证会需要陈述法律制定背景、必要性与可行性、基本思路和预期效果评估方面等。

3. 听证代表提问

在陈述人做完陈述后，由主持人按照听证事项所涉内容，提请听证代表提问。听证代表根据自身不同阶层的身份提出有关此次听证会关注的内容及

异议问题。

4. 旁听人员异议申请

旁听人员在听证会结束后，可以书面形式向听证机构提交本身所关注问题。

5. 听证记录

由听证秘书对听证过程所涉及内容作全面记录。

6. 听证会结束

由主持人根据听证会进行情况合理控制听证时间，并于听证事项进行完毕时宣布听证结束。

（三）听证会后期事项进行

听证会结束后，由同学对此次听证会相关事项发表评论，包括听证程序及听证内容方面，根据听证会举行情况及听证笔录记载内容，由若干名同学书写此次听证会听证报告。

六、实训点评

（一）总体点评

1. 在不同的立法阶段，立法听证机构确定为不同机构的理由是什么？

2. 听证代表的甄选标准要综合考虑地域、职业、专业知识背景、受立法影响程度等因素，为什么？它的界限在哪里？

3. 主持人得告知听证代表权利义务以及注意事项的理由是什么？

4. 听证会是否可以以座谈会的形式进行？听证代表的观点是否有必要集中？听证会主持人为什么要根据陈述人、听证代表的意见归纳分歧点，组织听证代表围绕分歧点进行辩论？

5. 旁听公民的权利与听证代表权利的区别是什么？

6. 听证报告的效力如何？如何增强听证报告的效力？

（二）作业点评

请设计《缺陷汽车产品召回管理条例实施办法》立法听证会程序，起草相关文书，并模拟听证会过程。

缺陷汽车产品召回管理条例实施办法

（征求意见稿）

第一章 总 则

第一条 根据《缺陷汽车产品召回管理条例》，制定本办法。

第二条 在中国境内生产、销售的汽车和汽车挂车（以下统称汽车产品）的召回及其监督管理，适用本办法。

第三条 汽车产品生产者（以下简称生产者）是缺陷汽车产品的召回主体。汽车产品存在缺陷的，汽车产品生产者应当依照本办法实施召回。

第四条 国家质量监督检验检疫总局（以下简称质检总局）统一负责全国缺陷汽车产品召回的监督管理工作。

第五条 质检总局根据具体工作可以委托省级产品质量监督部门和出入境检验检疫机构（以下统称省级质检部门），在本行政区域内按照职责分别负责境内生产和进口缺陷汽车产品召回监督管理工作。

质检总局缺陷产品召回技术机构以下简称召回技术机构按照质检总局的规定承担缺陷汽车产品召回的具体技术工作。

第二章 信息管理

第六条 任何单位和个人有权向产品质量监督部门和出入境检验检疫机构投诉汽车产品可能存在的缺陷等有关问题。

第七条 质检总局负责组织建立缺陷汽车产品召回信息管理系统，收集汇总、分析处理有关缺陷汽车产品信息，备案生产者信息，发布缺陷汽车产品及召回等有关信息。

质检总局负责与国务院有关部门共同建立汽车产品的生产、销售、进口、登记检验、维修、事故、消费者投诉、召回等信息的共享机制。

第八条 地方各级产品质量监督部门和各地出入境检验检疫机构发现本行政区域内缺陷汽车产品信息的，应当将信息逐级上报。

第九条 生产者应当建立健全汽车产品可追溯信息管理制度，确保能够及时确定缺陷汽车产品的召回范围并通知车主。

第十条　生产者应当保存以下汽车产品设计、制造、标识、检验等方面的信息：

（一）汽车产品设计、制造、标识、检验的相关文件和质量控制信息；

（二）汽车产品零部件生产者及零部件的设计、制造、检验信息；

（三）汽车产品生产批次及技术变更信息；

（四）其他相关信息。

生产者还应当保存车主名称、有效证件号码、通信地址、联系电话、电子邮箱、购买日期、车辆识别代码等汽车产品初次销售的车主信息。

第十一条　生产者依法备案的信息发生变化的，应当在 20 个工作日内向质检总局更新。

生产者还应当向质检总局备案以下信息：

（一）与汽车产品安全相关的仲裁和诉讼信息；

（二）汽车产品技术服务通报、公告等信息。

第十二条　销售、租赁、维修汽车产品的经营者（以下统称经营者）应当建立并保存其经营的汽车产品型号、规格、车辆识别代码、数量、流向、购买者信息、租赁、维修等信息。

第十三条　经营者、汽车产品零部件生产者应当向质检总局报告所获知的汽车产品可能存在缺陷的相关信息，并通报生产者。

第三章　缺陷调查

第十四条　生产者获知汽车产品可能存在缺陷的，应当立即组织调查分析，并将调查分析结果报告质检总局。

生产者经调查分析确认汽车产品存在缺陷的，应当立即停止生产、销售、进口缺陷汽车产品，并实施召回；生产者经调查分析认为汽车产品不存在缺陷的，应当在报送的调查分析结果中说明分析过程、方法、风险评估意见以及分析结论等。

第十五条　质检总局负责组织对缺陷汽车产品召回信息管理系统收集的信息、有关单位和个人的投诉信息以及通过其他方式获取的缺陷汽车产品相关信息进行分析，发现汽车产品可能存在缺陷的，应当立即通知生产者开展相关调查分析。

生产者应当按照质检总局通知要求，立即开展调查分析，并报告调查分析结果。

第十六条 质检总局负责组织对生产者报送的调查分析结果进行评估。

第十七条 存在下列情形之一的，质检总局应当组织开展缺陷调查：

（一）生产者未按照通知要求开展调查分析的；

（二）经评估生产者的调查分析结果不能证明汽车产品不存在缺陷的；

（三）汽车产品可能存在造成严重后果的缺陷的；

（四）其他需要组织开展缺陷调查的情形。

第十八条 质检总局和受委托的省级质检部门开展缺陷调查，可以行使以下职权：

（一）进入生产者、经营者、零部件生产者的生产经营场所进行现场调查；

（二）查阅、复制相关资料和记录，提取相关证据；

（三）向有关单位和个人了解汽车产品可能存在缺陷的情况；

（四）其他依法可以采取的措施。

第十九条 与汽车产品缺陷有关的零部件生产者应当配合缺陷调查，提供调查需要的有关资料。

第二十条 质检总局或受委托的省级质检部门开展缺陷调查的，应当对缺陷调查获得的相关信息、资料、实物、实验检测结果和相关证据等进行分析，形成缺陷调查报告。

省级质检部门应当及时将缺陷调查报告报送质检总局。

第二十一条 质检总局可以组织对汽车产品进行风险评估，必要时向社会发布风险预警信息。

第二十二条 质检总局调查认为汽车产品存在缺陷的，应当向生产者发出缺陷汽车产品召回通知书，通知生产者实施召回。

生产者认为其汽车产品不存在缺陷的，可以自收到缺陷汽车产品召回通知书之日起15个工作日内向质检总局提出书面异议，并提交相关证明材料。

生产者在15个工作日内提出异议的，质检总局应当组织与生产者无利害关系的专家对生产者提交的证明材料进行论证；必要时质检总局可以组织对汽车产品进行技术检测或者鉴定；生产者申请听证的或质检总局根据工作需要认为有必要组织听证的，可以组织听证。

第二十三条 生产者既不按照缺陷汽车产品召回通知书要求实施召回，又不在 15 个工作日内向质检总局提出异议的，或经组织论证、技术检测、鉴定，确认汽车产品存在缺陷的，质检总局应当责令生产者召回缺陷汽车产品。

第四章 召回实施与监督

第二十四条 生产者实施召回，应当按照质检总局的规定制定召回计划，并自确认汽车产品存在缺陷之日起 5 个工作日内或被责令召回之日起 5 个工作日内向质检总局备案；同时以有效方式通报经营者。

生产者制定召回计划，应当内容全面，客观准确，并对其真实性负责。

生产者应当按照已备案的召回计划实施召回；生产者修改已备案的召回计划，应当重新向质检总局备案，并提交说明材料。

第二十五条 经营者获知汽车产品存在缺陷的，应当立即停止销售、租赁、使用缺陷汽车产品，并协助生产者实施召回。

第二十六条 生产者应当自召回计划备案之日起 5 个工作日内，通过报刊、网站、广播、电视等便于公众知晓的方式发布缺陷汽车产品信息和实施召回的相关信息，30 个工作日内以挂号信等有效方式，告知车主汽车产品存在的缺陷、避免损害发生的应急处置方法和生产者消除缺陷的措施等事项。

生产者应当通过热线电话、网络平台等方式接受公众咨询。

第二十七条 车主应当积极配合生产者实施召回，主动将缺陷汽车产品送往生产者告知的地点或者按照生产者要求的方式进行召回，消除缺陷。

第二十八条 质检总局应当向社会公布已经确认的缺陷汽车产品信息、生产者召回计划以及生产者实施召回的其他相关信息。

第二十九条 生产者应当保存已实施召回的汽车产品召回记录，保存期不得少于 10 年。

第三十条 生产者应当自召回实施之日起每 3 个月向质检总局提交一次

召回阶段性报告。质检总局有特殊要求的，生产者应当按要求提交。

生产者应当在完成召回计划后15个工作日内，向质检总局提交召回总结报告。

第三十一条　生产者被责令召回的，应当立即停止生产、销售、进口缺陷汽车产品，并按照本办法的规定实施召回。

第三十二条　生产者完成召回计划后，仍有未召回的缺陷汽车产品的，应当继续实施召回。

第三十三条　对未消除缺陷的汽车产品，生产者和经营者不得销售或者交付使用。

第三十四条　质检总局负责对生产者召回实施情况进行监督，组织与生产者无利害关系的专家对消除缺陷的效果进行评估。

省级质检部门受委托对召回实施情况进行监督的，应当及时将有关情况报告质检总局。

质检总局通过召回实施情况监督和评估发现生产者的召回活动未能取得预期效果的，可以要求生产者采取相应补救措施。

第五章　法律责任

第三十五条　生产者违反本办法规定，有下列行为之一的，责令限期改正；逾期未改正的，处以1万元以上3万元以下罚款：

（一）未按时更新备案信息的；

（二）未按时提交调查分析结果的；

（三）未按规定保存汽车产品召回记录的；

（四）未按规定发布缺陷汽车产品信息和召回信息的；

（五）未将召回计划通报零部件生产者的。

第三十六条　零部件生产者违反本办法规定不配合缺陷调查的，责令限期改正；逾期未改正的，处以1万元以上3万元以下罚款。

第三十七条　违反本办法规定，构成《缺陷汽车产品召回管理条例》等有关法律法规规定的违法行为的，依法予以处理。

第三十八条　违反本办法规定，构成犯罪的，依法追究刑事责任。

第三十九条　本办法规定的行政处罚由违法行为发生地具有管辖权的产品质量监督部门和出入境检验检疫机构在职权范围内依法实施；法律、行政法规另有规定的，依照法律、行政法规的规定执行。

第六章　附　则

第四十条　本办法所称汽车产品是指中华人民共和国国家标准《汽车和挂车类型的术语和定义》规定的汽车和挂车。

本办法所称生产者是指在中国境内依法设立的生产汽车产品并以其名义颁发产品合格证的企业。

从中国境外进口汽车产品到境内销售的企业视为前款所称的生产者。

第四十一条　汽车产品出厂时未随车装备的轮胎的召回及其监督管理由质检总局另行规定。

第四十二条　本办法由质检总局负责解释。

第四十三条　本办法自　　年　　月　　日起施行。

关于举行《缺陷汽车产品召回管理条例实施办法（草案）》立法听证会工作方案

市政府第十九届四次常务会议，审议并原则通过了《缺陷汽车产品召回管理条例实施办法（草案）》（以下简称规定（草案））。为了进一步发扬立法民主，提高立法质量，广泛听取社会各界对规定（草案）有关内容的意见和建议，使法规规定更具有科学性、合理性和可行性，保护广大人民群众的人身安全和其他合法权益，市人大法制委员会拟组织召开立法听证会，现将主要工作初步安排如下。

一、听证会主要内容

围绕常委会组成人员提出的审议意见，结合《缺陷汽车产品召回管理条例》《缺陷汽车产品召回管理条例实施办法》等有关法律、法规，结合本市实际现状和存在的问题，着重对汽车产品质量、汽车安全性、保护汽车消费者合法权益、完善汽车召回体制、细化缺陷汽车产品评价制度、弥补法律漏洞、设立监督检验机制等方面听取各方面的意见和建议。

（一）这个召回条例规定很大程度地考虑汽车安全问题，如果实施得好一定能为社会以及公民的安全带来利益，但是安全固然重要，相信老百姓们肯定更关心汽车被召回后的自己的用车问题和赔偿问题，请问这个问题是否有规定？

（二）本方案第35条对生产者违反本办法规定，第36条对零部件生产者违反本办法规定所作出的罚款处罚过轻。两条中首先都给了非法主体限期改正的机会，不改才仅仅是处1万元至3万元以下的罚款，是否过轻了？

（三）地方是否不应该只是受委托进行检测监督，而是有一定的行政自主权？

（四）中国目前汽车召回制度缺乏完整的体系，仅有此实施办法一个，下一步我们需要如何完善汽车召回体制？

（五）在该实施办法中为什么没有涉及环保问题？

（六）汽车被召回存在安全隐患，那些被召回的汽车怎样处理？会不会只是简单改装后，又给我们使用？

（七）缺陷汽车召回在国外十分普遍，随着我国人民生活水平的提高，大家对"汽车召回"也经历了一个从了解到期待的过程。从2004年《缺陷汽车产品召回管理规定》正式实施已经10年了，从《缺陷汽车产品召回管理规定》到《缺陷汽车产品召回管理条例》及其实施办法，究竟有什么意义和必要性呢？

（八）消费者是产品的实际使用者，也是缺陷产品造成损害的直接承受者，实施办法征求意见稿中如何体现消费者在缺陷产品召回制度中的能动作用？

（九）如何更好地完善我国缺陷汽车产品召回制度，从而保护公民的权利呢？

（十）如何更好地监督缺陷汽车产品召回制度实施的监督？

（十一）缺陷汽车召回制度在我国已经实施了10年，10年来我们在召回方面的发展是非常明显的，但也暴露出一些问题，如召回调查周期过长及召回效率问题，如何解决这些问题？

二、听证参加人员

1. 听证人：相关领域专家、沈阳市人大、政协的代表和委员、新闻媒体人、法律执业者等（不少于 3 名）。

2. 听证会参加人：各部门单位和社会各界人士均可报名参加，根据报名先后顺序和正反意见基本对等原则确定 5 名听证会参加人。

3. 听证会旁听人：听证会设立旁听席，根据报名情况，确定 5 名旁听人参加旁听。

4. 邀请常委会有关部门以及其他有关单位负责人参加听证会，听取意见。

5. 请有关新闻宣传单位参加听证会，进行宣传报道。

三、听证会时间、地点

1. 2014 年 10 月 13 日（星期一）下午 1：00

2. 地点：沈阳市 LN 大厦 1009 室

四、筹备工作

（一）文件材料方面

1. 起草立法听证会的公告；

2. 起草立法听证制度情况介绍，汇总有关立法参考材料，起草立法听证内容说明；

3. 编印规定（草案）及其说明，汇总常委会组成人员审议意见；

4. 编印法制委员会立法听证规则、立法听证会程序和有关注意事项；

5. 起草听证会主持人主持词。

（二）会务工作方面

1. 9 月 13 日前通过新闻媒体发布听证会公告；

2. 10 月 6 日前确定听证会听证人、参加人、旁听人并编辑成册；

3. 10 月 11 日前协调安排布置会场，设置会标，设置会场席次，准备音像设备；

4. 安排外地参加听证人员的食宿；

5. 与办公厅秘书处、行政接待处、宣传处等处室协调配合好相关工作。

五、会后工作

1. 10 月 16 日前汇总听证会参加人、旁听人意见和建议；

2. 10 月 29 日前起草完成《听证会报告》；

3. 11 月 3 日前根据听证报告，研究提出对规定（草案）的修改意见。

关于召开《缺陷汽车产品召回管理条例实施办法（草案）》听证会公告

为了广泛征求和听取社会各界的意见和建议，更好地实施《缺陷汽车产品召回管理条例》增强行政立法的透明度和科学性，提高立法质量，特举行《缺陷汽车产品召回管理条例实施办法（草案）》立法听证会，欢迎社会各界人士、有关代表报名参加。现公告如下。

1. 时间：2014 年 10 月 13 日（星期一）下午 1：00

2. 地点：沈阳市和平区××大厦

3. 听证事项

本次听证会主要针对《缺陷汽车产品召回管理条例实施办法（草案）》中公众较为关心、实践中存在不同意见的问题进行听证。听证议题主要包括：

（1）召回调查周期过长及召回效率问题；

（2）汽车被召回后公民的用车问题和赔偿问题；

（3）环保召回；

（4）召回汽车的处理。

4. 听证程序

第一阶段：陈述人陈述

第二阶段：听证代表提问

第三阶段：旁听人员补充提问

5. 听证代表的组成和产生

公布听证会的相关信息，邀请行业专家、市人大委员、市政协委员、新闻媒体进行听证，共同听证《缺陷汽车产品召回管理条例》的合理性、合法性并提出相应的立法建议。具体人员安排如下。

本次听证会安排听证代表包括：中国工业汽车协会专家 1 名，沈阳市人大代表 1 名，沈阳市政协委员 1 名，新闻媒体代表 1 名，全国律协代表 1 名，参与听证会的公民中选择 1～2 名。

6. 报名办法

从即日起接受听证会参加人和旁听人报名。报名可采用电话、网络、传真或者书信等方式。报名人员在报名时应当告知作为听证会参加人还是听证旁听人参加会议。申请作为听证会参加人参加听证会的，应当准备书面发言材料，并在会前书面告知发言的主要论点和理由。

报名截止时间：2014 年 9 月 30 日 18：00。

7. 报名电话及通信地址

地址：辽宁省沈阳市沈河区市府大路 260 号沈阳市人民政府

邮编：×××××

电话：×××××××× 传真：××××××××

电子邮箱：×××××××

8. 其他

听证会设立旁听席，欢迎各界人士、有关单位代表报名，作为听证会旁听人参加旁听。听证会旁听人遴选后产生，人数为 8 名左右。

辽宁省沈阳市人民政府

二〇一四年九月十五日

关于召开《缺陷汽车产品召回管理条例
实施办法（草案)》听证会通知

一、时间：2014 年 10 月 13 日

二、地点：沈阳市 LN 大厦 1009 室

三、听证的内容：面向社会各界征求立法意见，提高立法质量

四、参加听证会的有关要求：

1. 当事人认为听证主持人、听证员和记录员与听证事项有利害关系可能影响公正的，有申请回避的权利，申请回避的，应当说明理由。

2. 经听证会主持人同意，当事人可以就经办机构提出的理由、依据和有关材料及意见进行质证、申辩，提出维护其合法权益的事实、理由和依据。

3. 享有最后陈述的权利。

4. 遵守听证纪律。

5. 未经听证主持人允许，不得中途退场。

6. 有权审阅听证笔录、补正有误之处，在确认无误或者补正后应当当场签字或签章。

7. 被申请人有权就听证事项的事实、理由、依据和有关材料等作出陈述和说明。

8. 被申请人应当指派人员参加听证，不得放弃听证。

9. 届时请准时参加，逾期不到场且无正当理由的，视为放弃听证。

五、联系方式：

地址：辽宁省沈阳市沈河区市府大路 260 号沈阳市人民政府

电子邮箱：zwgk – hpqzfb@ shenyang. gov. cn

电话：024 – 12345 传真：024 – 83779291

辽宁省沈阳市人民政府

二〇一四年十月十三日

《缺陷汽车产品召回管理条例实施办法（草案)》听证会记录

主持人：尊敬的各位听证会参加人、旁听参加人、新闻媒体的朋友们，大家下午好！《缺陷汽车产品召回管理条例实施办法（草案)》听证会现在开始。

我是本次听证会的主持人徐烨，首先我将参加本次听证会的人员构成情况向大家作以介绍：参加今天听证会的参加人应到 21 人，实到 21 人。

听证会参加人有：沈阳市政府办公室主任×××、中国工业汽车协会秘书长×××；听证会代表有：中国工业汽车协会专家×××同志、沈阳市人大代表×××同志、政协委员×××同志、新闻媒体代表××同志、律师×××同志以及公民代表×××、×××。

此外，我们还从自愿报名的市民中选取了 8 位市民朋友作为今天听证会的旁听人，旁听今天的听证会，他们是：×××……×××。再次感谢各位的到来！

此外参加会议的工作人员还有，记录人：×××；资料校对人：××、××、××。

为保证听证会正常进行，首先由我宣读听证会的会议纪律：

《听证会会场纪律》

一、全体参加人员须佩戴会务组制发的代表证入场参加会议。遵守会场纪律，服从主持人安排。

二、参会人员应提前 10 分钟进入会场，会议期间请关闭通信工具。

三、会场内请勿吸烟，不得随意走动，不要喧哗或进行其他妨碍听证秩序的活动。

四、参会人员发言时请先举手示意，经主持人同意后发言；发言时请讲普通话，做到观点鲜明、简明扼要、不重复，时间请控制在 5 分钟之内。

五、发言不得超越听证的法律、法规范围，不得进行人身攻击或诽谤。参会人员发言时有不妥当言论的，或陈述与听证事项无关的言论，或者起哄扰乱会场秩序的，听证主持人可以予以制止、责令其停止发言直到责令其退场。

会场纪律宣读完毕，接下来，我们将根据《缺陷汽车产品召回管理条例》委托中国汽车工业协会为本次起草制定实施办法提出的参考意见，依照立法听证程序听取各位听证会参加人的意见和建议，论证其必要性、可行性。

第一阶段：陈述人陈述

主持人：下面请陈述人依次发言。首先有请中国汽车工业协会秘书长×××介绍起草《缺陷汽车产品召回管理条例实施办法（草案）》（以下简称实施办法）的背景情况。

中国汽车工业协会秘书长×××：10 年前的 2004 年 10 月 1 日，《缺陷汽车产品召回管理规定》正式实施，2013 年 1 月 1 日，四部门的规定升级为《缺陷汽车产品召回管理条例》。到 2014 年 10 月 1 日，中国汽车召回制度实施整整 10 年。10 年间，我国共计进行汽车召回 793 次，召回汽车 1688.5 万辆，其中，我国因受质检总局缺陷调查影响，共计缺陷汽车产品召回 83 次，占总召回次数 793 次的 10.5%，召回汽车 541.3 万辆，占召回总数量的 32.1%。

今年截至 9 月 30 日，共进行召回 125 次，召回汽车 213.5 万辆。其中，因国家质检总局缺陷调查影响召回 15 次，召回汽车 111.5 万辆，占召回数量的 52.2%。

据美国运输部数据显示，2012 年美国共召回逾 1780 万件与运输相关的产品，涉及汽车、儿童汽车座椅、轮胎及其他车辆设备。由此可见，在召回制度成熟的美国汽车社会，每年的召回规模在千万辆（件）以上。质检总局有关领导也曾经公开表示，不可否认，我国汽车召回工作与美国、日本等发达国家相比还存在较大差距，仍有部分企业未主动履行召回义务，相当多的企业从未实施过召回。

据相关数据统计，2013 年我国汽车产销量双双突破 2000 万元，居全球首位，我国已经连续 5 年成为全球最大新车市场。可以预见，中国缺陷汽车产品召回在一段时间内还将呈现增长的趋势。

保证产品质量、汽车安全，这是社会责任，也是汽车企业的基本责任。汽车产业是国民经济的支柱产业，也是对消费者负责任的产业。为增强召回条例的可操作性和提高实施效果，协会建议尽快出台实施办法。我们相信，一旦召回条例实施办法正式出台，汽车行业一定会认真执行，广大汽车企业也一定会更加担当起对产品质量、汽车安全性的主体责任。汽车行业希望召回条例实施办法更加科学严谨，更有利于缺陷产品召回的监管和公共利益的维护，更有利于汽车行业健康可持续发展。

主持人：谢谢×××秘书长的说明。下面请沈阳市政府办公室主任×××介绍实施办法的主要内容。

沈阳市政府办公室主任×××：《缺陷汽车产品召回管理条例实施办法（草案）》是根据《缺陷汽车产品召回管理条例》制定的，《缺陷汽车产品召回管理条例》于 2012 年 10 月 10 日国务院第 219 次常务会议通过，决定自 2013 年 1 月 1 日起正式施行。随着时间的推移及社会现实的需求，国务院法制办公室现出台《缺陷汽车产品召回管理条例实施办法》的（征求意见稿）来面向社会各界公众征求意见。该征求意见稿共六章，分别为总则、信息管理、缺陷调查、召回实施与监督、法律责任、附则等内容，共四十三条。其中，第一章，从最宏观角度明确了缺陷汽车产品召回的召回主体（生产者）和主要监管主体（国家质量监督检验检疫总局）。第二章，具体规定了有关缺陷汽车产品召回工作的相关信息管理制度，明确了几方主体各自在信息管理方面的权利、义务、职责等。第三章，主要明确对缺陷汽车产品进行缺陷调查的相关实施主体、实施期限等。第四章，主要涉及缺陷汽车产品召回制度的具体实施与监督制度，这也是本实施办法的主要核心内容部分。第五章，明确了有关缺陷汽车产品召回制度的法律责任问题，尤其指明生产者和零部件生产商的具体责任形式与限额等。第六章为附则内容。《缺陷汽车产品召回管理条例实施办法（草案）》的完整稿已经先期向在座各位予以公布了，现请各位踊跃发言，发表自己的意见和建议。或者提出相关问题，我们将一一予以解答。

主持人：谢谢×××主任的说明。感谢以上各位的陈述，接下来我们进入听证会代表提问阶段。

第二阶段：听证代表提问

主持人：下面请各位听证代表在规定的时间内进行提问。

一、政协委员（×××）提问：这个召回条例规定很大程度地考虑到汽车安全问题，如果实施得好一定能为社会以及公民的安全带来利益。但是，安全固然重要，但是相信老百姓们肯定更关心汽车被召回后的自己的用车问题和赔偿问题。请问这个问题是否有规定？

沈阳市政府办公室主任（×××）回答提问：没错，这个主要就是针对汽车安全隐患提出的规定。你所说的这个问题我们考虑过，安全并兼顾百姓利益，也是我们追求的立法目的，所以我们在召回规定之后会进一步完善善后工作，由生产者和经营者对他们作出补偿。对于具体的补偿细节，我们会在此次听证会之后进行进一步讨论。

二、人大代表×××提问：作为一名人大代表，我的本职工作就是代表人民的利益，反映人民的心声。缺陷汽车危害无穷，使多少无辜的人命丧黄泉，让多少幸福的家庭支离破碎！但是很多无良的汽车生产商，钻法律的空子，逃避法律的处罚，现在我们即将出台的《缺陷汽车产品召回管理条例实施办法》无疑是规范汽车行业生产经营，保护人民生命财产的好法律！但是我看了本案后有一点建议。我认为本案第 35 条对生产者违反本办法规定，第 36 条对零部件生产者违反本办法规定所作出的罚款处罚过轻。两条中首先都给了非法主体限期改正的机会，不改仅仅是处 1 万元至 3 万元的罚款，实在是过轻了。汽车安全是人命关天的事，不可掉以轻心，对于汽车生产商和零部件生产者而言，1 万元至 3 万元的罚款无关痛痒，不足以引以为戒。我认为要小惩大戒，对汽车生产商和零部件生产者不按本案规定处理相关事宜，不积极配合缺陷产品调查的，处以缺陷汽车或缺陷零部件销售总额的 10% 的罚款。

沈阳市政府办公室主任×××回答提问：本实施条例的草案第 14 条第 1 款规定生产者获知汽车产品可能存在缺陷的，应当立即组织调查分析，并将调查分析结果报告质检总局。这条说明，生产者在生产出有缺陷的产品时，他们当时并不知道缺陷的存在，不存在"故意"这一主观的心态，不具有可罚性。当然生产者如果明知是缺陷产品而故意生产，造成人民群众人身和财产损害的我们也一定会严惩，这一点在刑法中有所体现，本法的第 38 条规定违反本办法规定，构成犯罪的，依法追究刑事责任，也有所体现。

三、×××律师提问：就是有关本办法的第 15 条、第 16 条的规定，想提出拙见：地方是否不应该只是受委托进行检测监督，而是有一定的行政自主权。汽车存在缺陷在一定程度上会威胁公民的生命健康安全，所有案件都层报质检总局，效率低，且个案有不同程度的影响，分布不均匀，不宜每件都由质检总局先处理，不然效率低，案件冗乱，且资源浪费，更有可能由于效率低而造成不良影响。因此，我个人建议在一定条件下，地方也应有自己的相关解决机制机构，主动应对相关召回问题。做到效率这一块工作，尽快为公民解决问题，服务到位。

中国工业汽车协会秘书长（×××）回答提问：这位律师代表的提问很有前瞻性啊。所有案件都层报质检总局确实加重了质检总局的负担，不过考虑现在我国汽车产品召回数量不是太大，另外还有地方保护主义等问题，所以现阶段还是由质检总局负责比较合适，等到我国的汽车产品召回制度成熟了，召回案件和数量多了，可能会把一定级别的召回放权到地方。我们协会也正在协同有关部门调查研究如何进一步提高整个流程的效率问题，相信很快就会有一个比较令人满意的方案。

四、中国工业协会专家×××提问：中国目前汽车召回制度缺乏完整的体系，仅有此实施办法一个，下一步我们需要如何完善汽车召回体制？

沈阳市政府办公室主任（×××）回答提问：由于我国汽车行业起步较晚，发展相对落后，在此实施办法的基础上，我们需要《车辆法》《车辆产品质量法》等相关法律的支撑，并建立独立第三方汽车质量认证机构，以使我国缺陷汽车召回制度与国际上普遍做法看齐，完善我国缺陷汽车召回制度。

中国工业汽车协会专家×××建议：

1. 在以后的立法进程中，逐步制定《车辆法》《车辆产品质量法》，与此实施办法做到相互支撑。

2. 建立独立第三方汽车产品质量认证机构，使公众更加对此制度加以信赖。

3. 建立完善的缺陷汽车产品信息采集制度，并加大此信息对公众的开放程度，为缺陷汽车产品召回提供可靠依据。

4. 细化缺陷汽车产品评价制度，弥补法律漏洞，防止生产者逃避法律责任。

五、新闻媒体代表××提问：按照国际上汽车召回的通用定义，汽车召回范围一般指的是涉及汽车安全和环保的缺陷，但在公布的草案中，我发现此草案中的召回范围只是提到了安全，并没有提及环保问题。请问在该实施办法中为什么没有涉及环保问题。

沈阳市政府办公室主任×××回答提问：环保召回是欧美等发达国家为治理汽车尾气的一项重要措施。在欧美国家，汽车厂家需保证产品正常行驶8万公里后，尾气排放仍能达到环保要求，否则就要进行召回。而在我国，虽然也要求汽车在出厂后的一段时间里尾气排放达标，但没有法律法规硬性规定达不到要求将产品召回。关于环保问题我们以后会在相关法律法规中做进一步规定。

主持人：感谢各位代表的提问。

第三阶段：总结

主持人：现在五位听证会代表都表达了自己的主要意见，旁听人员若有相关建议可以在听证会结束后提交书面意见。

主持人：我们用了近 2 个小时的时间，在大家的共同努力下完成了今天听证会的全部议程，再次感谢各位听证会参加人、旁听人的支持，也非常感谢各位新闻媒体朋友们的支持与参与，另外还要感谢所有在场的工作人员的努力，谢谢大家。听证机关将根据听证会的实际情况，认真梳理听证会代表提出的意见、建议，及时形成书面听证报告作为政府决策的有力依据。最后请各位参会人员在《听证会笔录》上签字。我们会在听证会结束后的 5 个工作日内，将《听证会笔录》通过本部门网站向社会公开。

今天的听证会到此结束，谢谢大家。

记录人：×××

二〇一四年十月十三日

教师点评

1. 在程序把握方面，听证会程序设计科学、完整，对程序性规定把握程度较好，基本掌握了立法听证会的程序和规则。

2. 在文书完成度方面，准备的文书包括听证会实施方案、听证会公告、听证会通知以及听证会会议记录基本涵盖整个听证会所需文书，但是缺少听证会报告。听证会报告是整个听证会内容的总结和归纳，是立法听证会比较重要的一个文件。听证报告书中有关听证会争论的主要问题及其处理意见和建议，应当在规章、法规的立法公众参与情况中重点说明，作为市政府常务会议或者全体会议讨论规章、法规草案时的重要参考。

3. 在听证会模拟程序方面。

（1）听证会人员组成基本合理

听证会代表的选择体现了行业特点，既包括人大代表、政协委员，也包括中国工业汽车协会专家以及新闻媒体、律师行业代表。但是，听证会代表缺少消费者代表。

（2）听证程序完整

主持人对整个听证程序的把握较好，具体细致地介绍了听证会的参加人，又将各类参加人的权利义务交代清楚，同时规定了听证会的纪律要求。

（3）听证会讨论内容不集中

模拟听证会没有归纳听证的中心问题，导致整个听证会讨论的内容分散，没有集中讨论征求意见的中心内容。因此，导致听证代表提问也不具体、细致。

（4）未合理区分听证代表和旁听公民

听证机构根据实际情况确定立法听证会旁听人员，需要旁听的公民、法人和其他组织可以在举行立法听证会前向听证机构申请旁听。旁听人员可以在立法听证会结束后就听证事项向听证机构提交书面意见。旁听公民在听证会的权利与听证会代表不同，听证会代表在听证会上具有平等发言权，而旁听公民只能在会议结束后向听证机构提交书面意见，而不能在听证会上发言。模拟听证会未能区分旁听公民和听证会代表，而赋予旁听公民在会议上提问、发言的权利。

4. 在作业准备认真程度方面，存在不认真、不细致的问题。例如，在听证会方案、听证会公告、听证会通知中存在听证会机构和报名机构不一致等情况。

七、实训拓展

（一）拓展阅读

2024 年 5 月最高人民检察院在郑州举行听证会

为贯彻落实最高人民检察院党组关于高质效办好每一个案件的要求，加强检察办案听证工作，加强行政诉讼监督案件精细化审查，准确查明案件事实，近日，最高人民检察院在河南省郑州市人民检察院异地组织召开了秦某某诉某市人民政府行政赔偿案公开听证会。

接到最高人民检察院指令后，郑州市人民检察院党组高度重视，在最高人民检察院第七检察厅的指导下，抽调郑州两级检察院精干力量，召开筹备会议予以精心部署，确保了听证会规范有序顺利召开。案涉行政争议时隔久远，历经 3 轮 13 次诉讼，申请人秦某某不服河南省高级人民法院行政赔偿判决向河南省人民检察院申请监督，河南省人民检察院经审查提请最高人民检察院抗诉。最高人民检察院审查过程中，发现各方当事人对案件事实、农用地转用和土地征收、土地执法查处、国有建设用地使用权转让与登记、规划与施工许可等政策理解存在严重分歧，且多位案件重要当事人已死亡，诸多重要节点及各方责任须进一步查清。该案涉及农用地转用、土地征收与国有建设用地使用权转让与登记等诸多问题，案件时间跨度长，案情复杂，牵涉人员众多，矛盾尖锐，所涉及的问题在城市发展土地征收过程中具有一定的典型性，有较大的社会影响。为贯彻落实最高人民检察院党组关于高质效办好每一个案件的要求，加强检察办案听证和行政诉讼监督案件精细化审查，准确查明案件事实，最高人民检察院决定异地召开公开听证会，以便在查明事实、分清责任的基础上，高质效办好本案。

本次听证会由案件承办人最高人民检察院第七检察厅二级高级检察官韩成军担任主持人，为了精准查明案件事实，确保听证意见专业、权威，针对办案涉及的相关情况，最高人民检察院专门邀请了一名全国人大代表、一名行政法学专家及一名人民监督员担任此次听证会的听证员。自然资源部自然资源确权登记局、国土空间用途管制司、执法局，住房和城乡建设部村镇建设司，农业农村部法规司，河南省高级人民法院、部分相关地方政府和行政机关以及审判机关有关负责同志列席会议。最高人民检察院办案组践行司法为民、精准监督理念，听证会召开前，在调阅案卷、实地踏勘的基础上，多次通过视频、电话或面对面的方式联系沟通案件申请人及其他当事人，走访相关机关了解相关政策和案件历史背景。为准确查明案情，定分止争，积极发挥公开听证调查核实作用，对案件涉及的关键证据进行公开质证，全面查明案件事实，办案组克服路途遥远，专门赶赴郑州组织召开听证会，力求通过以"看得见""听得到"的方式充分保障各方当事人的知情权和参与权。在听证会示证、质证环节，最高检办案组以300余页的PPT资料直观展示了本案办理过程中最高人民检察院调查核实取得的主要证据材料。各方当事人均表示对证据无异议。在最后发表意见环节中，各方当事人均表示，对于最高人民检察院的检察官能走到他们身边，耐心倾听他们的诉求并提供给他们这样一个理性、平和、公正、和平等交流的机会表示感谢。

听证员围绕案件争议焦点进行了发问，并闭门予以了评议。鉴于案涉土地目前的建设使用情况及双方的依法和解意愿，会后，办案组组织各方对具体事宜进行协商，最终依法达成了和解协议，秦某某向最高人民检察院当场递交了撤回监督申请书，案件持续 18 年的行政争议最终得以依法规范实质性化解。听证员和列席会议的人员认为：最高人民检察院对案件调查核实和听证进行了周密安排和统筹调度，本次听证会严格依照法定程序，各方都有充分的时间发表意见，进一步厘清了案件事实，明晰了法律关系，公开听证为当事人双方提供了公正、公开、平等、透明的交流平台，对于树立司法权威、维护司法公正有积极意义。办案组坚持把"高质效办好每一个案件"的基本价值追求贯彻到检察办案和听证全过程各环节，全面准确地把握"以事实为根据"，力求抓住案件中的主要矛盾；全面准确理解"以法律为准绳"，力求正确适用法律；全面准确统筹"以事实为根据，以法律为准绳"，力求确保案件办理取得最佳效果，努力在法律框架内寻求公平正义的"最大公约数"。在履行法律监督职责中，协同人民法院、行政机关依法规范推进行政争议实质性化解。本次听证会既是新时代全面依法治国理念的具体实践，也是检察机关敢于监督、善于监督、勇于自我监督的突出体现，充分践行了检察机关从政治上着眼，从法治上着力，忠实履行宪法法律赋予的法律监督职责，高质效办好每一个案件，保障国家法律统一正确实施，自觉为大局服务、为人民司法、为法治担当，持续推进习近平法治思想的检察实践，以检察工作现代化支撑和服务中国式现代化的价值追求。

（二）拓展思考

1. 行政立法听证会与行政许可听证会、行政处罚听证会的联系和区别。

2. 如何提高立法听证结论的效力？

附件一：听证方案

关于举行《××市职业卫生监督管理条例（草案)》
立法听证会工作方案

4 月 22 日召开的市政府第十九届四次常务会议，审议并原则通过了《××市职业卫生监督管理条例（草案)》（以下简称规定（草案)）。为了进一步发扬立法民主，提高立法质量，广泛听取社会各界对规定（草案）有关内容的意见和建议，使法规规定更具有科学性、合理性和可行性，保护广大人民群众的人身安全和其他合法权益，市人大法制委员会拟组织召开立法听证会，现将主要工作初步安排如下。

一、听证会主要内容

围绕常委会组成人员提出的审议意见，结合《中华人民共和国职业病防治法》《使用有毒物品作业场所劳动保护条例》等有关法律、法规，结合本市实际现状和存在的问题，着重对职业病监管的主体责任、监管制度和劳动者权益保障条款以及处罚规定相关内容的合理性和可行性，听取各方面的意见和建议。

（一）根据我市实际现状，规定（草案）对违法行为设定的罚款幅度是否合理适当？

（二）哪些违法行为应从重处罚？哪些违法行为应从轻处罚？

（三）在本规定中是否对执法人员的执法行为进行规范？如需规定，怎样设定？

二、听证参加人员

1. 听证人：市人大法制委员会组成人员（不少于3名）。

2. 听证会参加人：各部门单位和社会各界人士均可报名参加，根据报名先后顺序和正反意见基本对等原则确定5名听证会参加人。

3. 听证会旁听人：听证会设立旁听席，根据报名情况，确定5名旁听人参加旁听。

4. 邀请常委会有关部门以及其他有关单位负责人参加听证会，听取意见。

5. 请有关新闻宣传单位参加听证会，进行宣传报道。

三、听证会时间、地点

1. 听证会拟于2023年9月26日举行；

2. 地点：市人大常委会主楼多功能厅。

四、筹备工作

（一）文件材料方面

1. 起草立法听证会的公告；

2. 起草立法听证制度情况介绍，汇总有关立法参考材料，起草立法听证内容说明；

3. 编印规定（草案）及其说明，汇总常委会组成人员审议意见；

4. 编印法制委员会立法听证规则、立法听证会程序和有关注意事项；

5. 起草听证会主持人主持词。

（二）会务工作方面

1. 8 月 27 日前通过新闻媒体发布听证会公告；

2. 9 月 19 日前确定听证会听证人、参加人、旁听人并编辑成册；

3. 9 月 24 日前协调安排布置会场，设置会标，设置会场席次，准备好音像设备；

4. 安排外地参加听证人员的食宿；

5. 与办公厅秘书处、行政接待处、宣传处等处室协调配合好相关工作。

五、会后工作

1. 9 月 29 日前汇总听证会参加人、旁听人意见和建议；

2. 10 月 12 日前起草完成听证报告；

3. 10 月 16 日前根据听证报告，研究提出对规定（草案）的修改意见。

附件二：听证公告

关于召开"××市职业卫生监督管理条例（草案）" 听证会公告

为了广泛征求和听取社会各界的意见和建议，增强行政立法的透明度和科学性，提高立法质量，加强我市职业卫生的安全。××市政府法制办公室将举行《××市职业卫生监督管理条例（草案）》立法听证会，欢迎社会各界人士、有关单位代表报名参加。现公告如下：

1. 时间：2023 年 9 月 26 日（星期四）上午 8：10

2. 地点：××××××××××

3．听证事项：

（1）关于本法的适用范围及对象；

（2）关于职业病危害的预防和控制的方法；

（3）对于劳动者健康安全的保障措施；

（4）对于危害劳动者安全的行业、地区的监督检查和惩罚。

4．参加人

（1）听证代表：

对听证事项有明确意见和建议的人士均可报名，听证会组织者依据代表不同观点的各方都有适当名额的原则，在申请报名的人员中遴选产生。听证会组织者也可邀请部分有代表性的听证参加人。听证参加人为5人。

（2）旁听公民：

听证会设立旁听席，欢迎各界人士、有关单位代表报名，作为听证旁听人参加旁听。听证旁听人依据报名先后顺序确定，人数为5人左右。

5．报名办法

从即日起接受听证参加人和旁听人报名。报名可采用电话、网络、传真或者书信等方式。报名人员在报名时应当告知作为听证参加人还是听证旁听人参加会议。申请作为听证参加人参加听证会的，应当准备书面发言材料，并在会前书面告知发言的主要论点和理由。

报名截止时间：2023年9月25日18：00。

6．报名电话及通信地址

地址：××市政府法制办公室法规处；邮编：××××××；电话：×××××××××（传真）；电子邮箱：××××××@163.com。

××市人民政府法制办公室

二〇二三年九月五日

八、实训文书

行政立法法律法规

目　录

1．中华人民共和国立法法

2. 行政法规制定程序条例

3. 规章制定程序条例

4. 法规规章备案条例

详见

第三章

行政许可实训

一、实训目标

通过实训行政许可事项，理解行政许可设定原则、事项及范围，明确实施主体及对象，了解具体行政行为与抽象行政行为的区别，全面掌握行政许可一般程序，加深对行政法理论知识理解和运用的同时，培养具体行政行为应用思维能力。

1. 掌握设定许可的事项及范围，明确许可主体、对象；

2. 掌握依申请的行政许可的设定程序；

3. 培养依法行政的思维。

二、实训素材

随着经济快速发展，第三产业餐饮服务越来越普遍，但消费者受欺骗的状况时有发生，为关注自我健康，关心市场安全，重视行业规范，本次以××市C区品味居家常菜馆申请餐饮服务许可证为素材，实训行政许可流程。

三、实训准备

（一）理论准备

1. 行政许可的基本原则

（1）许可法定原则

许可法定原则是合法性原则在行政许可法中的具体体现。主要包含两种意思：一是设定行政许可，应当依照法定的权限、范围和程序，即应当严格依照行政许可法规定的权限范围、设定行政许可的范围、条件以及程序设定行政许可；二是实施行政许可，应当依照法定的权限、条件和程序。

（2）公开、公平、公正、非歧视原则

公开原则首先要求设定行政许可的规范性文件必须公布，未经公布的，不得作为行政许可的依据。其次，行政许可的实施过程和结果应当公开，公众有权查阅（涉及国家秘密、商业秘密和个人隐私的情况除外）。

公平、公正、非歧视原则要求行政机关平等对待申请人，符合法定条件、标准的，申请人有依法取得行政许可的平等权利，行政机关不得歧视任何人。有数量限制的行政许可，两个或者两个以上申请人的申请均符合法定条件、标准的，行政机关应当根据受理行政许可申请的先后顺序作出准予行政许可的决定。但是，法律、行政法规对优先顺序另有规定的，依照其规定。

（3）便民原则

便民，就是公民、法人和其他组织在行政许可过程中能够廉价、便捷、快速地申请并获得行政许可。它要求行政机关实施行政许可，应当做到：

第一，能够统一、综合办理的，简化程序、手续；第二，行政机关为申请人提供方便，如表格、一次补正制度，当场发证的，应及时、当场发证；第三，符合条件的，应及时受理、审核、不拖延；第四，严格遵守办证时限；第五，提供优质服务。

（4）救济原则

救济是指当事人受到行政许可的损害时，请求国家机关予以救济的制度。《行政许可法》规定了广泛的权利救济方式，如第7条规定公民、法人或者其他组织对行政机关实施行政许可，享有陈述权，申辩权；有权依法申请行政复议或者提起行政诉讼；其合法权益因行政机关违法实施行政许可受到损害的，有权依法要求赔偿。

（5）信赖保护原则

信赖保护原则是指行政相对人对行政权力的正当合理信赖，应当予以保护。《行政许可法》第 8 条规定公民、法人或者其他组织依法取得的行政许可受法律保护，行政机关不得擅自改变已经生效的行政许可。行政许可所依据的法律、法规、规章修改或者废止，或者准予行政许可所依据的客观情况发生重大变化的，为了公共利益的需要，行政机关可以依法变更或者撤回已经生效的行政许可。由此给公民、法人或者其他组织造成财产损失的，行政机关应当依法给予补偿。

（6）限制转让原则

《行政许可法》第 9 条明确规定，依法取得的行政许可，除法律、法规规定依照法定条件和程序可以转让的外，不得转让。此原则表明，在一般情况下，行政许可不得转让他人；但在某些特定条件下，则可以按照法律法规的规定进行转让。

（7）监督检查制度

《行政许可法》第 10 条明确规定，县级以上人民政府应当建立健全对行政机关实施行政许可的监督制度，加强对行政机关行政许可的监督检查。行政机关应当对公民、法人或其他组织从事行政许可事项的活动实施有效监督。

2. 行政许可的设定

（1）行政许可的设定事项

《行政许可法》第 12 条和第 13 条从可以设定和可以不设定两个方面对设定事项进行了规定：

①可以设定行政许可的事项，共分六大类。

第一类　普通许可事项：直接涉及国家安全、公共安全、经济宏观调控、生态环境保护以及直接关系人身健康、生命财产安全等特定活动，需要按照法定条件予以批准的事项。

第二类　特许事项：有限自然资源的开发利用、公共资源配置以及直接关系公共利益的特定行业的市场准入等，需要赋予特定权利的事项。

第三类　认可事项：提供公众服务并且直接关系公共利益的职业、行业，需要确定具备特殊信誉、特殊条件或者特殊技能等资格、资质的事项。

第四类　核准事项：直接关系公共安全、人身健康、生命财产安全的重要设备、设施、产品、物品，需要按照技术标准、技术规范，通过检验、检测、检疫等方式进行审定的事项。

第五类　登记事项：企业或者其他组织的设立等，需要确定主体资格的事项。

第六类　其他事项：法律、行政法规规定可以设定行政许可的其他事项。

②可以不设定行政许可的事项。

通过下列方式能够予以规范的，可以不设行政许可：公民、法人或者其他组织能够自主决定的；市场竞争机制能够有效调节的；行业组织或者中介机构能够自律管理的；行政机关采用事后监督等其他行政管理方式能够解决的。

（2）设定行政许可的主体

由于行政许可的设定带有明显的立法属性，所以有权设定行政许可的主体一般也具有一定的立法职能。根据《行政许可法》的规定，在我国，有权设定行政许可的主体和相应的法律形式为：

①全国人大及其常委会，全国人大及其常委会通过制定法律的形式，来设定行政许可。

②国务院，国务院一般通过制定行政法规的形式来设定行政许可。在必要时国务院还通过发布决定的方式设定行政许可，此许可为临时许可，应当及时变为法律、行政法规的形式。

③地方人大及其常委会，地方人大及其常委会通过制定地方性法规来设定行政许可。省、自治区、直辖市以及较大的市的人大及其常委会可以制定地方性法规；经济特区所在地的省、市的人大及其常委会可以制定经济特区法规；民族自治地方的人大可以制定自治条例和单行条例。

④省、自治区、直辖市人民政府，省级人民政府可以通过制定政府规章来设定行政许可。需要注意的是政府规章只能设定临时性的行政许可，一年后该临时许可需要继续执行的，应上升为地方性法规。

3. 行政许可的实施主体

行政相对人想获得相应的权利和资格，就必须向相应行政主体进行申请。行政许可的实施主体主要有三种。

（1）法定的行政机关

行政许可一般由具有行政许可权的行政机关在其法定职权范围内实施。

（2）被授权的具有管理公共事务职能的组织

法律、法规授权的具有管理公共事务职能的组织，在法定授权范围内，以自己的名义实施行政许可。

被授权实施行政许可的具有管理公共事务职能的组织应当具备下列条件：第一，该组织必须是依法成立的；第二，被授权实施的行政许可事项应当与该组织管理公共事务的职能相关联；第三，该组织应当具有熟悉与被授权实施的行政许可有关的法律、法规和专业的正式工作人员；第四，该组织应当具备被授权实施的行政许可所必需的技术、装备条件等；第五，该组织能对实施被授权实施的行政许可引起的法律后果独立地承担责任。

（3）被委托的行政机关

行政机关在其法定职权范围内，依照法律、法规、规章的规定，可以委托其他行政机关实施行政许可。受委托行政机关在委托范围内，以委托行政机关的名义实施行政许可。

委托实施行政许可必须遵循以下规则：委托主体只能在其法定职权范围内委托实施行政许可；委托实施行政许可的依据是法律、法规和规章；委托机关应当对被委托实施行政许可的行为负责监督，并对被委托机关的行政许可行为的后果承担法律责任；被委托实施行政许可的行政机关不得将行政许可实施再转委托给其他组织或者个人；委托行政机关应当将被委托行政机关和被委托实施行政许可的内容予以公告。

（二）实践准备

1. 将学生分为两组，一组代表申请人，另一组代表行政许可部门，按照部门分工，划分工作职责，做好准备工作。

2. 熟悉《行政许可法》《最高人民法院关于审理行政许可案件若干问题的规定》等相关法律规定。

3. 掌握依申请的行政许可的一般程序。

4. 按照角色制作相关法律文书。

四、实训要点

行政许可行为是一种依申请的行政行为。行政许可是由行政相对人向行政机关申请，并由行政机关进行审查、决定的具体行政行为。因此，行政许可分为以下五个程序。

（一）申请

行政许可的申请一般是以书面形式提出。为了方便申请人，可以以信函、电报、电传、传真、电子数据交换和电子邮件提出，也可以由申请人委托代理人提出。在行政许可申请中申请人应当如实反映有关情况，按照法律法规规定提供有关资料。同时，行政机关应当公开行政许可规定，提供申请书格式文本，答复申请人的疑问。行政机关不得要求申请人提交与申请的行政许可事项无关的材料。

（二）受理

行政机关经对公民、法人或者其他组织提出的申请进行形式审查，审查内容包括申请事项是否属于本行政机关管辖范围；是否属于依法需要取得行政许可的事项；是否按规定提交了申请材料；申请材料是否符合规定的格式等。根据不同情况，按照《行政许可法》第32条规定分别作出处理：

1. 申请事项依法不需要取得行政许可的，应当即时告知申请人不受理；

2. 申请事项依法不属于本行政机关职权范围的，应当即时作出不予受理的决定，并告知申请人向有关行政机关申请；

3. 申请材料存在可以当场更正的错误的，应当允许申请人当场更正；

4. 申请材料不齐全或者不符合法定形式的，应当当场或者在五日内一次告知申请人需要补正的全部内容，逾期不告知的，自收到申请材料之日起即为受理；

5. 申请事项属于本行政机关职权范围，申请材料齐全、符合法定形式，或者申请人按照本行政机关的要求提交全部补正申请材料的，应当受理行政许可申请。

行政机关受理或者不予受理行政许可申请，应当出具加盖本行政机关专用印章和注明日期的书面凭证。

（三）审查

行政机关应当对申请人提交的申请材料进行审查。行政机关根据法定条件和程序，需要对申请材料的实质内容进行核实的，行政机关应当指派2名以上工作人员进行核查。

依法应当先经下级行政机关审查后报上级行政机关决定的行政许可，下级行政机关应当在法定期限内将初步审查意见和全部申请材料直接报送上级行政机关。上级行政机关不得要求申请人重复提供申请材料。

行政机关对行政许可申请进行审查时，发现行政许可事项直接关系他人重大利益的，应当告知该利害关系人。申请人、利害关系人有权进行陈述和申辩。行政机关应当听取申请人、利害关系人的意见。

（四）听证

法律、法规、规章规定实施行政许可应当听证的事项，或者行政机关认为需要听证的其他涉及公共利益的重大行政许可事项，行政机关应当向社会公告，并举行听证。行政许可直接涉及申请人与他人之间重大利益关系的，行政机关在作出行政许可决定前，应当告知申请人、利害关系人享有要求听证的权利；申请人、利害关系人在被告知听证权利之日起5日内提出听证申请的，行政机关应当在20日内组织听证。申请人、利害关系人不承担行政机关组织听证的费用。

听证按照下列程序进行：

1. 行政机关应当于举行听证的七日前将举行听证的时间、地点通知申请人、利害关系人，必要时予以公告；

2. 听证应当公开举行；

3. 行政机关应当指定审查该行政许可申请的工作人员以外的人员为听证主持人，申请人、利害关系人认为主持人与该行政许可事项有直接利害关系的，有权申请回避；

4. 举行听证时，审查该行政许可申请的工作人员应当提供审查意见的证据、理由，申请人、利害关系人可以提出证据，并进行申辩和质证；

5. 听证应当制作笔录，听证笔录应当交听证参加人确认无误后签字或者盖章。

行政机关应当根据听证笔录，作出行政许可决定。

（五）决定

行政机关受理行政许可申请进行审查后，除当场作出行政许可决定的外，应当在法定期限内按照规定程序作出行政许可决定。作出准予行政许可需要颁发有关行政许可证件的，行政机关应当在法定期限内颁发、送达。行政机关作出的准予行政许可决定，应当予以公开，公众有查阅权。行政机关作出不予行政许可的决定应当说明理由、告知救济权。不予行政许可必须作出书面决定，说明理由和应当告知申请人享有申请行政复议、提起行政诉讼的权利。

五、实训过程

（一）申请人填写申请表

根据《行政许可法》规定，依申请的行政许可，需要当事人依申请事项不同填写相关申请材料并上交相关行政部门。

××市 C 区品味居家常菜馆法定代表人（负责人或者业主）按规定填写餐饮服务申请书。（相关格式见附件一）

（二）行政许可部门审查、立案

××市食品药品监督管理局 C 区分局接收××市 C 区品味居家常菜馆餐饮服务申请书后，进行形式审查，并填写接收凭证，符合申请条件的应送达行政许可受理通知书（见附件二）。

（三）行政许可部门举行听证程序

××市食品药品监督管理局 C 区分局发现该申请涉及申请人与他人之间有重大利益关系告知申请人、利害关系人享有要求听证的权利，向申请书送达行政许可听证告知书（见附件三），利害关系人向 C 区分局送达行政许可听证申请书（见附件四）。

（四）行政许可部门调查，颁发许可证

××市食品药品监督管理局 C 区分局分配工作人员到××市 C 区品味居家常菜馆进行现场核查，并制作现场核查笔录（见附件五），经当事人核对无误后签字或者盖章；核查后符合申请条件的，在规定工作日内制作餐饮服务许可证（见附件六）。

（五）送达

制作好餐饮服务许可证后送达当事人，当事人应在送达回执上签字或者盖章（见附件七）。

六、实训点评

在实训过程中需要注意以下问题：

1. 申请人在提交《餐饮服务许可证申请书》时，要同时提交申请附件材料。

2. 由两名以上行政工作人员进行现场审查，在现场检查时须出示证件，根据《餐饮服务许可证审查规范》对现场进行有针对性的检查，客观填写《行政许可审查记录》，经申请人核对无误后签字或者盖章。

3. 行政人员需根据申请人提交的申请材料以及《行政许可审查记录》对申请进行审核，作出是否许可的决定。如决定许可，制作《行政许可决定书》；如决定不许可，制作《不予许可决定书》，告知不予行政许可的理由以及救济途径。

4. 相关法律文书须进行送达。

七、实训拓展

1. 行政许可行为的特点？

2. 行政许可听证的范围和程序？

3. 行政许可的监督检查措施？

附件一：餐饮服务许可证申请书

餐饮服务许可证申请书

申请单位＿＿＿＿＿＿＿＿＿＿＿＿＿＿＿＿＿＿＿＿＿＿＿＿＿＿＿＿＿＿

申请日期＿＿＿＿＿＿＿＿＿＿＿＿＿＿＿＿＿＿＿＿＿＿＿＿＿＿＿＿＿＿

××市食品药品监督管理局

申请单位		经济性质	
申请单位		经济性质	
法人代表		单位负责人	
单位地址		单位电话	
建筑面积		邮编	
职工人数		体检人数	
联系人及电话		原许可证号	
申请许可项目：			

申请人保证书

本申请人保证：本申请表中所申报的内容和所附资料均真实、合法，如有不实之处，我单位愿负相应的法律责任，并承担由此造成的一切后果。

        法定代表人（签字）：   申请人（盖章）

           年   月   日   年   月   日

续表

申请材料：

□ 1. 企业名称预先核准通知书复印件或营业执照复印件；

□ 2. 法定代表人或者负责人资格证明（董事会决议、章程或任命文件、身份证复印件）；

□ 3. 地形图（或地理位置图）、总平面图；

□ 4. 经营场所、场地平面布局图、工艺流程图、设备布置图；

□ 5. 经营人员健康体检合格证明；

□ 6. 食品安全管理组织、机构资料及工作制度；

□ 7. 国家法定检验机构出具的餐饮具消毒效果检测报告及检测项目的资质证明；

□ 8. 房屋产权证明或房屋租赁协议；

□ 9. 委托申报的，应提供授权委托书；

□ 10. 其他资料。

受理日期	经办人审查意见
年　月　日　受理人员：	□批准 □不予批准 审批许可项目： 审查人员： 年　月　日

续表

复核意见： 　　　　　　　　负责人签字：
审批意见： 　　主管局长签字：　　　　　　　　　　　年　　月　　日
发证日期：　　　　年　　月　　日
许可证编号：　×餐证字　　　　第　　　　　　　　　号

附件二：行政许可受理通知书

行政许可受理通知书

许受字〔　　〕　　号

＿＿＿＿＿＿：

　　你（单位）于＿＿＿＿年＿＿月＿＿日提出的＿＿＿＿＿＿＿＿

＿＿＿＿＿＿＿＿＿＿＿＿＿＿＿＿＿＿＿＿行政许可申请收悉。经初步审查，你（单位）提交的申请材料齐全，符合行政许可申请的受理条件。根据《中华人民共和国行政许可法》第三十二条第一款第（五）项规定，本机关决定自＿＿＿＿年＿＿月＿＿日起受理。

　　许可申请人：签名（盖章或捺手指印）　　　　年　　月　　日

××行政机关名称（公章）

年　　月　　日

附件三：行政许可听证告知书

行政许可听证告知书

许听告字〔　　〕　　号

_____：

_____（单位）于_____年____月____日提出

_____的行政许可申请，根据《中华人民共和国行政许可法》第四十七条之规定，你（单位）作为行政许可申请人（利害关系人）有权申请行政许可听证。

行政许可听证案由：

请你（单位）自收到本告知书5日内向本机关提出行政许可听证申请。

联系人：

联系电话：

地址：

申请人（利害关系人）：签名（盖章或捺手指印）_____

_____年____月____日

行政执法机关名称_____（公章）

_____年____月____日

附件四：行政许可听证申请书

行政许可听证申请书

听证申请人：_____　法定代表人：_____性别：____年龄：____

职（业）务：_____　　联系电话：_____

证件号码（类型）：_____

工作单位：_____据实填写_____

住（地）址：_____企业（营业场所）注册详细地址_____

与本案关系：_____

委托代理人：_____性别：____年龄____

证件号码（类型）：_____

职（业）务：_____联系电话：_____

工作单位：_____据实填写_____

住（地）址：_____

受理行政许可机关：_____

申请行政许可项目名称和内容：_____

_____

申请听证的目的：_____

_____

申请听证的事实和理由：_____

_____

____此致_____

____×××××（行政机关名称）

申请人：签名（盖章或捺手指印）

委托代理人：签名（盖章或捺手指印）

年　　月　　日

附件五：现场核查笔录

现场检查（勘验）笔录

检查（勘验）时间：_____年____月____日____时____分至____月____日____时____分

检查（勘验）地点：_____

检查（勘验）内容：_____

一、被检查（勘验）对象基本情况

法人　　自然人　　个体工商户　　非法人组织

被检查（勘验）人：_____性别：____年龄：____

法定代表人（负责人或其他组织）：_____

职（业）务：_____联系电话：_____

工作单位：_____

证件号码（类型）：_____

住（地）址（经营场所）：_____

与本案关系：_____

二、见证人基本情况（可选）

见证人姓名：_____性别：____年龄：____

职（业）务：_____联系电话：_____

证件号码（类型）：_____

工作单位：_____

住（地）址：_____

三、告知事项

问：你好！我们是_____的执法人员_____、_____，执法证号分别是_____、_____，这是我们的执法证件（出示执法证件），请你确认。请配合我单位开展检查，并如实回答有关问题。如果你认为我们与本案有利害关系从而影响到本案的公正办理，可以申请我们（或×××）回避，你是否申请回避？

答：不申请回避。

申请_____执法人员姓名_____回避。

理由：_____。

四、检查（勘验）情况　　　　　　　　　　　　　第　页　共　页

_____

_____

＿＿＿＿＿＿＿＿＿＿＿＿＿＿＿＿＿＿＿＿＿＿＿＿＿＿＿＿＿＿＿＿＿＿＿＿＿＿

＿＿＿＿＿＿＿＿＿＿＿＿＿＿＿＿＿＿＿＿＿＿＿＿＿＿＿＿＿＿＿＿＿＿＿＿＿＿

＿＿＿＿＿＿＿＿＿＿＿＿＿＿＿＿＿＿＿＿＿＿＿＿＿＿＿＿＿＿＿＿＿＿＿＿。

＿＿被检查（勘验）人（现场负责人）应逐页签字确认＿＿＿＿＿＿＿＿＿＿

（以下是检查笔录尾页）

应注明：被检查（勘验）人（现场负责人）阅核后签注"检查（勘验）笔录上述内容，记录属实。"

被检查（勘验）人（现场负责人）签字（盖章或捺手指印）：＿＿＿年＿＿月＿＿日

拒绝签字的理由：＿＿＿＿＿＿＿＿＿＿＿＿＿＿＿＿＿＿＿＿＿＿＿＿＿＿＿

见证人签字（盖章或捺手指印）：＿＿＿＿＿＿＿＿年＿＿＿月＿＿＿日

检查人签字：＿＿＿＿＿＿＿＿＿＿＿＿＿＿＿＿＿年＿＿＿月＿＿＿日

记录人签字：＿＿＿＿＿＿＿＿＿＿＿＿＿＿＿＿＿年＿＿＿月＿＿＿日

第　页　共　页

附件六：行政许可决定书

准予行政许可决定书

许准字〔　　　〕＿＿＿号

＿＿＿＿＿＿＿＿＿：

你（单位）于＿＿＿＿＿＿年＿＿＿月＿＿＿日提出的＿＿＿＿＿＿＿＿＿＿＿＿

＿＿＿＿＿＿＿＿＿＿＿＿＿＿＿＿行政许可申请，本机关已于＿＿＿＿＿＿年

＿＿＿月＿＿＿日受理。经审查，＿＿＿＿＿＿＿＿＿＿＿＿＿＿＿＿＿＿＿＿＿＿＿

＿＿（写明审查的详细情况和准予许可的理由依据）＿＿＿＿＿＿＿＿＿＿＿＿

＿＿＿＿＿＿＿＿＿＿＿＿＿＿＿＿＿＿＿＿＿＿＿＿＿＿＿＿＿＿＿＿＿＿＿＿＿＿

＿＿＿＿＿＿＿＿＿＿＿＿＿＿＿＿＿＿＿＿＿＿＿＿＿＿＿＿＿＿＿＿＿＿＿＿。

依据《中华人民共和国行政许可法》第三十八条第一款、《……法》_____之规定，决定准予你（单位）取得_____

_____行政许可，有效期自_____年____月____日至_____年____月____日。

请你（单位）于_____年____月____日持本决定书，到_____办理（领取）行政许可证件。

××行政机关名称_____（公章）

年　月　日

附件七：送达回证

<h2 align="center">行政许可文书送达回证</h2>

送达文书名称及文号	
受送达人	
送达地址	
送达方式	
受送达人签名或盖章	年　　月　　日

续表

送达人签字		年　　月　　日
代收人及代收理由		年　　月　　日
见证人签名或盖章		年　　月　　日
备注	按照新修订的《中华人民共和国处罚法》第六十一条和《中华人民共和国民事诉讼法》中的第八十四条至第九十二条的规定实施送达	

八、实训文书

行政许可文书

目　　录

1. 行政许可委托书

2. 行政许可申请书

3. 行政许可申请材料清单

4. 行政许可材料补正告知书

5. 行政许可准（不）予受理审批表

6. 行政许可受理通知书

7. 行政许可不予受理决定书

8. 行政许可陈述、申辩告知书

9. 行政许可陈述、申辩笔录

10. 行政许可听证告知书

11. 行政许可听证申请书

12. 行政许可延期决定审批表

13. 行政许可延期决定通知书

14. 准（不）予行政许可决定审批表

15. 准予行政许可决定书

16. 不予行政许可决定书

17. 行政许可准（不）予延续审批表

18. 行政许可延续决定书

19. 行政许可不予延续决定书

20. 行政许可准（不）予变更审批表

21. 行政许可变更决定书

22. 行政许可不予变更决定书

23. 行政许可撤回审批表

24. 行政许可撤回决定书

25. 行政许可撤销审批表

26. 行政许可撤销决定书

27. 行政许可注销审批表

28. 行政许可注销决定书

29. 行政许可结案报告

30. 行政许可文书送达回证

1. 行政许可委托书

____委字〔　〕第　号

根据_____的规定，经××局与××局协商，现由××局委托××局实施行政许可。

委托事项：

委托期限：自　　年　　月　　日至　　年　　月　　日

权利义务：××局依法对××局实施上述行政许可的活动进行监督，并承担该行政许可的法律责任；××局以××局的名义实施上述行政许可，不得再委托给其他机关、组织或个人。

委托机关印章　　　　　　　　受委托机关印章

年　　月　　日　　　　　　　年　　月　　日

注：①根据《行政许可法》第二十四条的规定，一个行政机关委托另一个行政机关实施行政许可，必须同时具备两个条件：委托事项属委托机关的职权范围；有法律、法规或者规章的明确规定。

②委托机关须将受委托机关和委托内容予以公告。

2. 行政许可申请书

申请人姓名（名称）：_____性别：____年龄____

职（业）务：_____联系电话：_____

证件号码（类型）：_____

工作单位：_____据实填写_____

住（地）址：_____企业（营业场所）注册详细地址_____

委托代理人：_____性别：____年龄____

证件号码（类型）：_____

职（业）务：_____联系电话：_____

工作单位：_____据实填写_____

住（地）址：_____

行政许可申请事项：_____

_____

行政许可申请的事实和理由：_____

_____

_____

_____

_____

附：行政许可申请材料清单

申请人：签名（盖章或捺手指印）　委托代理人：签名（盖章或捺手指印）
　　年　　月　　日　　　　　　　　　　年　　月　　日

3. 行政许可申请材料清单

序号	材料名称	数量	备注
1			
2			
3			
4			
5			
6			
7			
8			
9			
10			
11			
12			
行政许可申请人	申请人： 　　　　　　　　　　　　　　　　（公章） 法定代表人：　　委托代理人：　　年　月　日		

续表

行政许可受理机关			
	承办人：	年 月 日	

4. 行政许可材料补正告知书

许补告字〔   〕   号

_____：

  你（单位）于_____年___月___日提出的_____
行政许可申请收悉。经审查，申请材料不齐全（或不符合法定形式），根据
《中华人民共和国行政许可法》第三十二条第一款第（四）项规定，请你
（单位）于_____年___月___日前补正下列材料：

序号	材料名称	数量	备注
1			
2			
3			
4			
5			
6			
7			

  联系人：_____

  联系电话：_____

  联系地址：_____

××行政机关名称_____（公章）

年 月 日

5. 行政许可准（不）予受理审批表

申请人	名称/姓名		法定代表人/ 身份证号码	
	工作单位		电　话	
	住（地）址		邮　编	
行政许可 申请事项				
行政许可 事项审核情况				
承办人 意见			年　　月　　日	
承办机构 审核意见			年　　月　　日	
法制机构 审核意见			年　　月　　日	
行政负责人 审批意见			年　　月　　日	
备注				

6. 行政许可受理通知书

许受字〔　　〕　　号

＿＿＿＿＿＿＿：

　　你（单位）于＿＿＿＿＿年＿＿月＿＿日提出的＿＿＿＿＿＿＿＿＿＿＿

＿＿＿＿＿＿＿＿＿＿＿＿行政许可申请收悉。经初步审查，你（单位）提交的

申请材料齐全，符合行政许可申请的受理条件。根据《中华人民共和国行政

许可法》第三十二条第一款第（五）项规定，本机关决定自＿＿＿＿＿年＿＿＿

月＿＿＿日起受理。

　　　　许可申请人：签名（盖章或捺手指印）　　　　　　年　　月　　日

　　　　　　　　　　　　　　　　××行政机关名称＿＿＿＿＿＿（公章）

　　　　　　　　　　　　　　　　　　　　　年　　　月　　　日

7. 行政许可不予受理决定书

＿＿＿许不受字〔　　〕　　号

＿＿＿＿＿＿＿：

　　你（单位）于＿＿＿＿＿年＿＿月＿＿日提出的＿＿＿＿＿＿＿＿＿＿

行政许可申请收悉，本机关在审查中发现：（写明审查中发现的具体情况和

不予受理的理由依据）。

　　依照《中华人民共和国行政许可法》第三十二条第一款第（二）项之规

定，该事项不属于本机关职权范围，决定不予受理。请你（单位）向(有权

受理该项行政许可的行政机关) 提出申请。

　　如你（单位）不服本决定，可于收到本决定书之日起六十日内向

＿＿＿＿＿＿＿＿＿＿申请行政复议，或者六个月内向＿＿＿＿＿＿＿＿＿

人民法院提起诉讼。

行政许可申请人：<u>签名（盖章或捺手指印）</u>　　　　年　　月　　日

<u>××行政机关名称</u>　　　　（公章）

年　　月　　日

8. 行政许可陈述、申辩告知书

<u>　　</u>许陈申字〔　　〕　　号

<u>申请（利害关系）人：</u>

　　<u>申请人（单位）</u>于<u>　　　　</u>年<u>　　</u>月<u>　　</u>日提出<u>　　　　　　　　</u>的行政许可申请，本机关认为申请人申请的行政许可事项可能直接关系到<u>利害关系人（单位）</u>的重大利益，现将该行政许可事项告知你（单位）。

　　根据《中华人民共和国行政许可法》第三十六条之规定，你（单位）作为行政许可申请人（利害关系人）有权进行陈述、申辩。如需要进行陈述、申辩，可于<u>　　　　</u>年<u>　　</u>月<u>　　</u>日前书面提出陈述、申辩的意见，也可直接到本机关进行陈述、申辩。逾期未提出陈述、申辩的，视为你（单位）自动放弃上述权利。

联系人：

联系电话：

地址：

申请人（利害关系人）：<u>签名（盖章或捺手指印）</u>　　　年　　月　　日

<u>行政执法机关名称</u>　　　　（公章）

年　　月　　日

9. 行政许可陈述、申辩笔录

陈述、申辩时间：<u>　　　　</u>年<u>　　</u>月<u>　　</u>日<u>　　</u>时<u>　　</u>分至<u>　　</u>月<u>　　</u>

日＿＿时＿＿分

　　陈述、申辩地点：＿＿＿＿＿＿＿＿＿＿＿＿＿＿＿＿＿＿＿＿

　　陈述、申辩人：＿＿＿＿＿法定代表人：＿＿＿＿＿性别：＿＿年龄：＿＿

　　职（业）务：＿＿＿＿＿＿＿＿＿＿＿联系电话：＿＿＿＿＿＿＿＿＿

　　证件号码（类型）：＿＿＿＿＿＿＿＿＿＿＿＿＿＿＿＿＿＿＿＿＿＿

　　工作单位：＿＿＿＿＿＿＿＿＿据实填写

　　住（地）址：＿＿＿＿＿＿＿企业（营业场所）注册详细地址

　　委托代理人：＿＿＿＿＿＿＿＿＿＿＿＿＿性别：＿＿年龄：＿＿

　　证件号码（类型）：＿＿＿＿＿＿＿＿＿＿＿＿＿＿＿＿＿＿＿＿＿＿

　　职（业）务：＿＿＿＿＿＿＿＿联系电话：＿＿＿＿＿＿＿＿＿

　　工作单位：＿＿＿＿＿＿＿＿＿据实填写

　　住（地）址：＿＿＿＿＿＿＿＿＿＿＿＿＿＿＿＿＿＿＿＿＿＿＿

　　执法人员：＿＿＿＿＿＿＿＿＿＿　　执法证号：＿＿＿＿＿＿＿＿＿

　　记录人：＿＿＿＿＿＿＿＿＿＿＿　　工作单位：＿＿＿＿＿＿＿＿＿

　　我们是(单位名称)的执法人员，这是我们的执法证件（出示证件），请查看。如果执法人员与你有直接利害关系的，你可以申请回避。（回避　不回避）。

　　现对＿＿＿＿＿＿＿＿＿＿＿＿＿＿提出＿＿＿＿＿＿＿＿＿＿＿的行政许可申请听取你（单位）的陈述、申辩。

　　陈述、申辩内容：＿＿＿＿＿＿＿＿＿＿＿＿（详细记录陈述、申辩的内容）＿＿＿＿＿＿＿＿＿＿。

　　上述笔录我已看过（或已向我宣读过），情况属实无误。

　　陈述、申辩人：签名（盖章或捺手指印）　　　　年　　　月　　　日

　　委托代理人：签名（盖章或捺手指印）　　　　　年　　　月　　　日

　　执法人员：签名、签名　　　　　　　　　　　　年　　　月　　　日

　　记录人：签名　　　　　　　　　　　　　　　　年　　　月　　　日

10. 行政许可听证告知书

<u>　　</u>许听告字〔　　〕　　号

<u>　　　　　　　</u>：

<u>　　　　　　　　　</u>（单位）于<u>　　　　</u>年<u>　</u>月<u>　</u>日提出<u>　　　　　</u>
<u>　　　　　　　　　　　　</u>的行政许可申请，根据《中华人民共和国行政许可
法》第四十七条之规定，你（单位）作为行政许可申请人（利害关系人）有
权申请行政许可听证。

行政许可听证案由：

请你（单位）自收到本告知书5日内向本机关提出行政许可听证申请。

联系人：

联系电话：

地址：

申请人（利害关系人）：<u>签名（盖章或捺手指印）</u>　　年　　月　　日

<u>行政执法机关名称</u>　　　　（公章）

　　　　　　　年　　月　　日

11. 行政许可听证申请书

听证申请人：<u>　　　　　</u>法定代表人：<u>　　　　</u>性别：<u>　　</u>年龄：<u>　　</u>

职（业）务：<u>　　　　　　　</u>联系电话：<u>　　　　　　　</u>

证件号码（类型）：<u>　　　　　　　　　　　　　　　　</u>

工作单位：<u>　　　　　　据实填写　　　　　　</u>

住（地）址：<u>　　　企业（营业场所）注册详细地址　　　</u>

与本案关系：<u>　　　　　　　　　　　　　　　　</u>

委托代理人：_____ 性别：____年龄____

证件号码（类型）：_____

职（业）务：_____联系电话：_____

工作单位：_____据实填写

住（地）址：_____

受理行政许可机关：_____

申请行政许可项目名称和内容：_____

_____

申请听证的目的：_____

_____

申请听证的事实和理由：_____

_____

　　此致

_____×××××（行政机关名称）

申请人：签名（盖章或捺手指印）

委托代理人：签名（盖章或捺手指印）

年　　月　　日

12. 行政许可延期决定审批表

行政许可申请事项			行政许可受理时间	
申请人	名称/姓名		法定代表人/身份证号码	
	工作单位		联系电话	
	住（地）址			

续表

延期决定 的理由	
承办人 意见	年　　　月　　　日
承办机构 审核意见	年　　　月　　　日
行政负责人 审批意见	年　　　月　　　日

13. 行政许可延期决定通知书

_____许延通字〔　　〕　　号

_____:

你（单位）于_____年____月____日提出的_____行政许可申请，本机关已于_____年____月____日受理。因_____，依照《中华人民共和国行政许可法》第四十二条的规定，决定延期____日，至_____年____月____日前作出决定。

行政许可申请人：签名（盖章或捺手指印）　　　　年　　　月　　　日

××行政机关名称_____（公章）

年　　　月　　　日

14. 准（不）予行政许可决定审批表

行政许可 申请项目			行政许可 受理时间	
申 请 人	名称/姓名		法定代表人/ 身份证号码	
	工作单位		电话	
	住址			
行政许可 事项审查 情况				
承办人 意见			年　　月　　日	
承办机构 审核意见			年　　月　　日	
行政负责人 审批意见			年　　月　　日	

15. 准予行政许可决定书

　　___许准字〔　　　〕___号

_____:

　　你（单位）于_____年___月___日提出的_____

_____行政许可申请，本机关已于_____年___月___日

受理。经审查，_____

___（写明审查的详细情况和准予许可的理由依据）_____

_____

_____。

　　依据《中华人民共和国行政许可法》第三十八条第一款、《……法》

____之规定，决定准予你（单位）取得_____行政许可，有效

期自_____年___月___日至_____年___月___日。

　　请你（单位）于_____年___月___日持本决定书，到_____

_____办理（领取）行政许可证件。

×× 行政机关名称_____ （公章）

年　　月　　日

16. 不予行政许可决定书

　　___许不予字〔　　　〕　　　号

_____:

　　你（单位）于_____年___月___日提出的_____

_____行政许可申请，本机关已于_____年___月___日

受理。经审查，_____（写明审查的详细情况和准

予许可的理由依据）_____。

　　依据《中华人民共和国行政许可法》第三十八条第二款、《……法》

_____之规定，决定不予批准你（单位）取得_____行政许可。

如你（单位）不服本决定，可于收到本决定书之日起六十日内向_____

_____申请行政复议，或者六个月内向_____

人民法院提起诉讼。

<u>　　×× 行政机关名称　　</u>　　（公章）

年　　月　　日

17. 行政许可准（不）予延续审批表

拟延续 行政许可项目			行政许可 编号	
行政许可类别			有效期限	
行政许可 延续申请人	名称/姓名		法定代表人/ 身份证号码	
	工作单位		电话	
	住址			
审查情况及 准予（不予） 延续理由				
承办人 意见			年　　月　　日	
承办机构 审核意见			年　　月　　日	
行政负责人 审批意见			年　　月　　日	

18. 行政许可延续决定书

许延字〔　　〕　　号

_____:

你（单位）于_____年___月___日提出的 _____

_____（许可证编号：　　　　）行政许可延续申

请，本机关已于_____年___月___日受理。经审查，_____

_____（写明审查的详细情况和准予延续的理由依据）

_____。

依据《中华人民共和国行政许可法》第五十条第二款、《……法》之规

定，决定准予延续你（单位）_____行政许可，有效期自_____年___

月___日至_____年___月___日。

请你（单位）于_____年___月___日持本决定，到_____

办理（领取）行政许可证件。

××行政机关名称_____（公章）
年　　月　　日

19. 行政许可不予延续决定书

许不延字〔　　〕　　号

_____:

你（单位）于_____年___月___日提出的_____

_____（许可证编号：　　）行政许可延续

申请，本机关已于_____年___月___日受理。经审查，_____

_____（写明不予延续的事实和理由）　　　　　　　　。

依据《中华人民共和国行政许可法》第五十条第二款、《……法》之规

定，决定不予延续你（单位）_____行政许可。

如你（单位）不服本决定，可于收到本决定书之日起六十日内向

＿＿＿＿＿＿＿＿＿＿＿＿＿＿申请行政复议，或者六个月内向＿＿＿＿＿＿＿＿＿＿

人民法院提起诉讼。

×　×行政机关名称＿＿＿＿＿　（公章）

年　　月　　日

20. 行政许可准（不）予变更审批表

拟变更 行政许可项目			行政许可 编号	
行政许可类别			有效期限	
行政许可 变更申请人 （或被变更人）	姓名/名称		法定代表人/ 身份证号码	
	工作单位		电话	
	住址			
变更内容				
审查情况 及准予（不予） 变更的理由				
承办人 意见		年　　月　　日		

续表

承办机构 审核意见	年　　　月　　　日
行政负责人 审批意见	年　　　月　　　日

21. 用于当事人申请变更情形（1）

行政许可变更决定书

许变字〔　　　〕　　　号

_____:

你（单位）于_____年____月____日提出的_____
_____（许可证编号：　　　　）行政许可变更申请，本机
关已于_____年____月____日受理。经审查，_____（写明审查的详细情况
和准予变更的理由依据）_____。

依据《中华人民共和国行政许可法》第四十九条、<u>《×××法》</u>之规定，
决定对你（单位）_____行政许可变更为_____行政许可。

请于_____年____月____日持本决定书，到_____
办理（领取）行政许可证件。

如你（单位）不服本决定，可于收到本决定书之日起六十日内向
_____申请行政复议，或者六个月内向_____
人民法院提起诉讼。

×× 行政机关名称_____（公章）
年　　　月　　　日

用于行政许可机关职权变更情形（2）
行政许可变更决定书

许变字〔　　〕　　号

_____：

　　你（单位）于_____年____月____日取得的_____

_____（许可证编号：　　　）行政许可，本机

关在审查中发现：_____（写明审查中发现的具体情况和准予变

更的理由依据，如：因法律、法规、规章修改或者废止等情况）_____

_____。

　　依据《中华人民共和国行政许可法》第八条第二款之规定，决定对你

（单位）_____行政许可变更为_____行政许可。

　　补偿问题：

　　你（单位）请于_____年____月____日持本决定书，到_____

_____办理（领取）行政许可证件。

　　如你（单位）不服本决定，可于收到本决定书之日起六十日内向

_____申请行政复议，或者六个月内向_____

人民法院提起诉讼。

××行政机关名称_____（公章）

年　　月　　日

22. 行政许可不予变更决定书

许不变字〔　　〕　　号

_____：

　　你（单位）于_____年____月____日提出的_____

_____（许可证编号：　　　）行政许可变更申请，本机关已于_____年

____月____日受理。经审查，_____

_____（写明审查中发现的具体情况和不予变更的理由依据）_____。

依据《中华人民共和国行政许可法》第四十九条、《……法》之规定，决定不予变更你（单位）_____行政许可。

如你（单位）不服本决定，可于收到本决定书之日起六十日内向_____申请行政复议，或者六个月内向_____人民法院提起诉讼。

××行政机关名称_____（公章）

年　　月　　日

23. 行政许可撤回审批表

拟撤回 行政许可项目			行政许可 编号	
行政许可类别			有效期限	
撤回行政许可 提起机构				
被撤回行政 许可人/单位	姓名/名称		法定代表人/ 身份证号码	
	工作单位		电话	
	住址			
撤回内容				
审查情况及 撤回理由				

续表

承办人 意见		年　　月　　日
承办机构 审核意见		年　　月　　日
行政负责人 审批意见		年　　月　　日

24. 行政许可撤回决定书

许撤回字〔　　　〕　　号

＿＿＿＿＿＿：

你（单位）于＿＿＿＿年＿＿月＿＿日取得的＿＿＿＿＿＿＿＿＿＿＿

＿＿＿＿＿＿＿＿＿＿（许可证编号：　　　　）行政许可，本机关在审查中发

现：＿＿＿＿＿＿＿＿＿＿＿＿＿＿＿＿＿＿＿＿＿（写明审查中发现的具体情况和

撤回的理由依据）＿＿＿＿＿＿。

依据《中华人民共和国行政许可法》第八条第二款的规定，对你（单

位）已取得的＿＿＿＿＿＿＿＿＿＿＿＿＿＿＿＿行政许可，决定予以撤回。

补偿问题：

如你（单位）不服本决定，可于收到本决定书之日起六十日内向

＿＿＿＿＿＿＿＿＿＿申请行政复议，或者六个月内向＿＿＿＿＿＿＿＿＿＿

人民法院提起诉讼。

×× 行政机关名称＿＿＿＿＿＿　（公章）

年　　月　　日

25. 行政许可撤销审批表

拟撤销 行政许可项目			行政许可 编号	
行政许可类别			有效期限	
撤销行政许可 提起机构				
被撤销行政 许可人/单位	姓名/名称		法定代表人/ 身份证号码	
	工作单位		电话	
	住（地）址			
审查情况及 撤销理由				
承办人 意见			年　　月　　日	
承办机构 审核意见			年　　月　　日	
行政负责人 审批意见			年　　月　　日	

26. 行政许可撤销决定书

许撤销字〔　　〕　　　号

＿＿＿＿＿＿：

　　你（单位）于＿＿＿＿＿年＿＿月＿＿日取得的＿＿＿＿＿＿＿＿＿＿＿

＿＿＿＿＿＿＿＿＿＿＿（许可证编号：　　　）行政许可，本机关在审查中

发现：＿＿＿＿＿＿＿＿＿＿＿＿＿＿＿＿＿＿＿＿＿＿＿＿＿＿＿＿＿＿＿

＿＿＿＿＿＿（写明审查中发现的具体情况和撤销的理由依据）＿＿＿＿＿。

　　依据《中华人民共和国行政许可法》第六十九条第＿＿＿款第＿＿＿项的规

定，决定撤销你（单位）＿＿＿＿＿＿＿＿行政许可。

　　赔偿问题：

　　如你（单位）不服本决定，可于收到本决定书之日起六十日内向

＿＿＿＿＿＿＿＿＿＿＿＿申请行政复议，或者六个月内向＿＿＿＿＿＿＿＿＿＿

人民法院提起诉讼。

××行政机关名称＿＿＿＿＿（公章）
年　　月　　日

27. 行政许可注销审批表

拟注销 行政许可项目		行政许可 编号	
行政许可类别		有效期限	
注销行政许可 提起机构			

续表

被注销行政许可人/单位	姓名/名称		法定代表人/身份证号码	
	工作单位		电话	
	住址			
审查情况及注销理由				
承办人意见			年　　月　　日	
承办机构审核意见			年　　月　　日	
行政负责人审批意见			年　　月　　日	

28. 行政许可注销决定书

许注销字〔　　　〕　　　号

_____:

你（单位）于_____年___月___日取得的_____

____（许可证编号：　　　　）行政许可，本机关在审查中发现：_____

_____（写明审查中发现的具体情况和注销的理由依据）_____。

依据《中华人民共和国行政许可法》第七十条第×项、《×××法》

_____之规定，决定注销你（单位）_____行政许可。

如你（单位）不服本决定，可于收到本决定书之日起六十日内向_____

_____申请行政复议，或者六个月内向_____

人民法院提起诉讼。

××行政机关名称_____（公章）

年　　月　　日

29. 行政许可结案报告

单位：（公章）

申请人（被许可人）	名称/姓名		法定代表人/身份证号码	
	工作单位		电话	
	住址			
行政许可事项				
办理内容	初次申请　　延续　　变更　　撤回　　撤销　　注销			
行政许可文书文号		发文日期	年　　月　　日	
审查情况、理由及决定内容				
结案方式	自动履行　　复议结案　　诉讼结案			
执行情况				

填表人：　　　　　　　　　　　　　　　　　　　　年　　月　　日

30. 行政许可文书送达回证

送达文书名称及文号	
受送达人	
送达地址	
送达方式	
受送达人签名或盖章	年　　月　　日
送达人签字	年　　月　　日
代收人及代收理由	年　　月　　日
见证人签名或盖章	年　　月　　日
备注	按照新修订的《中华人民共和国处罚法》第六十一条和《中华人民共和国民事诉讼法》中的第八十四条至第九十二条的规定实施送达

九、实训法规

详见

第四章

行政处罚实训

第一节　行政调查

一、实训目标

通过模拟训练行政处罚案件的调查取证过程，使学生领悟行政处罚案件行政调查的主要注意事项，掌握行政调查的适用范围、具体流程、主要方法、基本要求、工作策略与技巧，培养学生行政工作的基本素养，并体会依法行政、保护相对人合法权益等重点事项，使学生对行政机关的行政调查取证工作有较为全面、深入的认识。

1. 演练行政调查的主要方法，掌握调查取证的工作标准和主要程序；

2. 训练相关文书的写作，如行政处罚询问笔录、现场检查笔录、扣押物品清单等，通过训练能够独立完成相关调查工作需要的文书；

3. 训练调查取证工作的策略和技巧，同时让学生了解并具备行政执法工作人员的基本素养。

二、实训素材

2022 年 11 月 29 日，A 区市监局收到投诉称，甲公司实际与承诺的媒体资源等宣传不相符，无法承担运营工作，认为存在欺骗消费者行为，要求协调退款。执法人员于同日对甲公司的经营场所进行检查，在原告员工的办公电脑中发现了刷单等字样。经查，甲公司为淘宝店铺"HUISOR 绘素""知好""小八潮流女装""万家红果实木楼"进行代运营服务，为了给代运营的店铺增加销量进行刷单服务，具体为甲公司员工许某先为店铺做好刷单计划，然后从网上找到刷单刷手，与刷手谈好刷单佣金后，再把具体每个店铺刷单所需要的费用告诉店铺负责人，由店铺负责人把钱转给许某，然后许某把钱通过微信转账给刷手，刷一单的佣金是 10 元。原告分别为其代运营的店铺刷单为："HUISOR 绘素" 45 单、"知好" 31 单、"小八潮流女装" 20 单、"万家红果实木楼梯" 3 单，共计 99 单，刷单金额共计 990 元。2023 年 3 月 4 日，A 区市监局将拟作出行政处罚的内容及事实、理由、依据向甲公司进行告知，并告知其享有的陈述、申辩及要求听证的权利。2023 年 3 月 21 日，作出行政处罚决定书认定原告上述行为违反了《反不正当竞争法》第 8 条第 2 款之规定，构成经营者通过组织虚假交易等方式，帮助其他经营者进行虚假或者引人误解的商业宣传的行为。依据《反不正当竞争法》第 20 条第 1 款之规定，决定对其处以罚款 20 万元，并于同日向甲公司送达处罚决定书。

三、实训准备

（一）理论准备

1. 行政调查的含义及特征

行政调查为行政主体作出各种决定前，所为各种形式之资料、情报收集、整理活动。广义之行政调查，可谓在各种行政决定前阶段之行政程序中皆存在，狭义的行政调查指在行政处分及行政制裁前所为的构成要件事实调查。我们在这里采取狭义行政调查含义。在行政处罚案件中，查明违法案件事实，是正确处理行政违法案件的基础。各行政机关在行使其行政管理职权过程中，必须经过广泛收集调取能够反映行政相对人违法事实真实经过的证据，并对各种证据进行科学分析和综合判断，才能对案件违法事实作出符合客观实际的结论。因此行政调查是行政机关的重要工作手段，也是行政处罚决定作出的前提和基础，在行政执法过程中处于核心地位。它具有以下特征：

（1）行政调查的主体是行政机关。行政调查是指行政主体为了实现行政目的，依职权对行政相对人进行的信息收集活动，它是行政机关不可或缺的一项权能，广泛运用于行政机关的各种管理活动中。行政调查是法律赋予行政机关的重要职权，行使调查的主体是行政机关。

（2）行政调查取证工作是依法进行的一项专门工作。不仅要求有实体法的授权，而且必须按照程序法的规范，依法收集证据。

（3）行政调查的方式只能采取法律法规授予的措施，具体的措施包括询问、现场检查、抽样、鉴定、检阅、复制、收集、提取和扣押、封存等。不同的行政机关依据不同的法律法规，会有不同的行政调查措施，例如公安机关在治安管理处罚案件的调查过程中可以采取传唤、强制传唤的措施。但是无论何种措施的实施，都必须符合法定授权、依据法定程序，不得采取任何逼供、诱供的方法获取证据。

（4）行政调查的内容是法定的。行政调查的任务是收集调取证据，而证据的种类则在《行政诉讼法》中有明确具体的规定。即证据有书证、物证、视听资料、电子数据、证人证言、当事人的陈述、鉴定意见、勘验笔录、现场笔录。任何行政机关在行政处罚行为前，案件调查过程中，只能依法收集调取证据，对收集到的没有法律法规依据的证据种类不能作为行政处罚的定案证据。

2. 行政调查的原则及调查范围

（1）行政调查必须遵循全面、客观、公正、及时的原则。调查行政处罚案件时必须收集能反映案件事实的一切证据材料，既要收集违法行为构成要件证据、又要收集影响案件处罚幅度的证据；既要收集行政相对人违法的证据，又要收集当事人无违法行为的证据。客观原则是指一定要从案件的实际情况出发，尊重客观事实，真实地收集、保存、记录各种证据。公正的收集证据指既要收集对当事人不利的证据，也要收集对当事人有利的证据。及时取证是行政效率原则的要求，及时取证才能避免证据的丢失，才能及时作出处罚，也是依法行政、合理行政的必然要求。

（2）行政调查依调查对象的物理属性一般分为对人的调查、对物的调查和对场所的调查。对人的调查，主要涉及对公民、法人或其他组织的身份、资格等相关信息的收集。对物的调查主要是对物的种类、数量、形状、样貌、品质等物理属性的调查，往往需要对物进行扣押、鉴定、检验等。如我国

《食品安全法》第87条规定，县级以上人民政府食品药品监督管理部门应当对食品进行定期或者不定期的抽样检验，并依据有关规定公布检验结果，不得免检。进行抽样检验，应当购买抽取的样品，委托符合本法规定的食品检验机构进行检验，并支付相关费用；不得向食品生产经营者收取检验费和其他费用。如《环境保护法》第10条规定，国务院环境保护主管部门，对全国环境保护工作实施统一监督管理；县级以上地方人民政府环境保护主管部门，对本行政区域环境保护工作实施统一监督管理。县级以上人民政府有关部门和军队环境保护部门，依照有关法律的规定对资源保护和污染防治等环境保护工作实施监督管理。

3. 行政调查的框架范围及工作标准

对于行政处罚案件来说，案发时间大多在违法行为实施之后。行政调查的主要范围也是围绕违法行为构成要件的事实、从轻、减轻、不予处罚的事实调查取证，运用收集到的各种证据对已发生的违法事实进行"复原"。

依照我国现有法律规定违法行为主要包括违法主体要件、违法客体要件、违法主观方面要件和违法客观方面要件四个构成要件，因此行政处罚的调查行为也主要针对这四个要件进行，这也是行政调查工作的主要方向和框架范围。具体地说主要围绕下面七个问题：

（1）何人——违法主体是谁（确定行为人是否具备行政责任能力）。针对法人及其他组织要调查是否依法成立、是否具备法人资格、属性，名称、住所、经营（办公场所）、法定代表人或负责人、经营范围、职能范围、组织形式，等等。针对自然人要调查身份证编号、姓名、年龄、性别、民族、文化程度、住所或现住址，是不是个体工商户及其注册时间、地点、执照注册号、经营范围、经营地址等。

（2）何时——违法行为发生时间，违法行为是否在追究时效内。

（3）何地——违法行为发生地，明确管辖。

（4）何事——行为指向的对象。这是判定违法性质和管辖的重要依据。因为行为指向的对象不同，触犯的法律规范也不同，管辖的机关也不同。

（5）何目的——违法动机是什么，预期目标是什么，这可能会影响处罚的定性及幅度。

（6）何手段——违法行为人采用的作案技巧和方法，这是判定违法行为情节轻重的重要依据。

（7）何后果——违法行为对社会、他人造成什么样的危害后果，是否有主动消除或减轻违法行为危害后果的行为等。

行政处罚案件的行政调查工作必须达到两个工作标准：一是涉案的违法事实必须查清，及上文所说的何人、何时、何地、何事、何目的、何手段、何后果必须查证清楚，这是调查工作的最基本要求；二是所调查的证据材料必须确实、充分。收集调查的证据要真实，证据之间必须相互印证、相互关联、形成证据体系。

4. 行政调查的程序

行政调查从总体上讲没有什么捷径可走，只是在调查的具体活动中要掌握一些技巧，同时须履行法定程序。一般的调查程序为：

（1）取得依法调查权。行政调查前，应事先取得有权机关签发的行政调查令，或经过有权机关的批准，即行政调查必须依法进行。

（2）事先通知。在行政调查作出之前，行政调查主体（包括行政机关或其工作人员或得到行政授权、委托的个人与组织）一般应当事先依照法定途径、方式（发布、公布、口头通知或送达等）让相关行政相对人了解即将进行的行政调查之某些事项的程序步骤。

除特殊行政调查外，一般行政调查的事先通知表现为：①在命令当事人到场陈述或提供文书、物品等资料之前，应以书面或口头形式通知当事人，以便让当事人有一个准备时间。②行政主体在进行实地检查、勘验等之前，除非情况紧急或事先通知将会影响检查、勘验等目的之外，应通知当事人。

（3）表明身份。行政调查主体在进行调查时，应主动向对方当事人出示有效的身份证明（包括出示工作证件、授权证书或佩戴公务标志等），以证明其所具有的进行行政调查的主体资格和行为资格。

（4）收集信息。行政调查主体通过要求当事人陈述、进行统计、检查、现场勘查、鉴定等方法来了解事实情况、提取证据资料等。收集信息是行政调查之目的所在，也可以说是行政调查的核心。在收集信息过程中要做好调查笔录、调查过程中的抽样、检验、扣押物证等应向被调查人出具相应文书。

（5）事后告知。行政调查主体在行政调查完结之时，必须将某些权利告知行政相对人的一个程序步骤。这些权利主要包括：①行政相对人对于行政调查的陈述权；②行政相对人对不利于自己调查的申辩权；③行政相对人对于违法或不合理行政调查的申诉权及其他可获之救济权利。

（二）实践准备

1. 按照学生人数的多少，将学生分成若干小组，并确定扮演的不同角色；

2. 组织学生按组进行行政调查的模拟；

3. 学生结合案例了解不同类型行政调查的注意事项；

4. 查阅《行政处罚法》、《最高人民法院关于行政诉讼证据若干问题的规定》及实训素材中涉及的各行政机关本部门相关的法律、法规和规章。

四、实训要点

（一）针对行政处罚的简易程序和普通程序，行政调查的方式不同，要区分对待。

（二）符合行政处罚简易程序的案件，适用当场调查程序。

1. 执法人员注意着装，表明身份，出示证件；

2. 当场调查违法事实，作出调查笔录，收集必要的证据；

3. 当场作出处罚决定之前，应当告知当事人拟作出行政处罚的事实、理由、依据以及依法享有的权利；

4. 制作《当场处罚决定书》；

5. 必须报所属行政机关备案。

（三）符合行政处罚一般程序的案件，需要注意的调查流程。

1. 行政调查一般是在办案部门领导的主持下，由办案人员和相关人员共同分析、谋划、商讨来制订调查计划。

2. 详细分析案情，明确调查任务，确定调查方向和方法，做好调查人员的编组、办案工具的配备，针对当事人的反调查能力，调查人员编组要得力。

3. 要分析调查证实的不利因素和环境，提出克服障碍的办法，做好应急预案，防止意外情况发生。

4. 针对不同的调查方法，要掌握不同的取证策略。

（1）采用现场检查的方式应注意的问题有：

①执法人员出示执法证，说明来意。

②向在现场的当事人及员工，特别是当事人的核心人员宣传法律法规，争取现场检查中的配合。

③当事人拒不到场时，应当有第三人在场。

④发现与违法活动相关的货物，或发现与违法行为相关的业务函电、账册、电子信息等资料时，立即依法采取控制措施。

⑤制作完整的现场检查笔录，有条件的还应拍照或录像。

（2）采用询问的方式应注意的问题有：

①询问人必须是行政管理机关指定的办案人员，要求 2 人以上。

②询问证人应个别进行，并制作询问笔录。

③充分保障被询问人的合法权益。落实告知、核对、确认三项权利。

五、实训过程

1. 与学生分析实训素材中的基本案情。

2. 分组讨论，明确上述案例中需要行政机关调查取证的内容，可以采取的调查方式，并由学生代表发言予以确认。

3. 以上述讨论确认问题为中心，各组准备相关人员配备、调查计划提纲并作相应准备。

4. 通过小组演练，由不同学生扮演不同角色，模拟完成上述案件调查工作，并提交所涉及的法律文书。

六、实训点评

在实训过程中需要注意以下问题：

1. 本案要通过询问当事人、现场检查、查封扣押违法所得和非法财物等方式进行调查取证时，需要 2 个以上工作人员，并出示证件。

2. 强调案发前的资料收集和分析研究，即在实施行政调查前采取隐蔽的方法广泛收集当事人的相关资料，分析当事人实施违法行为的各个环节，推测其违法行为的证据的存放、反调查能力，详细了解当事人办公场所、营业场所的布局、经营活动规律等，为现场检查及应对突发情况奠定良好的基础。

3. 强调第一时间固定核心证据。本案涉及无照经营及制造、销售假冒伪劣商品，调查过程中要对生产、经营场所先行登记保存，它的核心证据是现场规模及相关设备、标的物状况、数量、涉案资金的数额和往来状况，行政执法人员应立即采取组织现场检查、记录、拍照、勘验、查阅统计相关材料等方式进行证据固定。

4. 在调查取证后要客观填写《现场检查笔录》《调查询问笔录》《证人证言》《财物清单》《实施行政强制措施通知书》《证据先行登记保存通知》等文书，文书内容经行政相对人确认无误后双方签字。

5. 调查取证过程必须注意程序合法性，制作各种文书必须规范。

七、实训拓展

（一）拓展阅读

行政调查工作只有踏踏实实，一步一个脚印地围绕证据调查范围收集证据，才是调查取证的正途。但在调查取证中也要注意以下五个方面：（1）调查取证要面向事实；切忌主观臆断；（2）调查人员要始终抓住调查取证的主动性；切忌被当事人牵着鼻子走；（3）调查取证中要把握证据的固定性；切忌丢三落四、手续不齐；（4）调取证据要围绕违法行为的主线详略得当；切忌主次不分、弃本求末；（5）调取的证据要环节清晰、关联紧密，力求互相印证；切忌孤立片面、互相矛盾。

此外我们一直强调行政调查程序的合法性问题，我国现有很多具体行政行为制度也是为了保障行政程序的合法性：（1）表明身份制度；（2）告知制度；（3）说明理由制度；（4）回避制度；（5）合议制度；（6）听证制度；（7）审执分立制度；（8）救济制度；（9）顺序制度；（10）限时制度。

（二）拓展思考

什么是钓鱼执法，钓鱼执法是否合法？

详见

第二节　行政处罚简易程序

一、实训目标

通过实训，使学生了解行政处罚简易的程序，掌握行政处罚简易程序的适用条件，简易程序与一般程序的区别，增加对理论知识的理解和认识。认识到在实践中，适用行政处罚简易程序处理案件时应注意如下事项：

1. 了解行政处罚简易程序具体流程及特点；

2. 掌握行政处罚简易程序与一般程序在适用范围、行政处罚决定书书写等方面的区别；

3. 掌握与行政处罚简易程序相关的理论知识，深化依法行政、处罚法定和保障相对人合法权益的行政法理论。

二、实训素材

2023 年 1 月 3 日 8 点 31 分左右，李某驾驶牌照号为云 A0××××大阳牌两轮摩托车上班。由北向南行驶至××路××路××，通过交叉路口时，被一位协警拦住，要求停到路边接受检查。检查时为一名交警，在查看本人手机上面的 12123App 后，通过民警的电子设备查验了原告的行车证和驾驶证。告知原告违反了摩托车在禁行时间内或者禁行的道路上行驶的法律规定，要对原告处以罚款 200 元的处罚，并开具编号第 530134195509291×号《公安交通管理简易程序处罚决定书》。交警告诉原告有异议可以在法律规定的时间内提起行政复议和行政诉讼。开具罚单后，李某驾驶摩托车离开。

三、实训准备

（一）理论准备

1. 行政处罚简易程序的适用条件

行政处罚简易程序是为事实确凿并有法定依据，处罚较轻情形设置的，其主要特点是当事人的程序权利简单，执法人员可以当场决定给予处罚的。我国行政处罚法中对行政处罚简易程序的适用条件作了明确的规定。《行政处罚法》第51条规定：违法事实确凿并有法定依据，对公民处以200元以下、对法人或者其他组织处以3000元以下罚款或者警告的行政处罚的，可以当场作出行政处罚决定。法律另有规定的，从其规定。

2. 行政处罚简易程序的实施机关

有权实施行政处罚决定的机关在符合简易程序的条件下，都可以使用简易程序对当事人作出行政处罚决定。其实施的机关有三类：行政机关、法律法规授权的组织和受行政机关委托的组织。详见行政处罚一般程序一节。

3. 行政处罚简易程序处罚的种类

行政处罚简易程序是针对当事人程序权利简单，事实确凿并有法定依据，处罚较轻的情形下实施的程序。因此，与行政处罚一般程序相比较，行政处罚简易程序的处罚种类只限于罚款和警告两种，对公民的罚款限制在200元以下，对法人或其他组织的罚款限制在3000元以下。

4. 行政处罚简易程序的处罚决定

在行政处罚中适用简易程序时，执法人员可以当场作出行政处罚决定并依照法律规定填写行政处罚决定书。执法过程中执法人员应当向当事人出示执法身份证件，作出行政处罚决定之后报所属行政机关备案。

5. 行政处罚简易程序处罚决定书

（1）制作

行政处罚简易程序中所使用的行政处罚决定书都是事先有预定格式，编有号码的行政处罚决定书，在执法中执法人员需按照预定格式填写，并由执法人员签名或盖章。这种预定格式、编有号码的行政处罚决定书应当载明当事人的违法行为、行政处罚依据、罚款数额、时间、地点以及行政机构名称。

（2）送达

行政处罚简易程序的处罚决定书是当场作出的，作出之后应当场交付当事人。

（二）实践准备

1. 学生分组，进行一次使用简易程序进行行政处罚的模拟，做好模拟各个环节的准备工作；

2. 查阅《行政处罚法》等有关的法律、法规和规章。

四、实训要点

（一）简易程序的实施必须符合法定要件

依照《行政处罚法》简易程序的处罚种类只限于罚款和警告两种，对公民的罚款限制在 200 元以下，对法人或其他组织的罚款限制在 3000 元以下。但是也有例外的规定，如《治安管理处罚法》第 100 条规定："违反治安管理行为事实清楚，证据确凿，处警告或者二百元以下罚款的，可以当场作出治安管理处罚决定。"因此，不同于行政机关实施简易程序的条件必须符合法律规定。

（二）简易程序的适用必须依照法定程序进行

一般情况下简易程序按如下程序实施：

1. 向违法行为人表明执法身份；

2. 收集证据；

3. 口头告知违法行为人拟作出行政处罚决定的事实、理由和依据，并告知违法行为人依法享有的陈述权和申辩权；

4. 充分听取违法行为人的陈述和申辩。违法行为人提出的事实、理由或者证据成立的，应当采纳；

5. 填写当场处罚决定书并当场交付被处罚人；

6. 当场收缴罚款的，同时填写罚款收据，交付被处罚人；未当场收缴罚款的，应当告知被处罚人在规定期限内到指定的银行缴纳罚款；

7. 当场作出行政处罚决定的，在规定时间内向所属机关备案。

但是需要注意，不同的行政机关在实行简易程序时有各自的要求和注意事项，因此在实训过程中也区分把握。

五、实训过程

1. 让学生预习相关实训素材中涉及的法律法规和规章，并通读案例。

2. 将学生分为若干组，两人一组，一人扮演司机李某，一人扮演执法人员。

3. 各组模拟实训素材中行政执法人员的执法过程。

4. 每组调换角色，体会行政人员与行政相对人的角色在行政执法过程中的不同状况。

5. 各组制作《现场检查笔录》《现场调查询问笔录》《当场行政处罚决定书》等文书，掌握文书制定的具体要求。

6. 集体研讨行政执法中存在的问题。

六、实训点评

1. 执法人员执法时须出示执法证件。

2. 调查取证填写《现场检查笔录》或《现场调查询问笔录》后，经行政相对人核实无误后签字。

3. 行政处罚简易程序的当场处罚并不意味着当场收缴罚款，必须符合法律规定的条件才能够当场收缴罚款。

4. 当场收缴罚款须提供符合要求的收据。

5. 注意执法礼仪，提升行政人员素养。

七、实训拓展

行政处罚简易程序与行政处罚一般程序的区别？简易程序中行政执法人员要现场收缴罚款需满足什么条件？简易程序中行政相对人有何权利？应如何保障当事人权利的实现？

八、实训法规

详见

第三节　行政处罚一般程序

一、实训目标

通过实训，使学生了解行政处罚设定的原则和种类，掌握有权实施行政处罚的主体，深化行政处罚一般程序的适用范围及具体流程，能理解相关理论知识，正确处理实践中需要注意的问题。培养学生的行政素养，使其对行政机关的处罚工作有较为全面的理解。

1. 掌握行政处罚一般程序中行政机关对外行使职能时需要完成的流程，同时要掌握行政机关内部的相关程序；

2. 能够书写行政处罚相关法律文书，如行政处罚决定书、行政处罚询问笔录、现场检查笔录等；

3. 掌握关于行政处罚一般程序涉及的重要理论知识，如行政处罚设定的依据及原则、一事不再罚、行政处罚种类中的其他处罚等。

二、实训素材

2020 年，某市市场监督管理局接到投诉举报后，经调查认定，某药品公司于 2020 年 1 月 25 日首次购进"好天气 HEPA 防霾口罩"及"微氧自吸过滤式防颗粒物呼吸器"，将两种商品统称为"微氧防霾口罩"混杂在一起销售，购进价格为 45 元/只，销售价格为 139 元/只，进销差价为 94 元/只，进销差价率为 208.89%。该公司销售案涉商品，存在哄抬物价的行为，违反了

《价格法》第 14 条第（三）项经营者不得有捏造、散布涨价信息，哄抬价格，推动商品价格过高上涨的不正当价格行为的规定。鉴于该公司哄抬物价行为发生在疫情防控期间，某市市场监督管理局参照相关规定从重处罚，决定对该公司处以罚款 230 万元，同时责令立即改正上述违法行为的行政处罚。

三、实训准备

（一）理论准备

1. 行政处罚的概念

《行政处罚法》第 2 条明确规定：行政处罚是指行政机关依法对违反行政管理秩序的公民、法人或者其他组织，以减损权益或者增加义务的方式予以惩戒的行为。

这一规定明确了行政处罚的主体是行政机关，行政处罚的对象是违反行政管理秩序的公民、法人或者其他组织，行政处罚的内容是以减损权益或者增加义务的方式予以惩戒。

2. 行政处罚的基本原则

（1）处罚法定原则

我国行政处罚实行法定原则，行政处罚的设定和实施必须依法进行。该原则有四个方面含义：

第一，在我国实施行政处罚的是特定行政主体，即指依法享有行政处罚权的行政机关及法律、法规或规章授权的组织。任何个人、社会团体、企事业单位非经合法授权，不得进行行政处罚，否则是无效的。

第二，行政机关在实施处罚时，要特别注意不能越权。行政处罚只能由特定的行政主体在法定范围内实施，并非任何行政主体对所有领域和事项都拥有行政处罚权。

第三，公民、法人或者其他组织的行为，只有法律明文规定应予行政处罚的才受处罚，否则不受处罚。

第四，行政处罚的适用，必须严格依照有关行政违法构成的实体法和适用行政处罚的程序法进行，否则行政处罚无效。

（2）公正公开的原则

公正原则的基本要求，是公民、法人或者其他组织所应承担的违法责任与所受到的行政处罚相适应。任何畸轻畸重，违法责任与行政处罚失当的，都属于背离公正原则的行政处罚。公开原则的基本要求，是关于行政处罚的有关规定必须向社会公开。未经公布的规定，不能作为行政处罚的依据。

（3）处罚与教育相结合原则

处罚与教育相结合原则的基本要求，是行政处罚的设定和实施要同时发挥其强制制裁与促进认识转变的作用，使被处罚者不再危害社会和自觉守法，防止将行政处罚变为对行政违法行为的简单报复。首先是必须给予惩罚，其次是通过处罚促使当事人变为守法者。法律规定被处罚人必须有责任能力，是可以教育和转化的人。任何放弃教育努力的处罚或者以罚代教的做法都不符合处罚与教育相结合的原则。

（4）保障当事人程序权利原则

保障当事人程序权利原则的基本要求，是正确处理惩罚与保护的相互关系，使无辜的人不受行政处罚，使违法行为的人受到公正处理，使遭受违法处罚的人得到及时补救。尊重当事人的程序权利是行政处罚有效的条件之一。

3. 行政处罚实施主体

（1）行政机关

行政处罚由违法行为发生地的县级以上地方政府具有处罚权的行政机关管辖，法律和行政法规另有规定的除外。依照《行政处罚法》的规定，国务院或经国务院授权的省、自治区、直辖市人民政府可以决定一个行政机关行使有关行政机关的行政处罚权，但限制人身自由的行政处罚权只能由公安机关行使。

（2）法律法规授权组织

根据法律、法规的规定，可以授权具有管理公共事务职能的组织在法定的授权范围内实施行政处罚。如行政机关的内设机构、派出机构，事业单位，社会团体，公司、企业等具有管理公共事务职能的都可以被授权。

（3）受委托组织

行政机关依照法律、法规或者规章的规定，可以在其法定权限范围内书面委托符合《行政处罚法》第 21 条规定条件的组织实施行政处罚。受委托组织在委托范围内，以委托行政机关名义实施行政处罚，不得再委托其他任何组织或者个人实施行政处罚。委托行政机关对受委托的组织实施行政处罚的行为应当负责监督，并对该行为的后果承担法律责任。

4. 行政处罚的种类

行政处罚的种类有警告、通报批评；罚款、没收违法所得、没收非法财物；暂扣许可证件、降低资质等级、吊销许可证件；限制开展生产经营活动、责令停产停业、责令关闭、限制从业；行政拘留；法律、行政法规规定的其他行政处罚。这一规定进一步体现了行政处罚的基本种类，即财产罚、行为资格罚、人身自由罚和声誉罚，使行政处罚的分类更加科学。

5. 行政处罚的设定

（1）法律可以设定各种行政处罚。限制人身自由的行政处罚，只能由法律设定。

（2）行政法规可以设定除限制人身自由以外的行政处罚。法律对违法行为已经作出行政处罚规定，行政法规需要作出具体规定的，必须在法律规定的给予行政处罚的行为、种类和幅度的范围内规定。法律对违法行为未作出行政处罚规定，行政法规为实施法律，可以补充设定行政处罚。

（3）地方性法规可以设定除限制人身自由、吊销营业执照以外的行政处罚。法律、行政法规对违法行为已经作出行政处罚规定的，地方性法规需要作出具体规定的，必须在法律、行政法规规定的给予行政处罚的行为、种类和幅度的范围内规定。法律、行政法规对违法行为未作出行政处罚规定，地方性法规为实施法律、行政法规，可以补充设定行政处罚。

（4）国务院部门规章可以在法律、行政法规规定的给予行政处罚的行为、种类和幅度的范围内作出具体规定。尚未制定法律、行政法规的，国务院部门规章对违反行政管理秩序的行为，可以设定警告、通报批评或者一定数额罚款的行政处罚。罚款的限额由国务院规定。

（5）地方政府规章可以在法律、法规规定的给予行政处罚的行为、种类和幅度的范围内作出具体规定。尚未制定法律、法规的，地方政府规章对违反行政管理秩序的行为，可以设定警告、通报批评或者一定数额罚款的行政处罚。罚款的限额由省、自治区、直辖市人民代表大会常务委员会规定。

（6）除法律、法规、规章外，其他规范性文件不得设定行政处罚。

6.行政处罚的适用

"一事不再罚原则"是行政法治的基本原则。2021年修订的《行政处罚法》明确规定，对于当事人的同一个违法行为，不同法律、法规均规定了罚款的情形，应当按照重吸轻的方式来解决竞合问题。第29条增加规定：同一个违法行为违反多个法律规范应当给予罚款处罚的，按照罚款数额高的规定处罚。2021年修订的《行政处罚法》还明确规定，违法行为构成犯罪，人民法院判处罚金时，行政机关尚未给予当事人罚款的，不再给予罚款，体现司法最终原则。

不满14周岁的未成年人有违法行为的，精神病人、智力残疾人在不能辨认或者不能控制自己行为时有违法行为的，不予行政处罚。已满14周岁不满18周岁的未成年人有违法行为的，应当从轻或者减轻行政处罚。

当事人对行政机关给予的行政处罚，享有陈述权、申辩权，行政机关不得拒绝听取当事人的陈述和申辩，行政机关应当对当事人提出的事实、理由和证据进行复核，行政机关也不得因当事人的申辩而加重处罚。

违法行为构成犯罪，人民法院判处拘役或者有期徒刑时，行政机关给予当事人行政拘留的，应当依法折抵相应刑期；人民法院判处罚金的，行政机关已经给予当事人的罚款的，应当折抵相应罚金。

7.行政处罚听证制度

听证制度是现代行政程序法的核心制度。2021年的《行政处罚法》针对行政处罚听证中存在的突出问题，对行政处罚听证制度进行了三个方面的完善：

一是扩大行政处罚听证的范围，将没收较大数额违法所得、没收较大价值非法财物，降低资质等级，责令关闭、限制从业和其他较重的行政处罚都纳入可以申请听证的事项范围。

二是延长当事人申请听证的时间，将申请听证的时间由 3 日修改为 5 日。

三是对听证笔录的效力作出明确规定。2021 年的《行政处罚法》第 65 条明确规定：听证结束后，行政机关应当根据听证笔录，依照本法第 57 条的规定，作出决定。行政机关既然为正确作出行政处罚决定组织了听证，就应当以听证笔录为处罚根据，这对解决听证"走过场"具有重要意义。

8. 行政执法"三项制度"

所谓行政执法"三项制度"是指行政执法公示制度、执法全过程记录制度、重大执法决定法制审核制度。"三项制度"聚焦行政执法的源头、过程和结果三个关键环节，是提高政府治理效能的重要抓手，对切实保障人民群众合法权益、推进国家治理体系和治理能力现代化具有重要意义。

第 39 条对行政处罚公示制度作出规定，明确：行政处罚的实施机关、立案依据、实施程序和救济渠道等信息应当公示。

第 47 条对行政处罚全过程记录制度作出规定，明确：行政机关应当依法以文字、音像等形式，对行政处罚的启动、调查取证、审核、决定、送达、执行等进行全过程记录，归档保存。

第 58 条对行政处罚的法制审核制度作出规定，明确：对涉及重大公共利益的；直接关系当事人或者第三人重大权益经过听证程序的；案件情况疑难复杂、涉及多个法律关系的；法律、法规规定应当进行法制审核的其他情形；在行政机关负责人作出行政处罚的决定之前，应当由从事行政处罚决定法制审核的人员进行法制审核；未经法制审核或者审核未通过的，不得作出决定。行政机关中初次从事行政处罚决定法制审核的人员，应当通过国家统一法律职业资格考试取得法律职业资格。

9. 行政处罚时效制度

所谓行政处罚时效制度，就是指行政机关对违反行政管理秩序的公民、法人或者其他组织追究行政责任、给予行政处罚的有效期限。行政机关超过法律规定的期限未发现违法行为的，对当时的违法行为人不再给予行政处罚。根据新修订的《行政处罚法》规定，行政处罚的时效一般是 2 年，但如果违法行为涉及公民生命健康、金融安全且有危害后果的，行政处罚的时效可以延长到 5 年。

（二）实训准备

1. 按照学生人数的多少，将学生分成若干小组，并确定扮演的不同角色；

2. 组织学生按角色进行一次行政处罚一般程序的模拟演练；

3. 实训前将实训素材的基本案情资料转发给学生，学生结合案例做好行政处罚中各个环节的准备；

4. 要求学生检索相关的法律依据，确定实训素材的性质和相关行政机关行政处罚程序的要求；

5. 查阅本素材可能需要的行政执法文书的写作要求，并以书面方式提交。

四、实训要点

行政处罚一般程序是行政机关的执法流程与行政相对人的接受处罚、维护合法权益相结合的流程。除了当场作出行政处罚决定的案件均适用一般程序，不同行政机关对行政处罚案件的具体要求会有细微差别，但大都经过以下八个步骤。实训中，大家不仅要掌握行政机关依法行政的要点，还要注意保护行政相对人的合法权益。同时要做好相关法律文书的制作保存工作。

（一）立案阶段

1. 捕捉或排查案件线索，对符合立案条件的违法行为予以立案是行政处罚案件的第一步。案件来源有多种渠道，如行政机关依职权主动发现案件线索，或行政机关依法受理投诉、申诉、举报、领导交办、其他机关移送的案件等。

2. 行政机关对受理的案件线索要统一登记，填写《案件来源登记表》。并对受理的案件线索进行初查，确定其是否具备立案条件。对案件的审查一般要审查以下五点：

（1）是否有明确的涉案行为人及其涉嫌的违法行为事实存在；

（2）是什么性质的违法行为，发生在什么地方，是否属于本行政机关管辖，是否属于级别管辖和地域管辖；

（3）是否存在一事不再罚的情形；

（4）是否需给予行政处罚，是否超过处罚期限，是否有免责情节等；

（5）是否适用一般程序。

3. 对于应给予行政处罚并符合立案条件的案件，及时办理立案手续，对于不符合立案条件的按相关规定处理。如没有违法事实发生，或违法情节轻微不予立案的，将不立案的理由回复案件线索提供者。对超越管辖范围的，移送有管辖权的行政管理机关。

（二）调查取证阶段

调查取证阶段在行政处罚案件中处于核心地位，内容参见本章第一节行政调查。

此外，案件调查终结后，办案机构对于违法事实成立，应当予以行政处罚的，要写出调查终结报告，并草拟行政处罚建议书，连同案卷交由审核机构核审。对违法事实不成立的，应当予以销案或违法行为轻微，没有造成危害后果的，不予行政处罚，或案件不属于本机关管辖要移交其他行政机关管辖的，或涉嫌犯罪，应移送司法机关的，写出调查终结报告，说明拟作处理的理由，报行政管理机关负责人批准。至此，案件进入处理阶段。

（三）案件审核阶段

案件核审是行政机关内部监督的重要方式，是行政机关实行"办案、核审、决定"三分离制度的重要措施。办案机构调查终结后，将案件调查终结报告、行政处罚建议书连同卷宗送审核机构（一般为法制机构）核审，审核机构负责人指定具体承办人员负责核审工作并提出核审意见。审核机构核审完毕，及时退卷，办案机构应将案卷、拟作出的行政处罚建议及核审意见报行政管理机关负责人审查决定。

（四）告知拟处罚阶段

行政机关得向当事人告知行政处罚的事实、理由、法律依据和所享有的权利，当事人有陈述、申辩的权利，行政机关要认真听取当事人陈述和申辩，并记录在案。

（五）内部批准决定阶段

行政机关结合当事人的陈述、申辩理由，改变处罚意见并重新履行告知程序（重大复杂案件集体讨论决定）。报行政机关负责人或有权机构批准处罚决定。

（六）作出行政处罚决定阶段

行政机关制作并送达处罚决定书，行政相对人对行政处罚决定不服的，可申请行政复议或行政诉讼。

（七）执行阶段

行政机关根据行政处罚决定，具体执行行政处罚决定。

（八）归档阶段

行政机关完善档案材料，将行政处罚案件材料依法归档保存。

五、实训过程

（一）立案

根据提供的案例，被分为行政执法人员组的同学作出行政处罚立案决定。

（二）调查取证

在此阶段，可通过询问、现场检查等方式进行。必要时，应制作以下文书：《现场检查笔录》《调查询问笔录》《证人证言》《抽样取证通知》《证据先行登记保存通知》《证据先行登记保存登记表》《鉴定书》等。

（三）审查调查报告

（四）告知当事人

制作《行政处罚告知书》，告知当事人。

（五）当事人陈述、申辩（或进入听证程序）

告知当事人后，当事人有权陈述、申辩。如符合听证条件，且当事人提出听证要求的，转入听证程序。

（六）作出行政处罚决定

（七）送达处罚决定

送达处罚决定书时，应填制《送达回证》。

（八）执行

（九）结案归档

六、实训点评

（一）总体点评

在实训过程中需要注意以下问题：

1. 立案阶段

根据提供的案例，被分为行政执法人员组的同学作出行政处罚立案决定，立案工作的要点如下：

（1）对案件进行初步核实后，确认有违法事实，且需给予行政处罚；

（2）确定本机关有权限及管辖权；

（3）制作案例受理登记表等相关文书；

（4）报负责人审查批准，确定 2 名以上具体承办人员。

2. 调查取证阶段

本阶段的工作任务是全面及时合法地调取证据，使具体行政行为所认定的事实有确凿的、合法有效的证据予以证明。要注意调查取证程序符合法律规定。

（1）由 2 名以上执法人员参加调查取证；

（2）出示有关证件；

（3）严格按照法定程序收集证据；

（4）全面充分收集证据，足以证明违法行为事实；

（5）制作各种笔录等法律文书；

（6）写案件调查报告。

3. 审查调查报告

审查的重点如下：

（1）所办案件是否具有管辖权，部门管辖、级别管辖、地域管辖等都要注意；

（2）当事人的基本情况是否清楚；

（3）案件事实是否清楚、证据是否充分；

（4）适用法律是否正确；

（5）程序是否合法；

（6）处罚是否适当。

4. 告知当事人并听取当事人陈述、申辩

制作《行政处罚告知书》，告知当事人权利义务。告知当事人后，当事人有权陈述、申辩。如符合听证条件，且当事人提出听证要求的，转入听证程序。

5. 作出行政处罚决定

对行政处罚决定书的要求如下：

（1）相对人信息要简明规范；

（2）案件查处情况要扼要表述；

（3）相对人的违法事实要完整清晰；

（4）证明违法事实的证据要逐一列举；

（5）处罚（或听证）告知情况要详细交代；

（6）案件定性处罚的依据、自由裁量的理由要充分说明；

（7）行政处罚的履行方式、期限以及救济途径要明确告知。

6. 送达及执行

（1）向当事人有效送达行政处罚决定书后，取得送达回执，填制《送达回证》。

（2）告知当事人复议和诉讼的权利、时限及机关。

行政机关及其执法人员当场收缴罚款的，必须向当事人出具国务院财政部门或者省、自治区、直辖市人民政府财政部门统一制发的专用票据；不出具财政部门统一制发的专用票据的，当事人有权拒绝缴纳罚款。执法人员当场收缴的罚款，应当自收缴罚款之日起2日内，交至行政机关；在水上当场收缴的罚款，应当自抵岸之日起2日内交至行政机关；行政机关应当在2

日内将罚款缴付指定的银行。当事人逾期不履行行政处罚决定的，作出行政处罚决定的行政机关可以采取下列措施：到期不缴纳罚款的，每日按罚款数额的3%加处罚款，加处罚款的数额不得超出罚款的数额；根据法律规定，将查封、扣押的财物拍卖、依法处理或者将冻结的存款、汇款划拨抵缴罚款；根据法律规定，采取其他行政强制执行方式；依照《行政强制法》的规定申请人民法院强制执行。行政机关批准延期、分期缴纳罚款的，申请人民法院强制执行的期限，自暂缓或者分期缴纳罚款期限结束之日起计算。

（二）作业点评

2021年12月2日，国家市场监督管理总局对位于上海市静安区少年村路415弄116号3203室内存放的福建百谷素养食品有限责任公司生产的食品进行抽样，经上海市食品药品检验研究院检测，部分食品中含有"苯丙代卡巴地那非"。经查明，福建百谷素养食品有限责任公司于2021年8月4日生产"总裁一号牡蛎虫草压片糖果"（批号为2021080401B01、生产日期为20210804）4000粒，并以1.8元/粒的售价销售给上海金莎江健康管理咨询有限公司，获得7200元的销售收入，被上海市公安局静安分局查扣的库存产品货值金额为158127.3元，当事人涉嫌生产经营添加非食品添加剂化学物质的食品的货值金额为165327.30元。2021年12月3日，国家市场监督管理总局委托福建省市场监管局对当事人位于泉州市的生产经营场所实施查封行政强制措施，并委托重庆市食品药品检验检测研究院对福建百谷素养食品有限责任公司库存的17种原料进行了抽样检验，12月24日，重庆市食品药品检验检测研究院完成样品检验并出具检测报告。2022年1月6日，国家市场监督管理总局对当事人位于泉州市的生产经营场所实施查封行政强制措施，现场对6批次原料进行了抽样检验，1月20日重庆市食品药品检验检测研究院出具了检测报告。国家市场监督管理总局以稽查罚告〔2022〕3号处罚告知书对福建百谷素养食品有限责任公司处以没收违法所得人民币柒仟贰佰圆整；罚款人民币肆佰玖拾伍万玖仟捌佰壹拾玖圆整；吊销《食品生产许可证》（许可证编号：SC10635058206996）；法定代表人郭标、实际控制人洪清转、厂长肖虎生、质量经理张常斌自处罚决定作出之日起五年内不得申请食品生产经营许可，或者从事食品生产经营管理工作、担任食品生产经营企业食品安全管理人员。

要求：完成相关法律文书的制作并形成市场监督管理行政案件案卷。

行政处罚案件立案

<table>
<tr>
<td rowspan="5">当事人基本情况</td>
<td colspan="4">☑ 法人　　□自然人　　□个体工商户　　□非法人组织</td>
</tr>
<tr>
<td>姓名（法定代表人、经营者、负责人）</td>
<td>郭标</td>
<td>性别</td>
<td>男</td>
</tr>
<tr>
<td>证件号码</td>
<td>××</td>
<td>年龄</td>
<td>××</td>
</tr>
<tr>
<td>单位（组织名称）</td>
<td>福建百谷素养食品有限责任公司</td>
<td>联系电话</td>
<td>××</td>
</tr>
<tr>
<td>住（地）址</td>
<td colspan="3">福建省泉州市晋江市经济开发区（五里园）裕源路 11 号 C 栋 5 楼、A2 栋 5 楼</td>
</tr>
<tr>
<td>案由</td>
<td colspan="4">福建百谷素养食品有限责任公司食品添加非食品添加剂案</td>
</tr>
<tr>
<td>案件来源</td>
<td colspan="4">□检查　　　□投诉　　　☑举报　　　□交办
□移送　　　□曝光　　　□其他</td>
</tr>
<tr>
<td>案件简要情况</td>
<td colspan="4">福建百谷素养食品有限责任公司于2021 年 8 月 4 日生产"总裁一号牡蛎虫草压片糖果"，经国家市场监督管理总局检验鉴定该厂的涉嫌生产经营添加非食品添加剂化学物质，我局认为依据《中华人民共和国食品安全法》第一百二十三条第一款第（一）项和第一百三十五条第一款，应该对当事人给予行政处罚。</td>
</tr>
</table>

续表

立案/不予立案的理由	根据《市场监督管理行政处罚程序规定》第十五条的规定：上级市场监督管理部门认为必要时，可以将本部门管辖的案件交由下级市场监督管理部门管辖。法律、法规、规章明确规定案件应当由上级市场监督管理部门管辖的，上级市场监督管理部门不得将案件交由下级市场监督管理部门管辖。上级市场监督管理部门认为必要时，可以直接查处下级市场监督管理部门管辖的案件，也可以将下级市场监督管理部门管辖的案件指定其他下级市场监督管理部门管辖。下级市场监督管理部门认为依法由其管辖的案件存在特殊原因，难以办理的，可以报请上一级市场监督管理部门管辖或者指定管辖。所以应该给予立案。
承办人意见	☑ 建议立案　　□建议不予立案 承办人：李明　　2021 年 11 月 29 日
承办机构审核意见	☑ 拟同意立案　　□拟不予立案 负责人：刘林　　2021 年 11 月 29 日
行政负责人审批意见	☑ 同意立案　　□不予立案 负责人：邓丽丽　　2021 年 11 月 29 日

询问笔录

询问时间：<u>2021</u> 年 <u>12</u> 月 <u>10</u> 日 <u>10</u> 时 <u>30</u> 分至 <u>12</u> 月 <u>13</u> 日 <u>15</u> 时 <u>00</u> 分

询问地点：<u>国家市场监督管理总局</u>

一、被询问人基本情况

被询问人姓名（名称）：<u>郭标</u>　性别：<u>男</u>

证件号码（类型）：<u>居民身份证</u>　年龄：<u>47</u>

联系电话：<u>××</u>　职（业）务：<u>法定代表人</u>

工作单位：<u>福建百谷素养食品有限责任公司</u>

住（地）址：<u>福建省泉州市晋江市经济开发区（五里园）裕源路 11 号 C 栋 5 楼、A2 栋 5 楼</u>

与本案关系：公司法定代表人

□当事人 ☑法定代表人 □现场负责人 □监护人 □受委托人 □其他

二、告知事项

问：你好！我们是<u>国家市场监督管理总局</u>　　　　　　　的执法人员<u>张伟</u>、<u>刘明明</u>，执法证件号分别是 <u>119864</u>、<u>876446</u>、＿＿＿＿＿

这是我们的行政执法证件（出示证件），请你确认。请配合我单位开展调查（工作），并如实回答有关问题。如果你认为我们与本案有利害关系从而影响到本案的公正办理，可以申请我们回避，你是否申请回避？

答：☑ 不申请回避。

□申请执法人员姓名理由：＿＿＿＿＿＿＿＿＿＿＿＿＿＿。

三、询问内容

问：对于在"总裁一号牡蛎虫草压片糖果"中添加了非食品添加剂化学物质

答：<u>不，我们的食品添加剂都是符合国家要求的。</u>

问：那对于我们在"总裁一号牡蛎虫草压片糖果"中检验出"N－苯基

丙氧苯基卡巴地那非"你怎么解释。

答：我不知道

四、送达地址确认（可选）

福建省泉州市晋江市经济开发区（五里园）裕源路 11 号 C 栋 5 楼、A2 栋 5 楼

被询问人应当逐页签字确认

（以下是询问笔录尾页）

被询问人阅核后应签注"询问笔录上述内容，记录属实。"

被询问人：郭标（盖章或捺手指印）　2021 年 12 月 13 日

拒绝签字的理由：＿＿＿＿＿＿＿＿＿＿＿

见证人：签字（盖章或捺手指印）　　　年＿＿月＿＿日

询问人（签字）：张伟　　2021 年 12 月 13 日

记录人（签字）：刘明明　　2021 年 12 月 13 日

现场检查（勘验）笔录

检查（勘验）时间：2021 年 12 月 1 日 11 时 05 分至 12 月 1 日 14 时 30 分

检查（勘验）地点：福建百谷素养食品有限责任公司

检查（勘验）内容："总裁一号牡蛎虫草压片糖果"成分

一、被检查（勘验）对象基本情况

☑ 法人　　□自然人　　□个体工商户　　□非法人组织

被检查（勘验）人：福建百谷素养食品有限责任公司

性别：＿＿年龄：＿＿

法定代表人（负责人或其他组织）：郭标

职（业）务：法定代表人　联系电话：××

工作单位：福建百谷素养食品有限责任公司

证件号码（类型）：居民身份证

住（地）址（经营场所）：福建省泉州市晋江市经济开发区（五里园）裕源路 11 号 C 栋 5 楼、A2 栋 5 楼

与本案关系：

二、告知事项

问：你好！我们是国家市场监督管理总局的执法人员张伟、刘明明，执法证号分别是 119864 、 876446 ，这是我们的执法证件（出示执法证件），请你确认。请配合我单位开展检查，并如实回答有关问题。如果你认为我们与本案有利害关系从而影响到本案的公正办理，可以申请我们（或×××）回避，你是否申请回避？

答：□不申请回避。

□申请执法人员姓名回避。理由：　　　　　　　　　　　　　　。

三、检查（勘验）情况

在生产经营场所检查到有"总裁一号牡蛎虫草压片糖果"货值金额 7200 元，被上查扣的库存产品货值金额 158127.3 元实施查封。

被检查（勘验）人（现场负责人）应逐页签字确认

　　　　　　　　（是检查笔录尾页）

应注明：被检查（勘验）人（现场负责人）阅核后签注"检查（勘验）笔录上述内容，记录属实。"

检查（勘验）人（现场负责人）签字（盖章或捺手指印）：2022 年 12 月 1 日

拒绝签字的理由：

见证人签字（盖章或捺手指印）：　　　　　　2022 年 12 月 1 日

检查人签字：　　　　　　　　　2022 年 12 月 1 日

记录人签字：　　　　　　　　　2022 年 12 月 1 日

现场检查（勘验）影像证据

影像资料（附照片或光盘等）			
当事人	郭标	见证人	吕丽丽
拍摄地点	福建百谷素养食品有限责任公司	拍摄人	张伟
拍摄时间	2021 年 12 月 1 日 13 时 分		
备 注			

案件调查报告审批表

	☑ 法人　　□自然人　　□个体工商户　　□非法人组织			
当事人基本情况	姓名（法定代表人、经营者、负责人）	郭标	性别	男
	证件号码	××	年龄	××
	单位（组织名称）	福建百谷素养食品有限责任公司	联系电话	××
	住（地）址	福建省泉州市晋江市经济开发区（五里园）裕源路 11 号 C 栋 5 楼、A2 栋 5 楼		
案由	福建百谷素养食品有限责任公司食品添加非食品添加剂案			

调查时间	2021 年 11 月 29 日至 2022 年 4 月 17 日
承办机构	国家市场监督管理总局
承办人	张伟；刘明明
违法事实 与证据	违法事实：当事人销售给上海金莎江健康管理咨询有限公司的"总裁一号牡蛎虫草压片糖果"货值金额 7200 元，被上海市公安局静安分局查扣的库存产品货值金额 158127.3 元，当事人涉嫌生产经营添加非食品添加剂化学物质的食品的货值金额为 165327.30 元。 违法所得为 7200 元。 证据：当事人提供的营业执照复印件、食品生产许可证复印件和相关人员的身份证复印件，对法定代表人及相关人员制作的询问笔录等；经当事人确认的食品照片打印件，上海市食品药品检验研究院出具的检测结果报告；经当事人确认的《食品委托加工合同》《采 3 购合同》以及销售发票；上海市食品药品检验研究院、重庆市食品药品检验检测研究院出具的涉案食品检测情况的说明、检测结果报告，上海市食品安全技术应用中心出具的专家评估意见，中国计量科学研究院出具的方法认定结果函；涉案的其他证据材料。
执法事项	2021 年 12 月 2 日，我局对位于上海市静安区少年村路 415 弄 116 号 3203 室内存放的当事人生产的食品进行抽样，经上海市食品药品检验研究院检测，部分食品中含有"苯丙代卡巴地那非"。 2021 年 12 月 3 日，我局委托福建省市场监管局对当事人位于泉州市的生产经营场所实施查封行政强制措施，并委托重庆市食品药品检验检测研究院对你公司库存的 17 种原料进行了抽样检验，12 月 24 日，重庆市食品药品检验检测研究院

	完成样品检验并出具检测报告。 2022 年 1 月 6 日，我局依据《中华人民共和国食品安全法》第一百一十条第（五）项对当事人位于泉州市的生产经营场所实施查封行政强制措施，现场对 6 批次原料进行了抽样检验，1 月 20 日重庆市食品药品检验检测研究院出具了检测报告。
违法依据	《中华人民共和国食品安全法》第一百一十条第（五）项
拟处罚 依据	《中华人民共和国食品安全法》第一百二十三条第一款第（一）项和第一百三十五条第一款
处罚类别	☑ 予以处罚　　□不予处罚　　□移送　　□撤销案件
处罚内容 及处罚种类	处罚内容： 1. 没收违法所得人民币柒仟贰佰圆 2. 罚款人民币肆佰玖拾伍万玖仟捌佰壹拾玖圆整；3. 吊销《食品生产许可证》（许可证编号：SC10635058206996；4. 法定代表人郭标、实际控制人洪清转、厂长肖虎生、质量经理张常斌自处罚决定作出之日起五年内不得申请食品生产经营许可，或者从事食品生产经营管理工作、担任食品生产经营企业食品安全管理人员。 处罚种类： □警告：＿＿＿＿＿＿＿＿＿＿＿＿＿＿＿＿＿＿＿＿。 □通报批评：＿＿＿＿＿＿＿＿＿＿＿＿＿＿＿＿＿。 ☑ 罚款：人民币（大写）肆佰玖拾伍万玖仟捌佰壹拾玖圆整￥：＿4958190＿。 ☑ 没收违法所得：人民币（大写）：柒仟贰佰圆整，￥：＿7200＿。 □没收非法财物：＿＿＿＿＿＿＿＿＿＿＿＿＿＿＿＿， 财物价值：人民币（大写）：＿＿＿＿＿＿＿，￥：＿＿＿。

	□暂扣许可证：_____。 □降低资质等级：_____。 ☑ 吊销许可证：许可证编号 SC10635058206996 。 □限制开展生产经营活动：_____。 □责令停产停业：□永久 □限期：_____年___月___日至_____年___月___日 □责令关闭：_____。 ☑ 限制从业：法定代表人郭标、实际控制人洪清转、厂长肖虎生、质量经理张常斌起五年内不得申请食品生产经营许可，或者从事食品生产经营管理工作、担任食品生产经营企业食品安全管理人员。_____。 □行政拘留：_____年___月___日至_____年___月___日，共_____天。 □其他：_____。
承办人 意见	承办人：__签名__　　__2022_年_4_月_13_日
审核意见 （可选）	负责人：__签名__　　__2022_年_4_月_13_日
审批意见	负责人：__签名__　　__2022_年_4_月_13_日
附件	

案件调查报告

当事人：

（法人）名称：<u>福建百谷素养食品有限责任公司</u>

（自然人）姓名：<u>郭标</u>

证件类型及号码：<u>××</u>

调查时间：<u>2021</u> 年 <u>11</u> 月 <u>29</u> 日 <u>10</u> 时 <u>00</u> 分至＿＿月＿＿日＿＿时＿＿分

案件承办人：<u>张伟、刘明明</u>

内容：

<u>一、当事人违法的事实和证据，违反的法律依据名称及条、款、项具体内容</u>

<u>二、根据违法事实、性质、情节和社会危害程度，按照《××法（条例、办法）行政处罚裁量标准》，确定违法行为适用的行政处罚裁量等</u>

<u>三、拟处罚的法律依据及行政处罚建议</u>

案件承办机构

2022 年 4 月 13 日

行政处罚先行告知书

＿＿＿罚先告字〔　　　〕第（　　）号

<u>郭标</u>：

你（单位）于 <u>2021</u> 年 <u>8</u> 月 <u>4</u> 日，因<u>在食品中添加非食品添加剂行为</u>，违反了<u>《中华人民共和国食品安全法》第一百二十三条第一款第（一）项和第一百三十五条第一款</u>的规定，本机关依照<u>《中华人民共和国食品安全法》</u>的规定，拟对你（单位）作出<u>《中华人民共和国食品安全法实施条例》第六十七条</u>规定的行政处罚。

依据《中华人民共和国行政处罚法》第四十四条和第四十五条之规定，如你（单位）对我厅（局）上述认定的违法事实、处罚依据及处罚内容等持有异议，可在 2022 年 4 月 20 日前提出书面陈述、申辩、要求听证意见，或到国家市场监管总局 进行陈述、申辩，逾期视为放弃陈述、申辩、要求听证的权利。

联系人：张伟

电话：××

地址：

被告知人：签名（盖章或捺手指印） 2022 年 4 月 14 日

行政执法机关名称（公章）

年　　月　　日

行政处罚决定审批表

案由	福建百谷素养食品有限责任公司食品添加非食品添加剂案				案件来源	举报
当事人	名称/姓名	福建百谷素养食品有限责任公司	法定代表人	郭标	年龄	××
	证件类型（号码）	居民身份证　　××			电话	××
	工作单位	福建百谷素养食品有限责任公司				
	住（地）址	福建省泉州市晋江市经济开发区（五里园）裕源路 11 号 C 栋 5 楼、A2 栋 5 楼				

续表

案件基本情况违法事实及处罚依据	当事人于 2021 年 8 月 4 日生产"总裁一号牡蛎虫草压片糖果"（批号为 2021080401B01、生产日期为 20210804）4000 粒，并以 1.8 元/粒的售价销售给上海金莎江健康管理咨询有限公司，获得 7200 元的销售收入。 该批食品后经上海市食品药品检验研究院检测出含有非食品添加剂化学物质"N－苯基丙氧苯基卡巴地那非"。我局委托中国计量科学研究院组织专家对食品中新型化合物"N－苯基丙氧苯基卡巴地那非"的鉴定及检验方法进行论证。 处罚依据： 依据《中华人民共和国食品安全法实施条例》第六十七条，《中华人民共和国食品安全法》第一百二十三条第一款第（一）项和第一百三十五条第一款
承办人意见	同意 2022 年 4 月 16 日
承办机构审核意见	同意 2022 年 4 月 16 日
行政执法机关负责人审批意见	同意 2022 年 4 月 16 日
备注	

行政处罚决定书

_____罚决字〔　　　〕第（　　）号

当事人（或法定代表人、自然人、个体工商户、非法人组织）：__郭标__

性别：__男__　年龄：__××__　联系电话：__××__

主体资格证照名称：_____

证件类型及号码：居民身份证　__××__

工作单位：__福建百谷素养食品有限责任公司__

住（地）址：__福建省泉州市晋江市经济开发区（五里园）裕源路 11 号 C 栋 5 楼、A2 栋 5 楼__

本机关于 __2021__ 年 __11__ 月 __29__ 日对福建百谷素养食品有限责任公司食品添加非食品添加剂案立案调查。经查，你（单位），当事人于 2021 年 8 月 4 日生产"总裁一号牡蛎虫草压片糖果"（批号为 2021080401B01、生产日期为 20210804）4000 粒，并以 1.8 元/粒的售价销售给上海金莎江健康管理咨询有限公司，获得 7200 元的销售收入。

该批食品后经上海市食品药品检验研究院检测出含有非食品添加剂化学物质"N－苯基丙氧苯基卡巴地那非"。

我局委托中国计量科学研究院组织专家对食品中新型化合物"N－苯基丙氧苯基卡巴地那非"的鉴定及检验方法进行论证。

认定上海市食品药品检验研究院采用的食品中"N－苯基丙氧苯基卡巴地那非"的测定方法科学有效，可用于该化合物的定性确证和辅助定量测定，其检测结果可靠，同时确定该化合物名称为"苯丙代卡巴地那非"。

以上事实有《现场检查（勘验）笔录》《询问笔录》等证据证实。

上述违法行为事实清楚，证据确凿。依据《中华人民共和国食品安全法》第一百二十三条第一款第（一）项和第一百三十五条第一款之规定，决定 __对当事人作出处罚__

决定内容：

1. 没收违法所得人民币柒仟贰佰圆整；

2. 罚款人民币肆佰玖拾伍万玖仟捌佰壹拾玖圆整；

3. 吊销《食品生产许可证》（许可证编号：SC10635058206996）；

4. 法定代表人郭标、实际控制人洪清转、厂长肖虎生、质量经理张常斌自处罚决定作出之日起五年内不得申请食品生产经营许可，或者从事食品生产经营管理工作、担任食品生产经营企业食品安全管理人员。

行政处罚履行方式和期限：

本决定自送达当事人时发生法律效力。

你（单位）如不服本处罚决定，可在接到本处罚决定书之日起六十日内向<u>国家市场监督管理总局</u>申请行政复议，或者六个月内向<u>北京市第一中级人民法院</u>提起行政诉讼。逾期不申请行政复议，也不提起行政诉讼，又不履行本处罚决定的，我厅（局）将依法<u>申请人民法院强制执行</u>（依法有强制执行权的，可以写"强制执行"）。

行政执法主体名称（公章）

2022 年 4 月 17 日

（可）不予（从轻或减轻）行政处罚决定书

罚决字〔　　　〕第（　　　）号

当事人（或法定代表人、自然人、个体工商户、非法人组织）：郭标

性别：男　　　　年龄：××　　　　联系电话：××

主体资格证照名称：福建百谷素养食品有限公司

证件类型及号码：××

工作单位：福建百谷素养食品有限公司

住（地）址：福建省泉州市晋江市经济开发区（五里园）裕源路 11 号 C 栋 5 楼、A2 栋 5 楼

本机关于 2021 年 11 月 29 日对福建百谷素养食品有限责任公司食品添加非食品添加剂案立案调查。经查，你（单位）公司法定代表人、生产负责人、质量负责人针对公司生产管理、质量控制、销售流向等相关问题的询问

采取互相推诿的行为，隐瞒相关真实情况，企图逃避法律责任。以上事实有《现场检查（勘验）笔录》《询问笔录》等证据证实。

鉴于说明（可）不予（从轻或减轻）行政处罚的依据等。依据《中华人民共和国行政处罚法》规定，本机关决定对你（单位）（可）不予（从轻或减轻）行政处罚。

行政执法主体名称（公章）

2022 年 4 月 14 日

行政处罚没收财物处理审批表

当事人基本情况	☑ 法人　□自然人　□个体工商户　□非法人组织			
	姓名（法定代表人、经营者、负责人）	郭标	性别	男
	证件号码	××	年龄	××
	单位（组织名称）	福建百谷素养食品有限公司	联系电话	××
	住（地）址	福建省泉州市晋江市经济开发区（五里园）裕源路 11 号 C 栋 5 楼、A2 栋 5 楼		
违法事实及处罚决定	当事人于 2021 年 8 月 4 日生产"总裁一号牡蛎虫草压片糖果"（批号为 2021080401B01、生产日期为 20210804）4000 粒，并以 1.8 元/粒的售价销售给上海金莎江健康管理咨询有限公司，获得 7200 元的销售收入。 该批食品后经上海市食品药品检验研究院检测出含有非食品添加剂化学物质"N－苯基丙氧苯基卡巴地那非"。			

续表

	我局委托中国计量科学研究院组织专家对食品中新型化合物"N－苯基丙氧苯基卡巴地那非"的鉴定及检验方法进行论证。 处罚决定： 认定上海市食品药品检验研究院采用的食品中"N－苯基丙氧苯基卡巴地那非"的测定方：1. 没收违法所得人民币柒仟贰佰圆整；2. 罚款人民币肆佰玖拾伍万玖仟捌佰壹拾玖圆整；3. 吊销《食品生产许可证》（许可证编号：SC10635058206996）；4. 法定代表人郭标、实际控制人洪清转、厂长肖虎生、质量经理张常斌自处罚决定作出之日起五年内不得申请食品生产经营许可，或者从事食品生产经营管理工作、担任食品生产经营企业食品安全管理人员。法科学有效，可用于该化合物的定性确证和辅助定量测定，其检测结果可靠，同时确定该化合物名称为"苯丙代卡巴地那非"。
没收物品及数量	当事人销售给上海金莎江健康管理咨询有限公司"总裁一号牡蛎虫草压片糖果"货值金额7200元，被上海市公安局静安分局查扣的库存产品货值金额158127.3元，当事人涉嫌生产经营添加非食品添加剂化学物质的食品的货值金额为165327.30元。
处理方式	□返还　　☑变卖或拍卖后上缴国库　　□销毁 □厂家回收　□其他处理方式
承办意见	同意 　　　　承办人：　签名　　　2022年1月6日
审核意见	同意 　　　　负责人：　签名　　　2022年1月6日

续表

法制审核意见（可选）	同意 　　　　　　　　负责人：<u>签名</u>　　<u>2022</u> 年 <u>1</u> 月 <u>6</u> 日
审批意见	同意 　　　　　　　　负责人：<u>签名</u>　　<u>2022</u> 年 <u>1</u> 月 <u>6</u> 日

送达地址确认书

案号	稽查处罚〔2022〕3 号
案由	福建百谷素养食品有限责任公司食品添加非食品添加剂案
当事人信息	郭标；男
告知事项	1. 为便于联系当事人，以及当事人及时收到相关行政执法文书，依据《最高人民法院关于以法院专递方式邮寄送达民事诉讼文书的若干规定》等规定，当事人应当如实提供确切的送达地址、联系方式等信息。 2. 确认的送达地址适用于行政执法全过程，如果送达地址发生变更，应当及时书面告知我单位变更后的送达地址。 3. 如果提供的地址不确切，或者不及时告知变更后的地址，使文书无法送达或者未及时送达，当事人将自行承担由此可能产生的后果。 4. 接受电子送达方式的，以发送方设备显示发送成功视为送达。但接收方证明其到达特定系统的日期与发送方对应系统显示发送日期不一致的，以受送达人证明到达其特定系统的日期为准。

续表

送达地址及方式	是否接受电子送达 □是 ☑ 否	□手机号码： □传真号码： □电子邮件地址： □即时通信账号： 以传真、电子邮件等到达本人特定系统的日期为送达日期。
	确认送达地址	福建省泉州市晋江市经济开发区（五里园）裕源路 11 号 C 栋 5 楼、A2 栋 5 楼
	指定签收人	郭标
	证件类型及号码	××
	联系电话	××
	邮政编码	××
受送达人确认	我已阅读（"已向我宣读"或"我已明白"）本确认书的告知事项，提供了送达地址，确认了送达方式，并保证所提供的送达地址各项信息内容正确、有效。如在案件办理过程中送达地址发生变化，将及时通知贵单位。 受送达人（委托代理人等）：<u>签名（盖章或捺手指印）</u> 2022 年 4 月 17 日	
备注		

（注：其他行政执法行为的"送达地址确认书"参照本示范文书制作）

行政处罚文书送达回证

___罚回证字〔   〕第（   ）号

案由	福建百谷素养食品有限责任公司食品添加非食品添加剂案
送达文书名称、文号	（稽查罚告〔2022〕3号）
被送达人	郭标
送达地址	福建省泉州市晋江市经济开发区（五里园）裕源路11号C栋5楼、A2栋5楼
被送达人（签字或盖章）	郭标
代收人及代收理由	
送达日期	2022年4月17日
送达方式	邮寄送达
邮寄日期	2022年4月17日
挂号信号码	
拒收理由	无
见证人（签字）	2022年4月17日
送达人（签字）	2022年4月17日

续表

备注	按照新修订的《中华人民共和国处罚法》第六十一条和《中华人民共和国民事诉讼法》第八十四条至第九十二条的规定实施送达

注：委托或邮寄送达的，请签收后将送达回证速退本机关。

行政处罚案件结案审批表

行政处罚文书文号	（稽查罚告〔2022〕3 号）	发文日期	年 月 日
案由	福建百谷素养食品有限责任公司食品添加非食品添加剂案	案件来源	举报
发案时间	2021 年 11 月 29 日 10 时 00 分至 2022 年 4 月 17 日 15 时 00 分		
案件简要情况	福建百谷素养食品有限责任公司于 2021 年 8 月 4 日生产"总裁一号牡蛎虫草压片糖果"，经国家市场监督管理总局检验鉴定该厂的涉嫌生产经营添加非食品添加剂化学物质，我局认为依据《中华人民共和国食品安全法》第一百二十三条第一款第（一）项和第一百三十五条第一款，应该对当事人给予行政处罚。		
行政处罚内容	1. 没收违法所得人民币柒仟贰佰圆整； 2. 罚款人民币肆佰玖拾伍万玖仟捌佰壹拾玖圆整； 3. 吊销《食品生产许可证》（许可证编号：SC10635058206996）； 4. 法定代表人郭标、实际控制人洪清转、厂长肖虎生、质量经理张常斌自处罚决定作出之日起五年内不得申请食品生产经营许可，或者从事食品生产经营管理工作、担任食品生产经营企业食品安全管理人员。		

行政处罚执行情况	已经执行	
承办人意见	同意	2022 年 4 月 17 日
承办机构审核意见	同意	2022 年 4 月 17 日
行政负责人审批意见	同意	2022 年 4 月 17 日

行政处罚案件结案报告

单位：（公章）

当事人基本情况	☑ 法人　　□自然人　　□个体工商户　　□非法人组织			
	姓名（法定代表人、经营者、负责人）	郭标	性别	男
	证件号码	××	年龄	××
	单位（组织名称）	福建百谷素养食品有限责任公司	联系电话	××
	住（地）址	福建省泉州市晋江市经济开发区（五里园）裕源路 11 号 C 栋 5 楼、A2 栋 5 楼		
案由	福建百谷素养食品有限责任公司食品添加非食品添加剂案		案件来源	举报

续表

案发时间	2021 年 11 月 29 日 10 时 00 分至 2022 年 4 月 17 日 15 时 00 分		
行政处罚文书文号	（稽查罚告〔2022〕3 号）	结案日期	2022 年 4 月 2 日
案件简要情况	福建百谷素养食品有限责任公司于 2021 年 8 月 4 日生产"总裁一号牡蛎虫草压片糖果"，经国家市场监督管理总局检验鉴定该厂的涉嫌生产经营添加非食品添加剂化学物质，我局认为依据《中华人民共和国食品安全法》第一百二十三条第一款第（一）项和第一百三十五条第一款，应该对当事人给予行政处罚。		
行政处罚内容	1. 没收违法所得人民币柒仟贰佰圆整； 2. 罚款人民币肆佰玖拾伍万玖仟捌佰壹拾玖圆整； 3. 吊销《食品生产许可证》（许可证编号：SC10635058206996）； 4. 法定代表人郭标、实际控制人洪清转、厂长肖虎生、质量经理张常斌自处罚决定作出之日起五年内不得申请食品生产经营许可，或者从事食品生产经营管理工作、担任食品生产经营企业食品安全管理人员。		
执行方式	☑ 自动履行　　□ 复议结案　　□ 诉讼结案　　□ 强制执行		
执行结果	已执行		

填表人：王博　　　　　　　　　　　　　　　　　　2022 年 4 月

教师点评

行政处罚要以核实的证据为基础，紧扣违法行为的构成要件，清晰表述当事人的基本情况，说明处罚主体资格是否合法；说清违法行为事实，按照时间、地点、行为、后果等基本要素对行为人的具体行为表现、涉案标的数量金额、违法所得等情况具体诉述，并对有证据证明的当事人的主观意图、违法手段、违法后果等作客观评述。

对于行政处罚所依据的法律、法规或者规章，要全面准确引述，指明当事人的行为具体违反哪部法律中哪条的哪一项禁止性规定，具体构成什么违法行为。特别是在法律、法规、规章之间产生竞合或者同一法律规范中出现法条竞合时，更要从违法行为构成的要件入手详细阐述相关法理。

行政处罚案件要全面履行案件处理程序要求。行政机关不仅要认真履行外部执法程序，同时要完成内部相关审批程序。立案、调查取证、调查终结和补充侦查、案件核审、报机关负责人批准处罚建议、将拟处罚决定告知（含听证告知）当事人、听取当事人陈述申辩并复核、改变处罚意见的重新履行告知程序、报行政机关负责人批准处罚决定、制作并送达处罚决定书、执行等程序既包含内部程序，也包含外部程序，但不是所有的行政处罚案件都必须经过这些程序。此外，每一个程序中，对行政机关的行为都有相应要求，需要执法人员严格履行。以抽样取证为例，抽样取证时要求有办案人员2人以上，并出示行政执法证件；应有当事人在场；要当场制作笔录，并由当事人、在场人、办案人签章；抽取的样品应使用专用封签当场封样，由当事人、在场人、办案人签字盖章。此外抽样取证还要完成审批、备案、对抽样物品的备份、保管等相关手续。

七、实训拓展

交通行政部门出具的交通事故责任认定书的性质

附件一：行政处罚决定书35

×××市食品药品监督管理局B分局处罚决定书

被处罚单位（人）：×××市A药房

地址：×××××××××××××××××××××××××

联系方式：×××××××××

法定代表人：×××　性别：男　年龄：××　职务：××××××

2003年8月29日，×××市食品药品监督管理局执法人员对该市各大药房进行现场检查。检查时在A药房营业柜内发现标示为黑龙江珍宝岛药业股份有限公司生产，规格为 10 毫克/10 支/盒，批号为 B20130408 的"复方芩兰口服液"13 盒；标示为哈药集团世一堂制药厂生产，规格为 12 克/10 袋/盒，批号为 1304513 的"感冒清热颗粒"6 盒等药品，现场该药房未能提供该批药品的购进票据及相关材料，经请示主管领导批准，对该批药品采取先行登记保存处理。

经调查核实，标示为 B20130408 的"复方芩兰口服液"购进 20 盒，购进价格 9 元/盒，销售价格 19 元/盒，销售了 7 盒，剩余 13 盒。标示为哈药集团世一堂制药厂生产，规格为 12 克/10 袋/盒，批号为 1304513 的"感冒清热颗粒"购进 20 盒，购进价格 8.5 元/盒，销售价格 15 元/盒，销售 14 盒，剩余 6 盒。以上药品是张三从一业务员手中购进的，当时未索取销售单位的资质证明材料，业务员已经联系不上，所以无法提供任何合法购进票据。

该药房的上述事实，有张三的《调查笔录》《现场检查记录》《先行登记保存物品清单》、价签等在卷佐证，并有先行登记保存的标示为黑龙江珍宝岛药业股份有限公司生产，规格为 10 毫克/10 支/盒，批号为 B20130408 的"复方芩兰口服液"13 盒；标示为哈药集团世一堂制药厂生产，规格为 12 克/10 袋/盒，批号为 1304513 的"感冒清热颗粒"6 盒等药品作为物证。

综合以上事实和证据，×××市 A 药房涉嫌从不具有药品经营资格的企业购进药品的行为违反了《药品管理法》第 34 条的规定，根据《中华人民共和国行政处罚法》第 23 条的规定，责令该药房立即停止从不具有药品经营资格的企业购进药品的行为，依据《药品管理法》第 80 条的规定，拟对 A 药房作出以下行政处罚：

1. 没收违法购进的药品"复方芩兰口服液"13 盒，"感冒清热颗粒"6 盒。

2. 没收违法所得："复方芩兰口服液"19.00 元×7 盒 = 133.00 元，"感冒清热颗粒"15.00 元×14 盒 = 210.00 元。

3. 并处违法购进药品货值金额 {（19.00 元×20）+（15.00 元×20）} = 680 元的 4 倍罚款（680 元×4）= 2720.00 元。

共计罚没人民币：3063.00 元。

请在接到本决定之日起 15 日内到×××银行×××市分行缴纳罚没款，

逾期每日按罚款数额的 3% 加处罚款。

如不服本处罚决定，可在接到本决定书之日起 60 日内依法向×××市食品药品监督管理局（或者 B 区政府）申请行政复议或者 3 个月内向 B 区人民法院起诉，逾期既不申请行政复议或起诉，又不履行处罚决定的，我局申请人民法院强制执行。

盖章（公章）

××××年××月××日

附件二：调查终结报告 43

关于×××市 A 药房涉嫌不具有药品经营资格的
企业购进药品案的调查终结报告

一、当事人基本情况

当事人名称：×××市 A 药房

企业负责人：×××

企业地址：×××××××××××××××××××

性质：药品经营单位

二、案件来源及案件性质

案件来源：监督检查发现

案件性质：涉嫌不具有药品经营资格的企业购进药品案

三、案件调查阶段基本情况

2003 年 8 月 29 日，×××市食品药品监督管理局 B 分局执法人员对该市各大药房进行现场检查。检查时在 A 药房营业柜内发现标示为黑龙江珍宝岛药业股份有限公司生产，规格为 10 毫克/10 支/盒，批号为 B20130408 的"复方芩兰口服液" 13 盒；标示为哈药集团世一堂制药厂生产，规格为 12 克/10 袋/盒，批号为 1304513 的"感冒清热颗粒" 6 盒等药品，现场该药房未能提供该批药品的购进票据及相关材料，经请示主管领导批准，对该批药品采取先行登记保存处理。

2013 年 8 月 30 日，对 A 药房涉嫌从不具有药品经营资格的企业购进药品的违法行为进行立案调查，并于当日对该药房送达了《先行登记保存物品处理通知书》，由×××签收。

2013 年 8 月 30 日，×××市食品药品监督管理局执法人员对 A 药店店长×××进行了本案有关情况的调查，并制作了《调查笔录》。经调查核实，标示为 B20130408 的"复方芩兰口服液"购进 20 盒，购进价格 9 元/盒，销售价格 19 元/盒，销售了 7 盒，剩余 13 盒。标示为哈药集团世一堂制药厂生产，规格为 12 克/10 袋/盒，批号为 1304513 的"感冒清热颗粒"购进 20盒，购进价格 8.5 元/盒，销售价格 15 元/盒，销售 14 盒，剩余 6 盒。以上药品是张三从一业务员手中购进的，当时未索取销售单位的资质证明材料，业务员已经联系不上，所以无法提供任何合法购进票据。

四、证据

1. 《现场检查笔录》《调查笔录》《先行登记保存物品审批表》《先行登记保存物品清单》《先行登记保存物品通知书》《先行登记保存物品处理通知书》。

2. 该药房资质证明：《药品经营许可证》（复印件），《药品经营质量管理认证证书》（复印件），《经营执照》（复印件）。

3. 先行登记保存的，标示为黑龙江珍宝岛药业股份有限公司生产，规格为 10 毫克/10 支/盒，批号为 B20130408 的"复方芩兰口服液"13 盒；表示为哈药集团世一堂制药厂生产，规格为 12 克/10 袋/盒，批号为 1304513 的"感冒清热颗粒"6 盒。

4. 销售价签。

5. 销售小票。

五、拟处罚决定

综合以上事实和证据，×××市 A 药房涉嫌从不具有药品经营资格的企业购进药品的行为违反了《药品管理法》第 34 条的规定，根据《中华人民共和国行政处罚法》第 23 条的规定，责令该药房立即停止从不具有药品经营资格的企业购进药品的行为，依据《药品管理法》第 80 条的规定，拟对 A药房作出以下行政处罚：

1. 没收违法购进的药品"复方芩兰口服液"13 盒，"感冒清热颗粒"6 盒。

2. 没收违法所得："复方芩兰口服液"19.00 元 ×7 盒 ＝133.00 元，"感冒清热颗粒"15.00 元 ×14 盒 ＝210.00 元。

3. 并处违法购进药品货值金额 ｛（19.00 元 ×20） ＋（15.00 元 ×20）｝ ＝ 680 元的 4 倍罚款（680 元 ×4） ＝2720.00 元。

共计罚没人民币：3063.00 元。

案件承办人：×××　×××

××××年××月××日

附件三：先行登记保存证据物品处理通知书

先行登记保存证据物品处理通知书

＿＿＿罚登处通字〔　〕第　号

＿＿＿＿＿＿＿＿＿＿：

你（单位）因＿＿＿＿＿＿＿＿＿＿＿＿＿＿＿＿＿＿＿＿＿＿＿＿＿＿

＿＿＿＿＿＿＿＿＿＿行为，违反了《×××法》＿＿＿＿＿＿＿＿的规定。本机关于

＿＿＿＿＿＿年＿＿月＿＿日至＿＿＿＿＿＿年＿＿月＿＿日，对先行登记保存证据

物品清单所列物品以＿＿＿＿＿＿＿＿保存方式，存放于＿＿＿＿＿＿＿＿＿＿＿。

依照《×××法》＿＿＿＿＿＿＿＿的规定，对被先行登记保存证据物品处

理清单所列物品予以＿＿＿＿＿＿＿＿。

附：先行登记保存证据物品处理清单

被先行登记保存证据人：＿＿＿＿＿＿　　　　　　年　　月　　日

（行政机关印章）

年　　月　　日

附件四：行政处罚先行告知书

<h1 style="text-align:center">行政处罚先行告知书</h1>

＿＿＿罚先告字〔　　　〕第（　　）号

＿＿＿＿＿＿：

你（单位）于＿＿＿＿年＿＿月＿＿日＿＿时＿＿分至＿＿月＿＿日＿＿时＿＿分，因＿＿＿＿＿＿＿＿＿＿＿＿＿＿＿＿＿＿＿＿＿＿行为，违反了《×××法》＿＿＿＿＿＿＿＿＿＿＿＿＿＿的规定，本机关依照《×××法》＿＿＿＿＿＿＿＿＿＿＿＿＿＿＿的规定，拟对你（单位）作出<u>(依据《中华人民共和国行政处罚法》第六十三条规定的种类、数额或者期限等)</u> 行政处罚。

依据《中华人民共和国行政处罚法》第四十四条和第四十五条之规定，如你（单位）对我厅（局）上述认定的违法事实、处罚依据及处罚内容等持有异议，可在＿＿＿＿＿年＿＿月＿＿日前提出书面陈述、申辩、要求听证意见，或到＿＿＿＿＿＿＿＿＿进行陈述、申辩，逾期视为放弃陈述、申辩、要求听证的权利。

联系人：

电话：

地址：

被告知人：<u>签名（盖章或捺手指印）</u>　　　年　　月　　日

行政执法机关名称（公章）
年　　月　　日

第四节　行政处罚听证程序

一、实训目标

通过模拟行政处罚听证会，使学生掌握举行行政处罚听证会的条件和行政处罚听证会的程序，深化对行政处罚听证会及相关理论知识的理解和认识，培养学生依法行政的理念。

1. 了解举行行政处罚听证会的条件。

2. 掌握行政处罚听证会的程序及启动行政处罚听证会的程序。

3. 掌握行政处罚听证会相关的文书写作方法。

4. 领悟依法行政的理念，保障行政相对人权利义务的实现。

二、实训素材

某餐饮公司存在严重违法经营，食品不符合质量标准，致数人食品中毒，且卫生环境差，饭店负责人拒不改正。食品药品监督管理局欲对该餐饮公司作出吊销营业执照的处罚，在作出处罚决定前，食品药品监督管理局告知该餐饮公司有要求听证的权利。次日，该餐饮公司提出听证要求，食品药品监督管理局依照法律的规定，依法组织了听证。听证会后，对该餐饮公司作出了吊销营业执照的行政处罚。

三、实训准备

（一）理论准备

1. 行政处罚听证简介

行政处罚听证程序，是在行政机关作出行政处罚决定之前，公开举行专门会议，由行政处罚机关调查人员提出指控、证据和处理建议，当事人进行申辩和质证的程序。行政处罚听证程序并不是一种独立、完整的行政处罚程序，它是一般程序中的一种特殊程序，它并非行政处罚的必经程序，其适用的范围是有限的，其设立的主要目的是进一步核实和查清真相，以保证行政处罚的处理结果合法、公正。在我国，针对一些行政处罚案件可以适用行政处罚听证程序，以此来保证当事人的权利，但在实践中，行政处罚听证运用的还不是很多，效果也不太显著，行政处罚听证程序还有待进一步完善。

2. 行政处罚听证原则

行政处罚法并未具体规定行政处罚听证所遵循的一般原则。一般情况下，行政处罚听证应当公开进行，但涉及国家秘密、商业秘密或者个人隐私的除外。

3. 行政处罚听证条件（听证范围）

在我国，并非所有的行政处罚都可以启动行政处罚听证程序。我国行政处罚法明确规定了行政处罚听证的条件。只有在行政机关在对当事人作出责令停产停业、吊销许可证或者执照、较大数额罚款等行政处罚决定之前，经当事人要求需要听证的，由行政机关组织听证。对罚款并未规定具体的数额。

实践中存在较多性质不明确的行政管理措施，这成为困扰行政立法、执法人员的难题。有的行政管理措施在不同的情形下可以表现为行政处罚或行政命令等，判断行政处罚的标准主要是行政处罚法第二条（一般条款）和第九条（类型条款），关键是惩戒性，且惩戒性要体现为新的不利处分。下文以责令补种为例阐述。

责令补种可以是责令恢复原状的行政命令。《公路安全保护条例》第61条规定："违反本条例的规定，未经批准更新采伐护路林的，由公路管理机构责令补种，没收违法所得，并处采伐林木价值3倍以上5倍以下的罚款。"该责令补种是责令改正的一种形式，不具有惩戒性。此外，有观点认为，任何补种都不能恢复原有生态。笔者认为，责令补种的实质是责令恢复生态环境，林木是民法上的种类物，补种的林木在类别、年轮等主要因素相同的情况下，可以认为补种达到了恢复原状的标准。

责令补种还可以是行政处罚措施。《森林法》第 76 条规定，盗伐林木的，由县级以上人民政府林业主管部门责令限期在原地或者异地补种盗伐株数 1 倍以上 5 倍以下的树木，并处盗伐林木价值 5 倍以上 10 倍以下的罚款。滥伐林木的，由县级以上人民政府林业主管部门责令限期在原地或者异地补种滥伐株数 1 倍以上 3 倍以下的树木，可以处滥伐林木价值 3 倍以上 5 倍以下的罚款。

4. 行政处罚听证启动

行政机关在对当事人作出责令停产停业、吊销许可证或者执照、较大数额罚款等行政处罚决定之前，应当告知当事人有要求举行听证的权利。当事人要求需要听证的，当事人应当在行政机关告知后 3 日内向行政机关提出，行政机关应当依法组织听证。

5. 行政处罚听证机构

根据我国《行政处罚法》规定，由作出行政处罚的机关依法组织听证。

6. 行政处罚听证参加人

听证主持人应由行政机关指定的非本案的调查人员担任，当事人认为主持人与本案有直接利害关系的，有权申请回避。

本案调查人员应当参加听证会，提出当事人违法的事实、证据和行政处罚建议。

当事人可以亲自参加听证，也可以委托 1 至 2 人代理，在听证会上进行申辩和质证。

（二）实践准备

1. 将学生分为若干组，以分小组、分角色的方式进行听证准备；

2. 查阅《行政处罚法》《行政处罚法实施条例》等相关法律、法规。

四、实训要点

（一）听证机构是拟作出适用听证程序的行政处罚的行政机关的法制办公室（处、科）组织听证。

（二）听证申请人应具备的相应的资格、条件：听证申请人必须是行政机关拟对其作出行政处罚的公民、法人或其他组织。

（三）需要举行行政处罚听证会的行政处罚案件必须符合《行政处罚法》及各行政机关相关法律法规规定的条件。

（四）听证申请人需办理的手续及注意事项

1. 听证申请人应当在收到行政机关听证告知书之日起 3 日内，向发出听证告知书的行政机关书面提出听证要求。

2. 听证申请人以邮寄挂号信方式提出听证要求的，以寄出的邮戳日期为准。

3. 听证申请人直接送达听证申请的，以行政机关收到的日期为准。

（五）听证机关应履行的义务

1. 行政机关拟作出适用听证程序的行政处罚前，应当向当事人送达载明下列主要事项的听证告知书：当事人的姓名或者名称、当事人的违法行为、行政处罚的理由、依据和拟作出的行政处罚决定、告知当事人有要求听证的权利、告知提出听证要求的期限和听证组织机关。听证告知书必须盖有行政机关的印章。听证告知书可以直接送达、委托送达或者以邮寄挂号信方式送达。

2. 当事人在法定期限内提出听证要求的，行政机关应当受理。

3. 行政机关决定予以听证的，听证主持人应当在当事人提出听证要求之日起 2 日内确定举行听证的时间、地点和方式，并在听证举行的 7 日前，将听证通知书送达当事人。

4. 听证人员在听证预备阶段必须完成核对听证参加人身份、宣读听证纪律、征询当事人是否申请听证人员回避等事项。

5. 当事人申请听证主持人回避的，听证主持人应当宣布暂停听证，报请机关负责人决定是否回避，申请听证员、书记员回避的，由听证主持人当场决定。

（六）举行听证时，由案件调查人员提出当事人违法的事实、证据和适用听证程序的行政处罚建议；当事人进行陈述、申辩和质证。

（七）听证应当制作听证笔录。听证结束后，听证人员应当把听证笔录交当事人和案件调查人员审核无误后签名或盖章。当事人拒绝签名的，由听证主持人在听证笔录上说明情况。听证笔录中有关证人证言部分，应当交证人审核无误。

五、实训过程

（一）主持人宣布听证会开始

由主持人介绍此次听证会的内容及基本流程，到场参加听证会的餐饮公司代表、执法人员、陈述人、旁听观众等。

（二）执法人员发表观点

调查人员和作出行政行为的执法人员就对餐饮公司的行政处罚行为所依据的事实、理由和法律根据进行说明。

（三）餐饮公司代表陈述

餐饮公司的代表就此次被处罚的事实进行陈述和申辩。

（四）听证会结束

听证会结束后，各方应仔细阅读听证笔录，确定无误后，在听证笔录上签字。

（五）作出行政处罚决定，送达给公司，并告知其救济途径。

六、实训点评

在实训过程中需要注意以下问题：

1. 注意行政处罚听证的条件。只有在行政机关在对当事人作出责令停产停业、吊销许可证或者执照、较大数额罚款等行政处罚决定时，当事人才能申请听证。

2. 注意行政处罚听证程序的启动方式及启动程序。当事人要求需要听证的，当事人应当在行政机关告知后 3 日内向行政机关提出，行政机关应当依法组织听证。

3. 注意听证双方的权利和义务。

4. 听证结论的内容及效力如何？

七、实训拓展

1. 行政处罚听证会与行政许可听证会、行政立法听证会的联系和区别。

2. 行政处罚立法听证结论的效力。

附件一：

行政处罚听证告知书

____罚听告字〔　　　〕第（　　）号

_____：

本单位于_____年___月___日对_____（案由）_____立案调查。经调查，你（单位）(陈述违法事实。载明违法行为发生的时间、地点、情节、构成要件、危害后果等内容)。以上事实有《现场检查（勘验）笔录》《询问笔录》……等证据证实。上述行为违反了(法律依据名称及条、款、项具体内容)的规定，根据你（单位）违法行为的事实、性质、情节、社会危害程度和相关证据，按照《××行政处罚裁量标准》，你（单位）的违法行为为(违法行为情形，如：较大数额、严重或者特别严重等)。根据(法律依据名称及条、款、项具体内容)的规定，本单位拟对你（单位）作出(行政处罚的种类、数额或者期限……)行政处罚。

依据《中华人民共和国行政处罚法》第四十四条、第六十三条、第六十四条(或××××法第×条)的规定，你（单位）有权要求举行听证。如你（单位）要求听证，应当自收到本告知书后__5__日内向本单位提出申请。逾期视为放弃听证权利。

联系人：_____　_____

联系电话：_____

单位地址：_____

被告知人：签名（盖章或捺手指印）　　　　　　年　　月　　日

　　　　　　　　　　　　　行政执法机关名称（公章）
　　　　　　　　　　　　　　　　年　　月　　日

　　　　　　　　　　　　　　　第　页　共　页

附件二：行政处罚听证通知书

<h1 style="text-align:center">行政处罚听证通知书</h1>

____听通字［　］第　号

被通知人（个人）姓名_____性别_____

所在单位_____地址_____

被通知人（单位）名称_____地址_____

法定代表人或负责人_____职务_____

本机关于_____年____月____日____时____分在_____公
开（或不公开）举行_____一案听证会。请准时参加。当事人无
正当理由不参加听证会，视为放弃听证权利。

　　　　　　　　　　　　　　　　行政机关印章
　　　　　　　　　　　　　　　　　年　　月　　日

附：当事人的权利、义务

当事人的听证权利、义务

一、权利

1. 要求或者放弃听证；

2. 申请听证主持人、听证员、书记员、鉴定人员、翻译人员回避；

3. 委托律师或者其他人员代为参加听证；

4. 在听证会上对案件涉及的事实、适用法律及有关情况进行陈述和申辩；

5. 在听证会上对案件调查人员提出的证据进行质证或者提出新的证据；

6. 在听证会结束前，有权陈述最后意见。

二、义务

1. 遵守听证会纪律；

2. 如实回答听证主持人的询问；

3. 申请有关人员回避，必须说明申请回避的理由；

4. 当事人委托他人代理参加听证的，必须在听证会举行前向听证机关提交委托代理人的身份证明和由当事人签名或者盖章的委托代理书。

附件三：行政处罚听证会笔录

行政处罚听证会笔录
案由×××

时间：   地点：

听证主持人：   听证员：   记录员：

案件调查人员：

案件当事人：   法定（委托）代理人：

第三人：   法定（委托）代理人：

听证记录：

一、听证主持人核对、介绍参加人员并告知权利

听证主持人宣布：听证会现在开始。核对听证参加人身份（略）。关于_____一案，本机关受理当事人×××要求听证的申请后，依法指定×××为听证主持人，×××为听证员，×××为记录员，根据有关法律规定，现决定公开（不公开）举行听证。

当事人在听证中享有下列权利：1. 有权要求放弃听证；2. 有权申请听证主持人、听证员、记录员、翻译人员、鉴定人员回避，但必须说明理由；3. 有权对本案涉及的事实、适用法律和有关情况进行陈述和申辩；4. 有权对本案调查人员提出的证据进行质证或者提出新的证据；5. 在听证会结束前，有权陈述最后意见。请问，你（你们）听清了没有？

当事人：听清了（有时可能未听清楚）？

听证主持人问：当事人是否申请回避？

当事人答：不申请回避（有的可能申请回避）。

二、案件调查人员提出当事人的违法事实

听证主持人：现在由调查人员××提出当事人的违法事实。

调查人员：   年   月   日，我们在检查中发现（也可以由举报发现等），当事人××于   年   月   日在×××地点实施了×××违法行为，有充分的证据证实（可记录证据①、②……），根据××法（或××条例或××规章）××条的规定，拟作出如下行政处罚（如罚款、吊销许可证等）。

三、当事人申辩和质证

听证主持人：现在由当事人进行申辩和质证。

当事人：针对调查人员提出的违法事实、证据提出相反意见，可能举出相反证据证明他未实施违法行为，也可能要求从轻处罚，记录时要逐项记录清楚。

四、听证参加人审核听证笔录

听证主持人：现在请当事人××作最后陈述。

最后陈述完毕，听证主持人：现在，听证笔录已形成，请各位听证参加人审核后签名。

（随即由听证主持人、调查人员、记录员、当事人签名，有的案件还应由翻译人员、鉴定人员等签名。）

八、实训文书

行政处罚文书

目　　录

26. 重大复杂案件集体讨论笔录

27. 调查终结报告

28. 行政处罚审批表

29. 案件移送函

30. 移送案件涉案物品清单

31. 行政处罚决定书

32. 送达回证

33. 强制执行决定书

34. 强制执行申请书

35. 当场处罚决定书

36. 行政处罚案件结案审批表

37. 行政处罚案件结案报告

详见

九、实训法规

行政处罚法律法规
目　录

1. 中华人民共和国行政处罚法

2. 市场监督管理行政处罚程序规定

3. 卫生行政处罚程序

详见

第五章

行政复议实训

第一节 行政复议受案范围

一、实训目标

通过案例分析，使学生能够充分掌握行政复议案件的受案范围，能够对行政复议案件作出准确判断。

1. 使学生能熟练掌握行政复议案件的受案范围，能够结合案例分析确定特定的行政争议是否属于行政复议的受案范围。

2. 明确行政复议的定位，发挥行政复议在实质化解行政争议问题上的重要作用，正确处理现实生活中对行政管理行为不服时应采取何种措施，培养学生依法行政的理念。

3. 引导学生思考我国行政复议受案范围变化的原因，掌握影响行政复议受案范围的因素及意义。

二、实训素材

案例一：行政复议受案范围确定

龙某与黄某系夫妻关系，就住房被强制拆除一事向湖南省郴州市公安局北湖分局（以下简称北湖区公安分局）报警请求刑事立案，但北湖区公安分局未作处理。龙、黄二人认为北湖区公安分局构成行政不作为，并对该不作为行为向北湖区政府申请行政复议。龙、黄二人认为该案件符合行政复议受理条件。北湖区政府作出郴北行政不受字（2017）第 4 号行政复议申请不予受理通知书（以下简称 4 号不予受理复议通知），不予受理二人的复议申请。二人认为北湖区政府违反法律规定。遂提起行政诉讼。

案例二：

申请人：甘肃某建筑公司

被申请人：海东市某区人力资源和社会保障局

复议机关：海东市某区人民政府

"因为违反了《中华人民共和国劳动法》第 50 条之规定，现责令你单位接到本单位通知之日起 3 日内改正：核发丰某、马某等 22 名农民工工资 405906 元，整改情况以书面形式报本机构。你单位拒不履行本指令书的，依据《劳动保障监察条例》第 30 条之规定处 2000 元以上 20000 元以下的罚款，并依据《重大劳动保障违法行为社会公布办法》《拖欠农民工工资失信联合惩戒对象名单管理暂行办法》等有关规定进行处理，符合《中华人民共和国刑法》第 276 条之一第 1 款的，以拒不支付劳动报酬罪移交公安机关追究刑事责任"。甘肃某建筑公司在接到上述限期整改指令书后不服，于 2022 年 2 月 24 日向海东市某区人民政府申请行政复议，某区人民政府收到复议申请后，经审查认为，申请事项不属于行政复议的受案范围，根据《中华人民共和国行政复议法》第 6 条、第 17 条之规定，决定不予受理，并于 2022 年 2 月 28 日作出《某区人民政府不予受理行政复议申请决定书》。

青海省海东市中级人民法院于 2022 年 6 月 28 日作出（2022）青 02 行初 9 号行政判决：驳回某公司的诉讼请求。青海省高级人民法院于 2022 年 10 月 17 日作出（2022）青行终 114 号行政判决：撤销青海省海东市中级人民法院一审行政判决和《某区人民政府不予受理行政复议申请决定书》；责令某区人民政府对某公司的申请事项依法受理并作出处理。

三、实训准备

（一）理论准备

1. 行政复议的基本原则

行政复议基本原则，是指由《行政复议法》确立和体现的，反映行政复议基本特点，贯穿于行政复议全过程，并对行政复议具有普遍规范和指导作用的基本行为准则。根据《行政复议法》第 3 条的规定，确立了合法、公正、公开、高效、便民、为民六项行政复议基本原则。

（1）合法原则

行政复议必须依法进行，这是依法行政原则在行政复议领域的体现。具体而言，合法原则对于行政复议的主要要求包括：第一，主体合法，行政复议机关必须是依法设立并依法履行行政复议职责的行政机关；第二，行政复议行为合法，复议机关必须在查明案件事实的基础上，适用正确的法律、法规或者规章作出复议决定；第三，行政复议的程序必须合法。行政复议机关审理行政复议案件必须严格按照法定程序进行，包括步骤、顺序、形式和期限等。

（2）公正原则

公正是指公平正义、不偏不倚，要求复议机关必须平等对待行政复议的各方当事人，特别是不能因为与行政机关同属行政系统而偏向行政机关一方。同时考虑到相对人所处的相对弱势的地位，必须对相对人进行必要的保护。行政复议法规定的回避规则、申辩规则、举证规则和救济制度都是公正原则的体现。

（3）公开原则

公开是指行政复议的过程、结果应当向复议当事人公布，使其了解。将行政复议活动置于公众的监督下，可以有效地防止行政复议活动的暗箱操作，增强公众对行政复议的信任感。同时，公众的了解和参与也有助于向公众进行法治宣传，增强公众的法治观念。行政复议过程的公开内容包括复议过程中的复议申请书、答复书、相关的证据及依据等；行政复议决定的公开内容包括复议决定以及决定所依据的事实、理由与法律依据等。

（4）高效原则

高效原则是指行政复议机关应当在法律规定的期限内，完成行政复议案件的审理工作。这一原则的核心内容是，行政复议机关必须按照行政复议法所规定的受理、审理以及作出决定的期限执行，延长期限也必须严格按照法律规定，要有法律依据。

（5）便民原则

便民原则要求行政复议机关为行政复议申请人提起申请以及参加复议活动提供便利，充分保证相对人申请和参与行政复议的权利得以实现。提起行政复议的便利表现为：管辖上，原则上让申请人自己选择；申请形式上，规定了可以口头申请；申请期限上，放宽了申请复议的期限。参加复议活动的便利表现为：申请人、第三人可以委托代理人参加行政复议；行政复议机关受理行政复议申请，不得向申请人收取任何费用。

（6）为民原则

为民原则是着眼于行政复议领域的实质性化解行政争议而增设的原则，主要是回应行政复议程序空转的现实难题，从实质法治的角度综合运用多种手段保障公民合法权益，实现"案结事了"。

2. 行政复议范围

（1）行政行为

有 15 种情形是明确可以申请行政复议的：

①行政处罚案件；②行政强制措施案件；③行政许可证管理案件；④行政确权案件；⑤征收征用及补偿案件；⑥赔偿案件；⑦工伤认定案件；⑧侵犯法定经营自主权或农村土地案件；⑨滥用权力排除或限制竞争案件；⑩违法集资、摊派费用或违法要求履行义务案件；⑪不履行法定职责案件；⑫行政给付案件；⑬行政协议案件；⑭政府信息公开案件；⑮其他案件。

我国《行政复议法》第 11 条明确规定，有下列情形之一的，公民、法人或者其他组织可以依照本法申请行政复议：①对行政机关作出的行政处罚决定不服；②对行政机关作出的行政强制措施、行政强制执行决定不服；③申请行政许可，行政机关拒绝或者在法定期限内不予答复，或者对行政机关作出的有关行政许可的其他决定不服；④对行政机关作出的确认自然资源的所有权或者使用权的决定不服；⑤对行政机关作出的征收征用决定及其补偿决定不服；⑥对行政机关作出的赔偿决定或者不予赔偿决定不服；⑦对行政机关作出的不予受理工伤认定申请的决定或者工伤认定结论不服；⑧认为行政机关侵犯其经营自主权或者农村土地承包经营权、农村土地经营权；

⑨认为行政机关滥用行政权力排除或者限制竞争；⑩认为行政机关违法集资、摊派费用或者违法要求履行其他义务；⑪申请行政机关履行保护人身权利、财产权利、受教育权利等合法权益的法定职责，行政机关拒绝履行、未依法履行或者不予答复；⑫申请行政机关依法给付抚恤金、社会保险待遇或者最低生活保障等社会保障，行政机关没有依法给付；⑬认为行政机关不依法订立、不依法履行、未按照约定履行或者违法变更、解除政府特许经营协议、土地房屋征收补偿协议等行政协议；⑭认为行政机关在政府信息公开工作中侵犯其合法权益；⑮认为行政机关的其他行政行为侵犯其合法权益。

（2）抽象行政行为

抽象行政行为原则上不能作为行政复议对象，但有四项例外：国务院部门的规范性文件；县级以上地方各级人民政府及其工作部门的规范性文件；乡、镇人民政府的规范性文件；法律、法规、规章授权的组织的规范性文件。即《行政复议法》第 13 条规定，公民、法人或者其他组织认为行政机关的行政行为所依据的下列规范性文件不合法，在对行政行为申请行政复议时，可以一并向行政复议机关提出对该规范性文件的附带审查申请：①国务院部门的规范性文件；②县级以上地方各级人民政府及其工作部门的规范性文件；③乡、镇人民政府的规范性文件；④法律、法规、规章授权的组织的规范性文件。前款所列规范性文件不含规章。规章的审查依照法律、行政法规办理。

关于此规定应注意理解以下两点：

①行政相对人提出对抽象行政行为进行审查，必须是在具体行政行为申请复议时一并提出，不得单独提出，且提出审查的抽象行政行为需是规章以下的"规范性文件"，排除法律、法规、规章的审查。

②行政复议机关可以对法律、法规、规章等规范性文件主动进行审查。

3. 行政复议的排除事项

依据《行政复议法》第 12 条规定，下列事项不属于行政复议范围：（1）国防、外交等国家行为；（2）行政法规、规章或者行政机关制定、发布的具有普遍约束力的决定、命令等规范性文件；（3）行政机关对行政机关工作人员的奖惩、任免等决定；（4）行政机关对民事纠纷作出的调解。

（二）实践准备

1. 让各组同学在实训前理解并掌握重复处理行为、内部行政行为、国家行为、部分行政行为的特征与性质，能够准确判断行政复议申请人提出复议申请的事项是否属于受案范围。

2. 将学生分成若干小组，每组同学选取一个案例学习并讨论行政复议案件受案条件。

3. 阅读行政法教材中有关行政复议的理论知识，熟练掌握《行政复议法》《行政复议法实施条例》等相关法律、法规及相关司法解释。

四、实训要点

对复议申请是否属于《行政复议法》规定的复议范围的审查，是复议机关审查中最重要的内容。但是，在审查时有两种截然不同的选择：一种是只有列入行政复议范围的事项才可以行政复议；另一种是只要未列入行政复议排除范围的事项都可以复议。

《行政复议法》将复议的范围作了明确规定，行政复议机关必须严格按照这个范围进行审查，不能以各种借口将符合复议范围的申请排除在受理范围之外。同时不能盲目扩大复议范围。根据有关法律规定，需要通过其他方式和途径解决问题的，应告知申请人求助有关机关处理，不能随意受理其复议申请。

如果申请行政复议属于行政复议范围，行政机关要进一步审查其他事项，如是否属于本机关管辖，以确定是否需要转送或者告知。如果申请行政复议的事项不属于行政复议范围的，则要以此为由，作出不予受理的决定。

在行政复议机关内部，作出不予受理决定需要经过行政复议不予受理审批程序。根据《行政复议法》第30条第2款的规定，不予受理决定应当由行政复议机关作出。其表现形式为《不予受理行政复议申请决定书》。

五、实训过程

1. 将学生分组，各组通读案例。

2. 各小组讨论，明确各案例是否属于行政复议受案范围，并表明立场。

3. 根据学生观点，将学生分为正反两组，正方由支持案例属于行政复议范围的同学组成，反方由赞成案例不属于行政复议范围的同学组成。

4. 正方同学为复议申请人，反方同学为复议机关，双方通过辩论表达自己观点。

5. 变换后，双方互换角色和观点，进行下一轮观点交流。

6. 最后双方各派代表总结发言，并看各方学生观点有无改变。

六、实训点评

案例一评析：此案是最高人民法院的判例，参考案号（〔2019〕最高法行申 4522 号）。裁判要旨如下：《刑事诉讼法》第 112 条规定，人民法院、人民检察院或者公安机关对于报案、控告、举报和自首的材料，应当按照管辖范围，迅速进行审查，认为有犯罪事实需要追究刑事责任的时候，应当立案；认为没有犯罪事实，或者犯罪事实显著轻微，不需要追究刑事责任的时候，不予立案，并且将不立案的原因通知控告人。控告人如果不服，可以申请复议。《公安机关办理刑事案件程序规定》第 176 条规定，控告人对不予立案决定不服的，可以在收到不予立案通知书后七日以内向作出决定的公安机关申请复议；公安机关应当在收到复议申请后七日以内作出决定，并书面通知控告人。控告人对不予立案的复议决定不服的，可以在收到复议决定书后七日以内向上一级公安机关申请复核；上一级公安机关应当在收到复核申请后七日以内作出决定。对上级公安机关撤销不予立案决定的，下级公安机关应当执行。据此，当事人如认为公安机关不予刑事立案的行为不服的，可以在法定期限内依照上述规定寻求救济。当事人以公安机关未作处理构成行政不作为为由提起行政诉讼，实质上是对公安机关依照刑事诉讼法的明确授权实施的行为提起行政诉讼或行政复议，不属于二者的受案范围。

案例二评析：裁判认为，《行政复议法》（2017年）第6条对行政复议受理范围进行了列举式规定，其中第11项规定，公民、法人或者其他组织认为行政机关的其他具体行政行为侵犯其合法权益的，可以依照本法申请行政复议。《劳动保障监察条例》第18条第1款规定，劳动保障行政部门对违反劳动保障法律、法规或者规章的行为，根据调查、检查的结果，作出以下处理：（1）对依法应当受到行政处罚的，依法作出行政处罚决定；（2）对应当改正未改正的，依法责令改正或者作出相应的行政处理决定；（3）对情节轻微且已改正的，撤销立案。该条例第17条规定，实施劳动保障监察的最长办案期限为自立案之日起90个工作日。本案中，某区人力资源和社会保障局向某公司作出限期整改指令书后，在执法期限内未再作出行政处罚决定、行政处理决定或者撤销立案决定，即没有对外作出具有终结行政程序功能、消灭行政法上权利义务关系的行政行为。基于限期整改指令书在本次行政程序中表现出的外部性和最终性，其是具有权利义务影响性和成熟性的行政行为，不符合内部性、非正式性、未完成性等过程性行政行为特点。且从限期整改指令书内容来看，被约束对象是特定的，其已对某公司设立了义务，对某公司的权利义务产生了实际影响，且已送达某公司，亦足以认定该限期整改指令书对某公司直接产生了法律效果，符合《中华人民共和国行政复议法》规定，属于可复议的行政行为。不予受理决定认为某公司申请撤销限期整改指令书的申请事项不属于行政复议的受案范围，属认定事实不清、适用法律错误。

劳动保障行政部门限期责令行政相对人向有关劳动者改正所存在的违法行为，意味着劳动保障行政部门认定行政相对人与劳动者之间存在劳动关系，并基于劳动关系指令用人单位改正违法行为，同时告知行政相对人若拒不履行限期整改的内容，将对其进行行政处罚。从涉案《劳动保障监察限期整改指令书》内容来看，被约束对象是特定的，并指出不履行的后果，对某公司设定了义务，对其权利义务产生了实际影响，可以认定涉案《劳动保障监察限期整改指令书》对某公司直接产生了法律效果。涉案《劳动保障监察限期整改指令书》呈外部性和最终性，是具有权利义务影响性和成熟性的行政行为，不符合内部性、非正式性、未完成性等过程性行政行为的特点，对行政相对人权利义务产生实际影响，属于行政复议的受理范围。

七、实训拓展

1. 城市房屋拆迁过程中的行政行为是否属于行政复议受案范围？

2. 行政复议范围确定的原则有哪些？

3. 行政复议受案范围的法理依据有哪些？

4. 我国行政复议受案范围有何瑕疵？应如何完善？

附：相关的法律、法规和司法解释

 详见

第二节　行政复议申请及受理程序

一、实训目标

通过模拟当事人对复议案件的行政复议申请程序，使学生在掌握行政复议案件受案范围的基础上，掌握行政复议申请人提出申请、复议机关接受案件并进行审查处理的程序，熟知各个阶段需要注意问题、相关权利义务等，掌握申请行政复议过程中申请书等相关文书写作技巧。

1. 掌握行政复议申请人、行政复议被申请人及行政复议机关的确定方法。

2. 掌握行政复议申请程序的具体规定，如申请方式、权利义务告知事项。

3. 掌握行政复议申请的审查与处理，行政机关的职责任务及相应的法律义务。

4. 掌握行政复议申请程序过程中的文书写作要求。

二、实训素材

案例一：金某在某超市购买了两瓶啤酒。次日，金某向某区市场监督管理局举报某超市售卖的啤酒超过保质期，同时，举报该超市还在售卖没有中文标签的葡萄酒。某区市场监督管理局对举报线索进行核查后向金某作出《举报事项答复》，告知金某：对其举报的啤酒超过保质期一事予以立案，认定该超市确有违法行为，但情节轻微且仅售出 2 瓶，决定不予处罚；对其举报的葡萄酒没有中文标签一事，认定违法事实不成立，决定不予立案。金某不服，向某区人民政府申请行政复议，请求撤销《举报事项答复》并责令某区市场监督管理局重新调查处理。

案例二：2019 年 11 月 14 日，黄某与那坡镇永常村陇黎屯第八村民小组签订《租赁石场开采石头协议书》，由该第八村民小组将废弃的"陇息"石场交由黄某开采。随后黄某找到金建华田阳分公司要求其提供爆破施工服务，该公司告知黄某需要经田阳公安局同意，才能提供爆破服务。2019 年 11 月 18 日，黄某向田阳公安局递交《关于要求爆破施工开采石头用于自建楼房的申请》。2019 年 11 月 22 日，田阳公安局作出不予受理实施爆破作业许可的书面凭证。黄某认为要求提供爆破施工服务不需要行政许可，遂多次找金建华田阳分公司提供爆破施工服务。遭到拒绝后，黄某于 2019 年 12 月 30 日向田阳区市场监督管理局提交申请，请求田阳区市场监督管理局纠正金建华田阳分公司违法经营行为，责成该公司为黄某提供爆破施工服务，并赔偿黄某损失 5000 元。田阳区市场监督管理局收到黄某的申请后，于 2020 年 1 月 2 日和 6 日分别作出阳市场监管〔2020〕第 02 号《投诉不予受理决定书》和阳市场监管告〔2020〕第 01 号《举报不予立案告知书》。黄某不服，于 2020 年 1 月 8 日向田阳区人民政府申请复议，要求田阳区市场监督管理局履行法定职责，纠正广西金建华爆破有限责任公司田阳分公司违法经营行为，为黄某提供爆破施工服务，并赔偿黄某的经济损失。2020 年 1 月 17 日，田阳区人民政府作出阳政复不受字〔2020〕第 1 号《不予受理行政复议申请决定书》，认为黄某的申请不符合《中华人民共和国行政复议法》规定行政复议受案范围，决定不予立案受理。

三、实训准备

（一）理论准备

1. 行政复议申请人

依照本法申请行政复议的公民、法人或者其他组织是申请人。有权申请行政复议的公民死亡的，其近亲属可以申请行政复议。

有权申请行政复议的法人或者其他组织终止的，其权利义务承受人可以申请行政复议。

有权申请行政复议的公民为无民事行为能力人或者限制民事行为能力人的，其法定代理人可以代为申请行政复议。

2. 行政复议被申请人

公民、法人或者其他组织对行政行为不服申请行政复议的，作出行政行为的行政机关或者法律法规、规章授权的组织是被申请人。

两个以上行政机关以共同的名义作出同一行政行为的，共同作出行政行为的行政机关是被申请人。

行政机关委托的组织作出行政行为的，委托的行政机关是被申请人。

作出行政行为的行政机关被撤销或者职权变更的，继续行使其职权的行政机关是被申请人。

3. 行政复议第三人

申请人以外的同被申请行政复议的行政行为或者行政复议案件处理结果有利害关系的公民、法人或者其他组织，可以作为第三人申请参加行政复议，或者由行政复议机构通知其作为第三人参加行政复议。

第三人不参加行政复议，不影响行政复议案件的审理。

4. 行政复议机关与管辖

依照法律规定，复议机关为有权受理行政复议的申请，依法对被申请的行政行为进行合法性、适当性审查并作出决定的行政机关。

（1）县级以上的地方政府管辖

县级以上的地方政府管辖下列行政复议案件：

①本级政府工作部门；

②下一级政府；

③本级人民政府设立的派出机关；

④本级人民政府及其部门管理的被授权组织；

⑤县级以上政府工作部门设立的派出机构。

（2）国务院部门管辖

国务院部门管辖下列行政复议案件：

①国务院部门自身；

②国务院部门设立的派出机构；

③国务院部门管理的被授权组织。

（3）两例例外管辖

①垂直领导机关

依据《行政复议法》第27条规定："对海关、金融、外汇管理等实行垂直领导的行政机关、税务和国家安全机关的行政行为不服的，向上一级主管部门申请行政复议。"

②司法行政部门

对履行行政复议机构职责的地方政府司法行政部门的行政行为不服的，可以向本级人民政府申请行政复议，也可以向上一级司法行政部门申请行政复议。

（4）提级管辖

上级行政复议机关根据需要，可以审理下级行政复议机关管辖的行政复议案件。下级行政复议机关对其管辖的行政复议案件，认为需要由上级行政复议机关审理的，可以报请上级行政复议机关决定。

5. 行政复议申请条件

根据《行政复议法》的规定，行政复议申请应符合以下条件：

（1）有明确的申请人和符合本法规定的被申请人；

（2）申请人与被申请行政复议的行政行为有利害关系；

（3）有具体的行政复议请求和理由；

（4）在法定申请期限内提出；

（5）属于本法规定的行政复议范围；

（6）属于本机关的管辖范围；

（7）行政复议机关未受理过该申请人就同一行政行为提出的行政复议申请，并且人民法院未受理过该申请人就同一行政行为提起的行政诉讼。

公民、法人或者其他组织认为行政行为侵犯其合法权益的，可以自知道或应当知道该行政行为之日起60日内提出行政复议申请；但是法律规定的申请期限超过60日的除外。

关于确定"知道行政行为之日"：

（1）当场作出行政行为的，自行政行为作出之日起计算；

（2）载明行政行为的法律文书直接送达的，自受送达人签收之日起计算；

（3）载明行政行为的法律文书邮寄送达的，自受送达人在邮件签收单上签收之日起计算；没有邮件签收单的，自受送达人在送达回执上签名之日起计算；

（4）行政行为依法通过公告形式告知受送达人的，自公告规定的期限届满之日起计算；

（5）行政机关作出行政行为时未告知公民、法人或者其他组织，事后补充告知的，自该公民、法人或者其他组织收到行政机关补充告知的通知之日起计算；

（6）被申请人能够证明公民、法人或者其他组织知道行政行为的，自证据材料证明其知道行政行为之日起计算。

6. 行政复议申请方式

根据《行政复议法》第22条的规定，申请人申请行政复议，可以书面申请；书面申请有困难的，也可以口头申请。书面申请的，可以通过邮寄或者行政复议机关指定的互联网渠道等方式提交行政复议申请书，也可以当面提交行政复议申请书。行政机关通过互联网渠道送达行政行为决定书的，应当同时提供提交行政复议申请书的互联网渠道。口头申请的，行政复议机关应当当场记录申请人的基本情况、行政复议请求、申请行政复议的主要事实、理由和时间。《行政复议法实施条例》又增加了电子邮件申请的方式。

7. 行政复议申请期限

公民、法人或者其他组织认为行政行为侵犯其合法权益的，可以自知道或者应当知道该行政行为之日起60日内提出行政复议申请；但是法律规定的申请期限超过60日的除外。

因不可抗力或者其他正当理由耽误法定申请期限的，申请期限自障碍消除之日起继续计算。

行政机关作出行政行为时，未告知公民、法人或者其他组织申请行政复议的权利、行政复议机关和申请期限的，申请期限自公民、法人或者其他组织知道或者应当知道申请行政复议的权利、行政复议机关和申请期限之日起计算，但是自知道或者应当知道行政行为内容之日起最长不得超过1年。

因不动产提出的行政复议申请自行政行为作出之日起超过20年，其他行政复议申请自行政行为作出之日起超过5年的，行政复议机关不予受理。

（二）实践准备

1. 学生结合实训案例做好复议申请程序的知识准备，学生查阅并熟练掌握《行政复议法》《行政复议法实施条例》等相关法律法规及相关司法解释。

2. 按照学生人数的多少，将学生分成若干小组，扮演行政复议申请人和行政复议机关不同角色。

3. 实训前将实训素材的基本案情资料传发给学生，要求学生根据实训素材分组讨论各自需要的法律依据、相关证据、法律文书等材料。

4. 各组汇报自己准备的材料并发言阐述行政复议申请过程中自己需要完成的任务及注意事项。

四、实训要点

（一）行政复议申请程序由复议申请人的申请行为与复议机关的受理行为结合而成。

（二）复议申请人做好复议申请前的准备。

根据《行政复议法》的规定，公民、法人或其他组织认为行政行为侵犯其合法权益，可以向行政复议机关提出复议申请。行政复议作为一种重要的行政救济方法，及时纠正行政机关的错误，能够为公民、法人或者其他组织的合法权益提供有力的法律保障，使其免受不法行政的侵害，并使受到侵害的权益得到恢复，提出行政复议申请是整个行政复议活动的起始阶段。

1. 复议申请必须满足一定的条件（具体条件参见上文）。

2. 在行政复议过程中，申请人享有一些重要的权利：

（1）申请人在行政复议时可以一并提出行政赔偿要求。

（2）申请人、第三人可以委托一至二人作为代理人代为参加行政复议，经申请人特别授权代理人可以代为放弃、承认、变更行政复议请求，进行和解、调解，提出、放弃承认变更行政赔偿请求。

（3）申请人、第三人有权申请复议案件承办人回避。

（4）申请人、第三人可以查阅、摘抄被申请人提出的书面答复、作出具体行政行为的证据、依据和其他有关材料。当然涉及国家秘密、商业秘密和个人隐私的除外。

（5）申请人可以向复议机关申请停止执行行政行为。

（6）申请人、第三人有权就复议请求或所主张事实向复议机关提交证据、提出意见、进行申辩。

（7）申请人、第三人可以申请复议机关向有关单位和个人提取因客观原因自己无法收集的证据。

（8）复议决定作出前，经复议机关同意，申请人可以撤回复议申请。

（9）对复议决定不服，在法定期限内，申请人或第三人可以提出行政诉讼，法律规定复议终局的除外。

3. 复议申请人可以书面形式或者口头形式提出申请。实践中复议机关不应以申请人提出复议申请的方式不合法为由拒绝申请人的行政复议申请。申请人以书面方式申请的，可以采取邮寄递交、传真递交、网上递交、当面递交等方式。

（三）复议机关受理行政复议申请

提出和接受行政复议申请，是一个事物的两个方面。行政复议机关收到行政复议申请，经过初步审查要将案件进行处理，也称之为来件处理，即对来件作出是否由本机关受理并继续审理的处理。行政复议机关根据法律、法规以及有关规定，自收到申请人的复议申请之日起 5 日内，对行政复议申请进行审查，并依据《行政复议法》第 30 条、第 31 条的规定拟作出受理、不予受理、告知、转送等决定。

1. 接案

（1）接受行政复议申请材料。行政复议机关接受行政复议申请是整个行政复议过程的第一步，通过接受复议申请，该行政复议机关即负有了对该行政复议申请依法进行处理的法定职责。

（2）初步审查申请材料是否齐全。行政复议机构收到行政复议申请后，要初步审查申请材料是否齐全。

（3）审查处理。申请人当面提交的材料不齐全或者表述不清楚的，无法判断行政复议申请是否符合本法第 30 条第 1 款规定的，行政复议机关应当自收到申请之日起 5 日内书面通知申请人补正。补正通知应当一次性载明需要补正的事项。

申请人应当自收到补正通知之日起 10 日内提交补正材料。有正当理由不能按期补正的，行政复议机关可以延长合理的补正期限。无正当理由逾期不补正的，视为申请人放弃行政复议申请，并记录在案。

行政复议机关收到补正材料后，依照本法第 30 条的规定处理。

（4）编号、登记。行政复议机构收到行政复议申请，都会以某种形式对案件进行登记。如填写《行政复议案件登记表》，或利用专门的行政复议案件办理信息系统实现案件登记。

（5）报送行政复议机构负责人。接案人员应当在接到行政复议申请后将材料报送行政复议机构的负责人，由负责人指定案件主办人和协办人，并将相关材料交给主办人员。

2. 受理

行政复议机关根据法律、法规及相关规定，自收到申请人的复议申请之日起 5 日内，对行政复议申请进行审查，并拟作出受理、不予受理、补正、告知、转送等决定。

（1）受理审查的内容主要包括：

①行政复议申请材料是否齐全，表述是否清楚；

②是否有明确的申请人和符合本法规定的被申请人；

③申请事项是否属于行政复议范围；

④是否具有具体的行政复议请求和理由；

⑤申请人与被申请行政复议的行政行为是否有利害关系；

⑥是否属于本机关管辖；

⑦是否在法定申请期限内提出复议申请；

⑧是否重复提出复议申请。

需要注意的是，在案件受理阶段对这些内容的审查都只能是形式审查，经过形式上的审查，办案人员作出拟处理决定。

（2）受理审查的处理：

①申请事项不属于行政复议范围的，如依据有关法律规定需要通过其他方式解决的，应告知申请人求助有关机关处理，不能随意受理。

②如申请人不具备申请人资格，行政机关不予受理。对于没有明确的被申请人的，行政机关可以要求申请人补正。

③行政复议申请中的复议请求不明确的，复议机构应通知申请人补正。

④行政复议原则上由被申请人承担举证责任，但是申请人也要提供适当的证据，以证明其行政复议申请存在的事实基础。如申请人须提供被申请人行政复议的具体行政行为存在的证据；对被申请人不作为不服申请复议的，应提供曾申请被申请人履行法定职责的证据等。行政复议申请中欠缺必要事实依据的，应通知申请人补正。

⑤复议机关认为不属于自己管辖的，应告知申请人享有管辖权的机关申请。

⑥复议申请超过了申请期限、已经提起行政诉讼或者属于重复提出的，行政机关都会作出不予受理的通知。

⑦除行政复议机关能够证明行政相对人的申请不符合条件而决定不予受理、或者不属于本机关的管辖而履行告知、转送义务外，其他所有的复议申请均需予以受理。

3. 被申请人答复。行政复议机构决定受理行政复议申请后，应当在 7 日内向被申请人发送《行政复议答复通知书》，并将《行政复议申请书》副本或行政复议申请笔录复印件发送给被申请人。被申请人应当自收到申请书副本或申请笔录复印件之日起 10 日内，提出书面答复，并提交当初作出具体行政行为的证据、依据和其他申请材料。

五、实训过程

1. 将学生分为 A、B 两组，A 组作为行政复议申请人，B 组作为行政复议机关。

2. 提出行政复议申请

A 小组同学可进行口头申请或书面申请，书面申请需填写行政复议申请书，将行政复议申请书递交行政复议机关。

3. 接受复议申请

B 小组同学接受申请人提交的申请书，审查并登记在案，经过审批程序做案件登记的处理工作。

4. 各组同学分组讨论并各自阐述自己观点，实训素材的案例中申请人是否符合条件，行政复议机关的做法是否恰当，实训中存在哪些问题，现实中应注意哪些问题。

六、实训点评

实训素材中案例的训练目的是让学生分析金某是否属于行政复议的申请人，能否提起行政复议。

案例一：争议焦点是金某是否具备行政复议申请人资格，是否只有行政管理相对人才能申请行政复议？

本案中，金某未在某超市购买葡萄酒，其举报属于公益性举报，与某区市场监督管理局核查后的处理结果不具有利害关系。另外，金某虽然购买了啤酒且实施私益性举报，但某区市场监督管理局已经就其举报事项对被举报人进行立案，确认了违法行为并实施了行政处罚（不予处罚也是行政处罚的一种），此时的行政法律关系主要体现为行政处罚法律关系，发生于执法机关和被举报人之间。与之相比，投诉举报（履责）法律关系已因执法机关履责完毕而位居次席，无论申请人的真实目的为何，其通过举报实现对被举报人施加压力的直接目的已经实现。于此种情境下，在没有法律法规规章明确规定投诉举报人具有就处罚结果向执法机关施加压力的请求权时，金某无法主张其作为受害人与某区市场监督管理局对被举报人作出的不予处罚决定具有利害关系。综上，金某与某区市场监督管理局通过《举报事项答复》反映出来的履责行为没有利害关系，不具有行政复议申请人资格。

案例二：田阳区人民政府表示其作出的阳政复不受字〔2020〕第 1 号《不予受理行政复议申请决定书》的理由有两点：一是黄某申请复议请求事项不属于《行政复议法》关于行政复议受理范围的规定；二是田阳区市场监督管理局作出的阳市场监管〔2020〕第 02 号《投诉不予受理决定书》正确，因为黄某要求金建华田阳分公司提供爆破施工服务不是为了生活消费。但从该不予受理行政复议申请决定书的内容来看，该决定书没有维持田阳区市场监督管理局 2020 年 1 月 2 日作出的阳市场监管〔2020〕第 02 号《投诉不予受理决定书》，而是以黄某的申请不属于行政复议范围为由，决定不予立案受理。鉴于此，黄某可以选择起诉原行政行为，或选择起诉复议机关不作为。

黄某向田阳区人民政府申请复议，要求田阳区市场监督管理局履行法定职责，纠正金建华田阳分公司违法经营行为，为黄某提供爆破施工服务，并赔偿黄某的经济损失。黄某实际上是对市场监督管理局不履行法定职责的行为向田阳区人民政府申请行政复议，根据《行政复议法》规定，田阳区人民政府作为田阳区市场监督管理局的本级人民政府有职责对其是否存在不履行法定职责的行为进行复议，黄某的申请符合行政复议法关于行政复议范围的规定。田阳区人民政府以黄某的申请不符合行政复议受案范围为由，对其申请不予以立案受理，违反上述法律的规定。

七、实训拓展

行政复议案件中，复议机关接受复议申请是否需要出具接受凭据？如果行政复议机关不出具凭证，复议申请人应如何维护自己权益？

八、实训法规

详见

第三节　行政复议审理简易程序

一、实训目标

通过实训，使学生了解行政复议简易程序，掌握行政复议简易程序的适用条件，简易程序与一般程序的区别，增加对理论知识的理解和认识。认识到在实践中，使用行政复议简易程序处理案件时应注意如下事项：

（1）了解行政复议简易程序具体流程及特点；

（2）掌握行政复议简易程序与一般程序在适用范围、行政复议决定书书写等方面的区别；

（3）掌握与行政复议简易程序相关的理论知识，深化依法行政和保障相对人合法权益的行政法理论。

二、实训素材

2024年1月8日，申请人某工程公司对 H 区水利局作出的行政处罚不服，向 H 区政府申请行政复议。申请人迫切希望行政复议能够尽快审理此案，以免征信问题影响公司运营。在了解到新行政复议法规定有简易程序后，主动提出申请适用简易程序办理。H 区政府征得被申请人的同意后，决定采用简易程序审理该案。因该案是涉企案件，H 区政府当场审核申请资料，并发送《行政复议受理通知书》。2024 年 1 月 12 日，在征得双方当事人同意后，H 区政府组织双方当事人就该案提出各自的理由、依据并发表意见。申请人表示因行政处罚影响征信，公司的投标和正常经营活动不能开展，涉及公司 3000 余人的就业和生计，希望执法机关能考虑到此次取水事件属轻微违法，且其改错态度积极，自行学习了相关法律并表示不会再犯，希望执法机关可以不予行政处罚。H 区政府认为申请人违法事实清楚，但考虑到申请人初次违法且取水量较小，并主动拆除取水设施，尚未造成危害等，决定在符合法律规定的情形下对申请人不予处罚。

三、实训准备

（一）理论准备

1. 行政复议简易程序的适用条件

行政复议机关审理下列行政复议案件，认为事实清楚、权利义务关系明确、争议不大的，可以适用简易程序：

（1）被申请行政复议的行政行为是当场作出；

（2）被申请行政复议的行政行为是警告或者通报批评；

（3）案件涉及款额 3000 元以下；

（4）属于政府信息公开案件。

除前款规定以外的行政复议案件，当事人各方同意适用简易程序的，可以适用简易程序。

2. 审理前程序

适用简易程序审理的行政复议案件，行政复议机构应当自受理行政复议申请之日起 3 日内，将行政复议申请书副本或者行政复议申请笔录复印件发送被申请人。被申请人应当自收到行政复议申请书副本或者行政复议申请笔录复印件之日起 5 日内，提出书面答复，并提交作出行政行为的证据、依据和其他有关材料。

3. 简易程序的审理方式和期限

适用简易程序审理的行政复议案件，可以书面审理。

适用简易程序审理的行政复议案件，行政复议机关应当自受理申请之日起 30 日内作出行政复议决定，且该审理期限不可以延长。

4. 简易程序的转化

适用简易程序审理的行政复议案件，行政复议机构认为不宜适用简易程序的，经行政复议机构的负责人批准，可以转为普通程序审理。

（二）实践准备

1. 学生分组，进行一次使用简易程序进行行政复议审理的模拟，做好模拟各个环节的准备工作；

2. 查阅《行政复议法》等有关的法律、法规和规章。

四、实训要点

（1）简易程序的实施必须符合条件，该条件既包括法定条件也包括双方当事人的约定条件。

（2）简易程序的适用必须依照法定程序进行，既可以书面审理，也可以依据实际情况公开审理，如案例中情况，征求双方当事人的同意可以组织会议公开发表意见并讨论。

五、实训过程

（1）让学生预习相关实训素材中涉及的法律法规和规章，并通读案例。

（2）将同学分为若干组，三人一组，一人扮演申请人，一人扮演被申请行政机关工作人员，一人扮演行政复议机关工作人员。

（3）各组模拟实训素材中行政工作人员的审理过程。

（4）每组调换角色，体会行政人员与行政相对人的角色在行政执法过程中的不同状况。

（5）各组制作《行政复议申请书》《行政复议受理通知书》《行政复议决定书》等文书，掌握文书制定的具体要求。

（6）集体研讨行政执法中存在的问题。

六、实训点评

（1）行政人员须判断行政复议案件是否符合简易程序的适用范围，尽管案例中的行政处罚并不是《行政复议法》第53条中列举的四种情形，但双方当事人同意适用简易程序的，也可以适用简易程序审理。

（2）适用简易程序审理的行政复议案件，在审理中认为案件事实不清、争议较大或其他不宜适用简易程序的，经过复议机构负责人的批准，可以转为普通程序。

（3）注意行政人员素养。

七、实训拓展

行政复议简易程序与行政复议普通程序的区别？简易程序中行政相对人有何权利？应如何保障当事人权利的实现？

八、实训法规

详见

第四节　行政复议审理普通程序

一、实训目标

通过模拟行政复议机关对行政复议案件的审理、决定程序，使学生在了解行政复议基本程序上，掌握行政复议决定程序及不同决定适用的情况，培养学生作为行政机关对行政复议相关文书的写作能力。

（1）掌握行政复议机关办案人员在审理决定复议案件过程中应履行职责和应注意的事项；

（2）通过实训了解行政复议审理、决定流程，具备针对不同情况作出相应行政复议决定的能力；

（3）能独立完成行政复议审理、决定过程中使用的法律文书。

二、实训素材

案例：2018年12月2日，陆某在天猫碧康达旗舰购买两瓶黑芝麻丸，后陆某怀疑该产品不符合食品安全法规定的食品安全标准，向原钦州市食品药品监督管理局投诉举报，2019年2月25日，原钦州市食品药品监督管理局作出《关于对钦州市草源生物科技有限公司投诉的回复》，陆某不服，向钦州市人民政府申请复议，钦州市人民政府认为陆某与原钦州市食品药品监督管理局的回复不具有利害关系，作出27号不予受理决定。

三、实训准备

（一）理论准备

1. 审理前程序

行政复议机构应当自行政复议申请受理之日起7日内，将行政复议申请书副本或者行政复议申请笔录复印件发送被申请人。被申请人应当自收到行政复议申请书副本或者行政复议申请笔录复印件之日起10日内，提出书面答复，并提交作出行政行为的证据、依据和其他有关材料。

2. 行政复议审理方式

原则上，适用普通程序审理的行政复议案件，行政复议机构应当当面或者通过互联网、电话等方式听取当事人的意见，并将听取的意见记录在案。因当事人原因不能听取意见的，可以书面审理。

特别情况下，硬采取听证程序，《行政复议法》第50条第1款、第2款规定，"审理重大、疑难、复杂的行政复议案件，行政复议机构应当组织听证。行政复议机构认为有必要听证，或者申请人请求听证的，行政复议机构可以组织听证。"

3. 听证程序

（1）人员安排：听证由一名行政复议人员任主持人，两名以上行政复议人员任听证员，一名记录员制作听证笔录。

（2）时间：行政复议机构组织听证的，应当于举行听证的 5 日前将听证的时间、地点和拟听证事项书面通知当事人。

（3）拒不参加听证的后果：申请人无正当理由拒不参加听证的，视为放弃听证权利。

（4）行政机关负责人参加听证制：被申请人的负责人应当参加听证。不能参加的，应当说明理由并委托相应的工作人员参加听证。

（5）听证笔录的效力：经过听证的行政复议案件，行政复议机关应当根据听证笔录、审查认定的事实和证据，依照本法作出行政复议决定。

4. 行政复议委员会

（1）行政复议委员会的构成和职责

县级以上各级人民政府应当建立相关政府部门、专家、学者等参与的行政复议委员会，为办理行政复议案件提供咨询意见，并就行政复议工作中的重大事项和共性问题研究提出意见。行政复议委员会的组成和开展工作的具体办法，由国务院行政复议机构制定。

（2）审理行政复议案件涉及下列情形之一的，行政复议机构应当提请行政复议委员会提出咨询意见：①案情重大、疑难、复杂；②专业性、技术性较强；③对省、自治区、直辖市人民政府同时管辖对本机关作出的行政行为不服的行政复议案件；④行政复议机构认为有必要。

行政复议机构应当记录行政复议委员会的咨询意见。

5. 审查对象

行政复议机关应当从行政行为本身、案件事实、证据、程序等方面全面进行审查。审查的具体内容如下。

（1）审查具体行政行为的合法性、合理性

主要工作有：①审查被申请人是否具有作出该项行政行为的职权。②审查被社情人是否超越法定权限范围。③被申请人如果是非行政机关的社会组织，该社会组织行使的行政执法权是否具有法律、法规的授权。④审查具体行政行为的内容是否合法。⑤审查被申请人作出行政行为时适用的法律依据是否正确。⑥复议机关审查作出原行政行为的行政机关所行使的自由裁量权是否适当。

（2）审查案件事实、证据

主要工作有：①行政复议机关对照双方的陈述，逐一审查案件争议的事实、根据、时间、内容、形式等，排查一致点和矛盾点，确定需要进一步查清的问题。②审查证据。即对当事人提供的证据逐一审查。审查证据的真实性、充分性。③调查取证。对需进一步证明的问题，认为有必要时向争议双方、有关单位及有关人员进行调查。

（3）审查程序

主要工作有：①作出原行政行为的行政机关是否违反法定的处理程序。②作出原行政行为的行政机关是否属于先处罚后取证。③作出原行政行为的行政机关是否违反法定形式。④作出原行政行为的行政机关是否向当事人告知过复议权、诉权等。

（4）行政规定的审查

对行政行为所依据的规范性文件的审查，复议机关可以主动审查，也可以依相对人申请后被动审查。行政复议机关有权处理的，应当在30日内依法处理；无权处理的，应当在7日内按照法定程序转送有权处理的行政机关依法处理。处理期间，中止对行政行为的审查。

行政复议机关有权处理有关规范性文件或者依据的，行政复议机构应当自行政复议中止之日起3日内，书面通知规范性文件或者依据的制定机关就相关条款的合法性提出书面答复。制定机关应当自收到书面通知之日起10日内提交书面答复及相关材料。

行政复议机构认为必要时，可以要求规范性文件或者依据的制定机关当面说明理由，制定机关应当配合。

行政复议机关有权处理有关规范性文件或者依据，认为相关条款合法的，在行政复议决定书中一并告知；认为相关条款超越权限或者违反上位法的，决定停止该条款的执行，并责令制定机关予以纠正。

需注意，根据《行政复议法》第 42 条的规定，行政复议期间行政行为不停止执行；但是有下列情形之一的，应当停止执行：①被申请人认为需要停止执行；②政复议机关认为需要停止执行；③申请人、第三人申请停止执行，行政复议机关认为其要求合理，决定停止执行；④法律、法规、规章规定停止执行的其他情形。

6. 行政复议决定内容

复议机关经过对复议案件的审查，在 60 日内应根据不同情况分别作出相应的行政复议决定。根据《行政复议法》的规定，行政复议决定主要有以下七种：

（1）维持决定

复议机关经过对行政行为审查，认为其认定的事实清楚，证据确凿，适用法律依据正确，程序合法，内容适当，依法作出否定申请人的复议申请，维持被申请人的行政行为的复议决定。

（2）履行决定

复议机关经过对行政行为审查，认为被申请人未履行法定的职责，作出责令其在一定期限内履行法定职责的决定。被申请人未履行法定的职责包括拒不履行和拖延履行法定职责。

（3）变更决定

行政行为有下列情形之一的，行政复议机关决定变更该行政行为：①事实清楚，证据确凿，适用依据正确，程序合法，但是内容不适当。②事实清楚，证据确凿，程序合法，但是未正确适用依据。③事实不清、证据不足，经行政复议机关查清事实和证据。行政复议机关不得作出对申请人更为不利的变更决定，但是第三人提出相反请求的除外。④撤销或者部分撤销决定。

行政行为有下列情形之一的，行政复议机关决定撤销或者部分撤销该行政行为，并可以责令被申请人在一定期限内重新作出行政行为：①主要事实不清、证据不足；②违反法定程序；③适用的依据不合法；④超越职权或者滥用职权。

行政复议机关责令被申请人重新作出行政行为的，被申请人不得以同一事实和理由作出与被申请行政复议的行政行为相同或者基本相同的行政行为，但是行政复议机关以违反法定程序为由决定撤销或者部分撤销的除外。

（4）确认违法决定

行政行为有下列情形之一的，行政复议机关不撤销该行政行为，但是确认该行政行为违法：①依法应予撤销，但是撤销会给国家利益、社会公共利益造成重大损害；②程序轻微违法，但是对申请人权利不产生实际影响。

行政行为有下列情形之一，不需要撤销或者责令履行的，行政复议机关确认该行政行为违法：①行政行为违法，但是不具有可撤销内容；②被申请人改变原违法行政行为，申请人仍要求撤销或者确认该行政行为违法；③被申请人不履行或者拖延履行法定职责，责令履行没有意义。

（5）确认无效决定

行政行为有实施主体不具有行政主体资格或者没有依据等重大且明显违法情形，申请人申请确认行政行为无效的，行政复议机关确认该行政行为无效。

（6）驳回申请决定

行政复议机关受理申请人认为被申请人不履行法定职责的行政复议申请后，发现被申请人没有相应法定职责或者在受理前已经履行法定职责的，决定驳回申请人的行政复议请求。

（7）责令被申请人赔偿的决定

行政复议机关经过审查，认为公民、法人或者其他组织申请行政复议时一并提出的行政赔偿请求，符合国家赔偿法的有关规定，根据《行政复议法》第71条规定，被申请人不依法订立、不依法履行、未按照约定履行或者违法变更、解除行政协议的，行政复议机关决定被申请人承担依法订立、继续履行、采取补救措施或者赔偿损失等责任。被申请人变更、解除行政协议合法，但是未依法给予补偿或者补偿不合理的，行政复议机关决定被申请人依法给予合理补偿。第72条规定，申请人在申请行政复议时一并提出行政赔偿请求，行政复议机关对依照《中华人民共和国国家赔偿法》的有关规定应当不予赔偿的，在作出行政复议决定时，应当同时决定驳回行政赔偿请求；对符合《中华人民共和国国家赔偿法》的有关规定应当给予赔偿的，在决定撤销或者部分撤销、变更行政行为或者确认行政行为违法、无效时，应当同时决定被申请人依法给予赔偿；确认行政行为违法的，还可以同时责令被申请人采取补救措施。申请人在申请行政复议时没有提出行政赔偿请求的，行政复议机关在依法决定撤销或者部分撤销、变更罚款，撤销或者部分撤销违法集资、没收财物、征收征用、摊派费用以及对财产的查封、扣押、冻结等行政行为时，应当同时责令被申请人返还财产，解除对财产的查封、扣押、冻结措施，或者赔偿相应的价款。

7. 行政复议中的和解

（1）和解条件

当事人在行政复议决定作出前可以自愿达成和解，但和解内容不得损害国家利益、社会公共利益和他人合法权益，也不得违反法律、法规的强制性规定。

（2）和解程序及后果

当事人达成和解的，由申请人向行政复议机构撤回行政复议申请。行政复议机构准予撤回行政复议申请、行政复议机关决定终止行政复议的，申请人不得再以同一事实和理由提出行政复议申请。但申请人能够证明撤回行政复议申请违背其真实意愿的除外。

8. 行政复议中的调解

（1）调解书

当事人经调解达成协议的，行政复议机关应当制作行政复议调解书，经各方当事人签字或者签章，并加盖行政复议机关印章，即具有法律效力。

（2）调解转行政复议审理

调解未达成协议或者调解书生效前一方反悔的，行政复议机关应当依法审查或者及时作出行政复议决定。

（二）实践准备

1. 按照学生人数的多少，将学生分成若干小组，并确定扮演的不同角色。

2. 阅读行政法教材中有关行政复议案件审理、决定和执行等基础理论知识，熟练掌握《中华人民共和国行政复议法》《中华人民共和国行政复议法实施条例》《全国人大常委会法制工作委员会关于行政复议机关能否加重对申请人处罚问题的答复意见》《国务院法制办公室关于行政复议等有关问题的复函》《国务院法制办公室关于印发〈行政复议法律文书示范文本〉的通知》等文件，同时尽最大可能熟悉各种行政复议案件处理过程中涉及的相关问题。

3. 实训前将实训素材的基本案情资料传发给学生，要求检索有关程序法和实体法方面的法律依据，根据具体实训案例明确行政复议机关的权利义务，判断复议机关对证据的要求是否完善，对法律依据的审查是否正确，复议决定是否适当。

四、实训要点

在行政复议机构受理申请人依法提出的复议申请后，接下来的任务就是对被申请人作出的具体行政行为进行审理，并根据审理活动作出行政复议决定。这里的审理程序及复议决定作出程序是需要我们掌握的重点。此外在复议决定作出后，还涉及决定的送达、履行及案卷归档程序，我们在此一并作简单了解。

（一）调查取证

在行政复议中，由被申请人承担举证责任，复议申请人、第三人享有举证的权利、不承担取证的义务。但是为了保证复议机关全面客观地查明案件事实，复议机关可以以当事人的申请或者依职权调查取证。需要特别说明的是，行政复议机关收集的证据，不应当是证明原行政行为合法或者适当的证据。

调查取证时，行政复议人员不得少于 2 人，并应当向当事人或者有关人员出示证件。掌握行政复议的决定程序及行政复议决定书的撰写。

（二）审查

审查主要从以下六个方面进行：

1. 对行政行为主体资格的审查，即该执法主体是否依据相关法律法规的规定而成为合法的行政主体。

2. 对行政行为主体权限的审查，权限审查的核心就是是否存在越权、是否滥用职权。

3. 审查法律依据是否正确。实践中常出现的错误有适用规范性质错误、适用无效的规范、越权适用规范、适用法律法规条款错误、适用法律法规对象错误等。

4. 审查被申请人作出行政行为是否符合法定程序。只要违反了法定程序，都构成确认其违法、撤销、变更的理由。程序违法的有多种表现：一是不经过应该经过的步骤，如没有表明身份，没有告知对方权利义务，没有听取对方的申诉辩解；二是附加不应当经过的步骤；三是步骤颠倒，如先处罚后收集证据；四是不遵守时限；等等。

5. 审查行政行为是否适当。主要可以关注以下四个方面：一是是否同等情况同等对待；二是行政机关所做的决定和行政相对人应受的处理二者之间是否成比例；三是是否符合公正法则，是否具有合理的动机；四是行政机关的行为是否前后一致。

6. 在行政复议案件审查过正中会出现一些特殊情况，如出现法定中止事由、出现需延期审理的事由，行政复议机关要视不同情况按相关规定处理。

（三）作出复议决定

复议案件经过上述审查环节，进入结案审批环节，即经过审理，形成行政复议案件结案报告，案件主办人重点说明本案需要特别报告的事项。对行政复议案件作出实质性决定的，要制作《行政复议决定书》，连同结案报告一起报送复议机构负责人、复议机关负责人审批，完成《行政复议案件审批表》。行政复议决定的内容参见理论准备相关知识。

（四）行政复议决定的送达

行政复议文书可以采取直接送达、邮寄送达、公告送达或者民事诉讼法规定的其他方式送达案件当事人。复议决定书一经送达，即发生法律效力。严格来说，所有的行政复议法律文书的来往，都需要制作送达回证，但是在实践中，只需要保证重要的行政复议法律文书能够做到即可。

（五）行政复议决定的履行

一般情况下，行政复议决定作出后，行政复议申请人或者复议被申请人应自动履行，但被申请人不履行或拖延履行的，复议机关可以责令其履行。复议申请人或第三人对复议决定不服可以提出行政诉讼，如果既不履行也不诉讼的，则由行政机关自行强制履行或申请法院强制执行。

（六）案卷整理归档

根据案件情况整理归档。

五、实训过程

（一）提出行政复议申请

A 小组（代表申请人陆某）同学可采用书面申请（或口头申请）的方式递交复议申请书，实训过程中以书面申请为准。

（二）审查受理复议申请

B 小组（代表复议机关钦州市人民政府）同学首先需审查陆某的复议申请是否符合行政复议法规定的申请条件，若符合条件，在规定时间内向钟某作出受理的答复，填写并送达受理通知书。

（三）被申请人答辩

C 小组（代表被申请人原钦州市食品药品监督管理局）同学自收到复议申请书副本或申请笔录复印件之日起 10 日内，提出书面答复，填写答辩书，并提交当初作出具体行政行为的证据、依据和其他有关材料进行答辩。

（四）进行审理

B 小组同学审查行政行为是否合法、适当。

（五）作出行政复议决定

审查后，B 小组制作行政复议决定书。

（六）送达

将复议决定书送达双方当事人。

六、教师总结

1. 回顾上节课内容。行政复议机关对复议申请的审查注意对申请人资格、申请事项是否属于复议范围、复议申请是否属于复议机关管辖以及申请时间是否符合法律规定等事项。

2. 行政复议机关在法定时限内作出决定，决定受理复议申请的，在法定时限内下达受理通知书。告知被复议机关被复议事项以及送达相关法律文书复印件。

3. 被复议机关在法定时限内提交答辩书，同时提交作出具体行政行为的证据、依据以及其他相关材料，被复议期间被复议机关不得自行收集证据。

4. 复议机关在进行复议审查时针对复议决定的合法性、合理性进行审查。复议机关可采取书面审查方式进行审查，必要时也可向双方当事人了解情况。

5. 复议机关在法定时限内作出复议决定，向双方当事人送达复议决定，并告知复议申请人不服复议决定的救济方式。

6. 案例评析：该案涉及食品安全标准问题。申请人陆某购买涉案食品的方式是网络购物，在向标示生产厂家所在地的市场监管局进行投诉举报被决定不予立案后，转向其住所地市场监管局进行投诉举报，当地市场监管局作出了《回复》。问题在于：陆某在申请行政复议时，复议机关以陆某不具有申请人资格为由决定不予受理是否合法？

申请人资格问题其实就是新修订的《行政复议法》第30条第1款第（二）项规定的"利害关系"问题。"利害关系"标准是我国判断行政复议申请人与行政诉讼原告资格的唯一指标。司法实践中对"利害关系"的判定主要从如下三要件进行考虑：（1）存在合法权益；（2）存在确定的行政行为；（3）合法权益受到该行政行为的影响。"三要件"中最不确定、在个案中存在最大争议的无疑是对"合法权益"的理解。对此，学界主要有如下三种学说。（1）法定权利说。这种学说认为，"合法权益"即为法律规范所明确规定的权利；（2）隐含权利说。这种学说认为，"合法权益"包括法律规范明确规定的权利以及通过立法目的、原则可以解释出来的"隐含权利"两种类型；（3）值得保护的利益说。这种学说认为，"合法权益"是指"值得法律认可和保护的利益"而不限于法律规范明确规定的权利。司法实践中"值得保护的利益说"已成为法院审查原告资格之时的"通说"，对行政复议申请人资格的确认也有借鉴意义。

本案中，首先，当事人购买涉案食品时是以消费者的身份购买，目的在于生活消费。其次，收到货后认为购买的食品不符合食品安全标准，就如同在超市或药店买了黑芝麻丸后认为不符合食品安全标准一样，对其合法权益产生了实际的影响。此时向钦州市食品药品监督管理局进行举报，直接目的属于保护自身利益。因此，当事人与举报处理行为具有法律上的利害关系，具有行政复议申请人主体资格，依法可以提起行政复议申请。最后，被申请人市场监管局就投诉举报事项作出的回复会直接影响当事人的后续维权，具有利害关系。因此，当事人具有行政复议申请人的资格，复议机关应当对其申请予以受理。

七、实训拓展

1. 行政复议审查内容与行政诉讼审查内容的区别。
2. 行政复议决定类型与行政诉讼判决类型的区别。

八、实训法规

详见

第六章

行政诉讼实训

第一节　行政诉讼受案范围及管辖

一、实训目标

通过实训行政诉讼事项，使学生清楚法院受理行政争议案件的界限，正确区分依法应予受理及不能受理的案件的类型，明确行政诉讼案件管辖法院的确定。

1. 熟练掌握行政诉讼的受案范围，明确行政诉讼的管辖法院。

2. 分析案件判断案件是否属于行政诉讼受案范围。

3. 判断行政诉讼案件所属管辖法院。

二、实训素材

案例一：行政诉讼受案范围的确定

张某某以国务院为被告提起诉讼，请求判令国务院限期作出行政裁决。其认为贵州省人民政府将其位于贵阳高新区××的商品房违法强制拆除，故申请自然资源部履行国土行政违法查处职责，自然资源部将其申请转办，张某某对转办行为不服申请行政复议。自然资源部作出《行政复议决定书》认定履行国土行政违法查处职责的申请属于信访事项，其提出的行政复议申请，不符合法律规定的行政复议范围，驳回其行政复议申请，告知其可以向国务院申请裁决。张某某向国务院提交行政裁决申请书，国务院一直未作出答复，故张某某提起本案诉讼，请求判令国务院限期作出行政裁决，一审法院裁定不予立案。张某某不服，提起再审。

案例二：行政诉讼管辖的确定

侯某某以太和县人民政府（以下简称太和县县政府）、太和县城关镇人民政府（以下简称城关镇镇政府）、太和县公安局、太和县城市管理行政执法局（以下简称太和县城管局）为被告向安徽省阜阳市中级人民法院起诉：2016 年元旦前后，被告在未履行任何法定程序的情况下，将其位于太和县城关镇贾小村委会侯庄自然村的房屋强拆。太和县公安局对其他被告在强拆现场故意毁损公民个人财产的违法行为，不仅不予制止，反而协助其他被告强拆其房屋。

因此，侯某某以太和县县政府、城关镇镇政府、太和县公安局、太和县城管局为被告，向安徽省阜阳市中级人民法院提起诉讼，请求法院依法确认被告强拆其房屋的行为违法，并请求判令被告恢复其房屋原状。

三、实训准备

（一）理论准备

1. 行政诉讼受案范围的内涵、确定标准

（1）行政诉讼受案范围的内涵

《行政诉讼法》对受案范围的规定是行政诉讼区别于其他诉讼的一个重要特征。因行政诉讼是司法权对行政权的监督，根据司法审查有限原则，司法权的行使主体人民法院并不能也无能力对行政主体的所有行为都进行审查。权力机关、行政机关自身亦能解决部分行政争议，且有的行政争议只能由权力机关解决。所以，对于行政争议，人民法院与其他国家机关之间存在着权限分工。为此，《行政诉讼法》明确了人民法院解决行政争议的范围，即法院的主管范围，亦称"行政诉讼的受案范围"。

（2）行政诉讼受案范围的确定标准

各国在规定行政诉讼的受案范围时，往往受到历史传统、政治体制、经济发展状况、行政执法现状以及公民法律意识等因素的制约。在我国，根据

《行政诉讼法》及《最高人民法院关于适用〈中华人民共和国行政诉讼法〉的解释》（2018 年 2 月 8 日起实施）的规定，判断某一行政争议能否进入行政诉讼的受案范围，主要有三项标准：一是职权标准，即列入行政诉讼受案范围的行政争议必须是基于具有行政职权的机关、组织及其工作人员，或者是由这些机关、组织所委托的组织和个人所实施的行为所产生的；二是行为标准，即进入行政诉讼的只能是由行政行为是否合法引起的争议；三是结果标准，即只有在行政相对人认为具体行政行为侵害其合法权益并提起行政诉讼的情况下，人民法院方能受理有关争议。

2. 行政诉讼受案范围的确定

根据《行政诉讼法》和其解释等规定，判断一个案件是否属于行政诉讼的受案范围，原则上，凡具有国家行政职权的机关及其工作人员的行政行为侵犯了行政相对人的合法权益（仅排除了政治权力），相对人不服依法提起诉讼的，均属于人民法院行政诉讼的受案范围。它不仅包括单方行为，也包括双方行为；不仅包括作为，也包括不作为。为便于操作判断，法律、司法解释从肯定范围（可诉范围）和否定范围（不可诉范围）两个方面作了列举式规定。特别是 2017 年 6 月 27 日第十二届全国人民代表大会常务委员会第二十八次会议对《中华人民共和国行政诉讼法》进行了第二次修正，对我国行政诉讼的受案范围也作出了相应的规定：

（1）肯定范围（可诉范围）

《行政诉讼法》第 12 条第 1 款规定，人民法院受理公民、法人或者其他组织提起的下列诉讼：①对行政拘留、暂扣或者吊销许可证和执照、责令停产停业、没收违法所得、没收非法财物、罚款、警告等行政处罚不服的；②对限制人身自由或者对财产的查封、扣押、冻结等行政强制措施和行政强制执行不服的；③申请行政许可，行政机关拒绝或者在法定期限内不予答复，或者对行政机关作出的有关行政许可的其他决定不服的；④对行政机关作出的关于确认土地、矿藏、水流、森林、山岭、草原、荒地、滩涂、海域等自然资源的所有权或者使用权的决定不服的；⑤对征收、征用决定及其补偿决定不服的；⑥申请行政机关履行保护人身权、财产权等合法权益的法定职责，行政机关拒绝履行或者不予答复的；⑦认为行政机关侵犯其经营自主权或者农村土地承包经营权、农村土地经营权的;⑧认为行政机关滥用行政权力排除或者限制竞争的;⑨认为行政机关违法集资、摊派费用或者违法要求履行其他义务的;⑩认为行政机关没有依法支付抚恤金、最低生活保障待遇或者社会保险待遇的;⑪认为行政机关不依法履行、未按照约定履行或者违法变更、解除政府特许经营协议、土地房屋征收补偿协议等协议的;⑫认为行政机关侵犯其他人身权、财产权等合法权益的。

第53条规定,公民、法人或者其他组织认为行政行为所依据的国务院部门和地方人民政府及其部门制定的规范性文件不合法,在对行政行为提起诉讼时,可以一并请求对该规范性文件进行审查。前款规定的规范性文件不含规章。

(2)否定范围(不可诉范围)

《行政诉讼法》第13条规定,人民法院不受理公民、法人或者其他组织对下列事项提起的诉讼:①国防、外交等国家行为;②行政法规、规章或者行政机关制定、发布的具有普遍约束力的决定、命令;③行政机关对行政机关工作人员的奖惩、任免等决定;④法律规定由行政机关最终裁决的行政行为。

《最高人民法院关于适用〈中华人民共和国行政诉讼法〉的解释》第1条规定,公民、法人或者其他组织对行政机关及其工作人员的行政行为不服,依法提起诉讼的,属于人民法院行政诉讼的受案范围。

下列行为不属于人民法院行政诉讼的受案范围:①公安、国家安全等机关依照刑事诉讼法的明确授权实施的行为;②调解行为以及法律规定的仲裁行为;③行政指导行为;④驳回当事人对行政行为提起申诉的重复处理行为;⑤行政机关作出的不产生外部法律效力的行为;⑥行政机关为作出行政行为而实施的准备、论证、研究、呈报、咨询等过程性行为;⑦行政机关根据人民法院的生效裁判、协助执行通知书作出的执行行为,但行政机关扩大执行范围或者采取违法方式实施的除外;⑧上级行政机关基于内部层级监督关系对下级行政机关作出的听取报告、执法检查、督促履责等行为;⑨行政机关对信访事项作出的登记、受理、交办、转送、复查、复核意见等行为;⑩对公民、法人或者其他组织权利义务不产生实际影响的行为。

3. 行政诉讼的管辖

依据管辖是否由法律直接规定为标准，行政诉讼的管辖分为法定管辖和裁定管辖。法定管辖包括级别管辖和地域管辖。裁定管辖包括移送管辖、指定管辖和移转管辖。

（1）级别管辖的确定

行政诉讼的级别管辖是指不同级别的人民法院之间受理第一审行政案件的权限分工。在我国，就是指基层人民法院、中级人民法院、高级人民法院和最高人民法院之间受理第一审行政案件的权限分工。（见表6-1）

（2）地域管辖的确定（见表6-2）

行政诉讼的地域管辖是指同一级别的不同人民法院之间受理第一审行政案件的权限分工。《行政诉讼法》第18—24条、行政诉讼法解释第7条和第9条对行政诉讼的地域管辖规定如下：

①原告直接提起行政诉讼的案件的管辖：原告直接提起行政诉讼的案件由最初作出行政行为的行政机关所在地人民法院管辖。

②经过复议程序的行政案件的管辖：经复议的案件，也可以由复议机关所在地人民法院管辖。

③限制人身自由的行政案件的管辖：原告对限制人身自由的行政强制措施不服提起的诉讼，由被告所在地或者原告所在地人民法院管辖。

④因不动产提起的行政诉讼的管辖：因不动产提起的行政诉讼，由不动产所在地人民法院管辖。并且，这是一种排他性的专属管辖。不动产已登记的，以不动产登记簿记载的所在地为不动产所在地；不动产未登记的，以不动产实际所在地为不动产所在地。

⑤两个以上人民法院都有管辖权的案件，原告可以选择其中一个人民法院提起诉讼。原告向两个以上有管辖权的人民法院提起诉讼的，由最先立案的人民法院管辖。

⑥基层人民法院对其管辖的第一审行政案件，认为需要由中级人民法院审理或者指定管辖的，可以报请中级人民法院决定。中级人民法院应当根据不同情况在7日内分别作出以下处理：①决定自行审理；②指定本辖区其他基层人民法院管辖；③决定由报请的人民法院审理。

《行政诉讼法》第18条第2款规定：经最高人民法院批准，高级人民法院可以根据审判工作的实际情况，确定若干人民法院跨行政区域管辖行政案件。

（3）裁定管辖的确定

行政诉讼的裁定管辖，是指人民法院以裁定的方式来确定行政案件的管辖法院。

①移送管辖

移送管辖，是指已作出受理裁定的法院发现自己对案件并无管辖权时，将其移送到自己认为有管辖权的法院。

②指定管辖

指定管辖，是指上级人民法院以裁定的方式，将某一案件指定下级人民法院管辖。主要存在两种情形：一是有管辖权的人民法院由于特殊原因不能行使管辖权的，由上级人民法院指定管辖；二是人民法院对管辖权发生争议，由争议双方协商解决。协商不成的，报它们的共同上级人民法院指定管辖。

③移转管辖

移转管辖，又称管辖权的转移，是指上级法院决定将特定案件的管辖权在上下级法院之间转移。

根据《行政诉讼法》的规定，上级人民法院有权审理下级人民法院管辖的第一审行政案件。下级人民法院对其管辖的第一审行政案件，认为需要由上级人民法院审理或者指定管辖的，可以报请上级人民法院决定。

4. 行政诉讼管辖权异议

行政诉讼管辖权异议，是指当事人向受诉人民法院提出的该院对争议案件没有管辖权的主张。当事人提出管辖权异议的，应当在接到人民法院应诉通知书之日起15日内提出。对当事人提出的管辖异议，人民法院应当进行审查。异议成立的，裁定将案件移送有管辖权的人民法院；异议不成立的，裁定驳回。

（二）实践准备

1. 分别准备关于行政诉讼受案范围和管辖的经典案例。

2. 让学生熟悉《行政诉讼法》《最高人民法院关于适用〈中华人民共和国行政诉讼法〉的解释》等相关法律及解释。

四、实训要点

（一）行政诉讼可诉范围

1. 行政处罚案件。行政处罚是最常见的负担性行政行为。《行政诉讼法》明确规定，行政相对人对行政拘留、暂扣或者吊销许可证和执照、责令停产停业、没收违法所得、没收非法财物、罚款、警告等行政处罚不服的，既可以提起行政复议也可以提起行政诉讼。

2. 行政强制措施案件。行政强制措施是行政主体为了实现特定的行政管理目的，而对一定的人、物或场所采取的强制手段，以排除某种妨碍或保持某种状态的行为。行政强制措施存在侵权的可能性，因此被列入行政诉讼的受案范围。《行政诉讼法》明确规定，行政相对人对限制人身自由或者对财产的查封、扣押、冻结等行政强制措施或行政强制执行不服的，有权提起行政诉讼。

3. 侵犯法定经营自主权、农村土地承包经营权、农村土地经营权的案件。经营自主权是经济组织生存与发展的保障；农村土地承包经营权事关集体利益与承包者合法权益；农村土地经营权是农民充分、有效、合理地利用土地，促进农业、农村经济发展和农村社会稳定的关键。《行政诉讼法》明确将"认为行政机关侵犯其经营自主权或者农村土地承包经营权、农村土地经营权的"案件纳入行政诉讼的受案范围。值得注意的是，在法定经营自主权中，不同经济组织，如国有企业、集体所有制企业、私营企业、外商投资企业、个人独资企业等，它们依法拥有的经营自主权的范围和内容并不完全相同。

4. 行政许可案件。根据《行政诉讼法》第12条第（三）项的规定，申请行政许可，行政机关拒绝或者在法定期限内不予答复，或者对行政机关作出的有关行政许可的其他决定不服的，属于行政诉讼的受案范围。依据《行政诉讼法》、行政诉讼法解释、《最高人民法院关于审理行政许可案件若干问题的规定》的规定，以下行政许可案件应纳入行政诉讼的受案范围：认为符合法定条件申请行政机关颁发许可证和执照，行政机关拒绝颁发或者在法定期限内不予答复的；认为行政机关作出的行政许可决定以及相应的不作为，或者行政机关就行政许可的变更、延续、撤回、注销、撤销等事项作出的有关具体行政行为及其相应的不作为侵犯其合法权益的；认为行政机关未公开行政许可决定或者未提供行政许可监督检查记录侵犯其合法权益的；公民、法人或者其他组织仅就行政许可过程中的告知补正申请材料、听证等通知行为提起行政诉讼的，人民法院不予受理，但导致许可程序对上述主体事实上终止的除外。

5. 行政机关不履行法定职责案件。根据《行政诉讼法》的规定，申请行政机关履行保护人身权、财产权等合法权益的法定职责，行政机关拒绝履行或者不予答复的，行政相对人有权提起行政诉讼。构成行政机关不履行法定职责的案件，一般必须满足两个条件：一是当事人要求行政机关实施的行为属于该机关的法定职责；二是必须以当事人向行政机关提出保护其权益的申请为前提，行政机关应依职权主动实施的除外。

6. 行政给付案件。根据《行政诉讼法》和行政诉讼法解释的规定，认为行政机关没有依法支付抚恤金、最低生活保障待遇或者社会保险待遇的，有权提起行政诉讼。

7. 认为行政机关违法集资、摊派费用或者违法要求履行其他义务的案件。行政机关违法要求履行其他义务的案件主要包括三种情况：一是当事人依法并不负有某种义务，而行政机关仍然要求其履行义务；二是当事人负有某种义务，但行政机关任意增加义务范围和数量的；三是当事人虽然负有某种义务，但行政机关违反法定程序要求其履行。这一规定的重点是针对所谓的"三乱"行为，即乱罚款、乱收费、乱摊派而制定的。

8. 相邻权、公平竞争权案件。涉及当事人相邻权或公平竞争权的，当事人可以提起行政诉讼。

9. 涉及 WTO 的三类行政案件。为适应加入 WTO 的要求，最高人民法院在 2002 年先后颁布了三个与 WTO 事务有关的司法解释，分别为《最高人民法院关于审理国际贸易行政案件若干问题的规定》《最高人民法院关于审理反倾销行政案件应用法律若干问题的规定》《最高人民法院关于审理反补贴行政案件应用法律若干问题的规定》，将国际贸易行政案件、反倾销行政案件、反补贴行政案件都纳入了行政诉讼的受案范围。

10. 对征收、征用决定及其补偿决定不服的案件。

11. 认为行政机关滥用行政权力排除或者限制竞争的案件。

12. 对行政机关作出的关于确认土地、矿藏、水流、森林、山岭、草原、荒地、滩涂、海域等自然资源的所有权或者使用权的决定不服的案件。

13. 对国务院部门和地方人民政府及其部门制定的规范性文件可以附带审查。值得注意的是，2014 年 11 月 1 日第十二届全国人民代表大会常务委员会第十一次会议对于行政诉讼的受案范围的修改有了重大突破。旧法将行政诉讼限定在具体行政行为上，对行政机关针对不特定的对象，制定、发布能反复适用的行政规范性文件的"抽象行政行为"，公民、法人或者其他组织是不能提起行政诉讼的，致使受案的范围非常有限。这次修改删除了"具体"两个字，把抽象行政行为纳入其中，有利于从根本上减少违法行政行为，符合我国宪法和法律有关人大对政府、政府对其部门以及下级政府进行监督的基本原则，也有利于纠正相关规范性文件的违法问题。

（二）行政诉讼不可诉范围

1. 国防、外交等国家行为。根据《行政诉讼法解释》第 2 条的规定，《行政诉讼法》第 13 条第（一）项规定的"国家行为"，是指国务院、中央军事委员会、国防部、外交部等根据宪法和法律的授权，以国家的名义实施的有关国防和外交事务的行为，以及经宪法和法律授权的国家机关宣布紧急状态等行为。

2. 行政法规、规章或者行政机关制定、发布的具有普遍约束力的决定、命令，即针对不特定对象发布的能反复适用的规范性文件。

3. 行政机关对行政机关工作人员的奖惩、任免等决定。

4. 终局行政行为。所谓终局行政行为，是指法律规定由行政机关最终裁决的具体行政行为。

5. 刑事侦查行为。根据《行政诉讼法解释》的规定，"公安、国家安全等机关依照刑事诉讼法的明确授权实施的行为"不属于行政诉讼的受案范围。

6. 调解行为以及法律规定的仲裁行为。

7. 行政指导行为。

8. 重复处理行为。根据《行政诉讼法解释》的规定，"驳回当事人对行政行为提起申诉的重复处理行为"不纳入行政诉讼的受案范围。

9. 行政机关作出的不产生外部法律效力的行为。

10. 行政机关为作出行政行为而实施的准备、论证、研究、呈报、咨询等过程性行为。

11. 行政机关根据人民法院的生效裁判、协助执行通知书作出的执行行为，但行政机关扩大执行范围或者采取违法方式实施的除外。

12. 上级行政机关基于内部层级监督关系对下级行政机关作出的听取报告、执法检查、督促履责等行为。

13. 行政机关针对信访事项作出的登记、受理、交办、转送、复查、复核意见等行为。

14. 对公民、法人或者其他组织权利义务不产生实际影响的行为。

（三）行政诉讼案件级别管辖的确定规则

表 6 - 1　行政诉讼案件级别管辖的确定

管辖法院	案件范围
基层法院	绝大多数第一审行政案件
中级人民法院	①海关处理的案件；②对国务院部门或者县级以上地方人民政府所作的行政行为提起诉讼的案件；③本辖区内重大、复杂的案件（社会影响重大的共同诉讼案件、集体诉讼案件；重大涉外或者涉港、澳、台案件；其他重大、复杂的案件）；④其他法律规定由中级人民法院管辖的案件
高级人民法院	本辖区内重大、复杂的第一审行政案件
最高人民法院	全国范围内重大、复杂的第一审行政案件
专门法院	经最高人民法院批准，高级人民法院可以根据审判工作的实际情况，确定若干人民法院跨行政区域管辖行政案件

（四）行政诉讼案件地域管辖的确定规则

表 6-2　行政诉讼案件地域管辖的确定

案件类型	管辖法院	管辖类型
原告直接提起行政诉讼的案件	最初作出行政行为的行政机关所在地人民法院	一般管辖
经过复议程序的行政案件	复议机关所在地人民法院、最初作出行政决定的行政机关所在地的人民法院	
限制人身自由的行政案件	被告所在地或者原告所在地（包括户籍所在地、经常居住地和被限制人身自由地）人民法院	共同管辖（对原告来说是选择管辖）
不动产行政案件	不动产所在地人民法院	专属管辖

五、实训过程

1. 教师讲授行政案件受案范围、管辖等相关知识点。

2. 学生回顾实训素材中案例的基本案情。

3. 将学生分为 4 个小组，1、2 组分别扮演案例一中的行政主体与行政相对人，3、4 组分别扮演案例二中的行政主体与行政相对人。各小组讨论，明确上述纠纷在确定受案范围及管辖时需要注意的事项，并由学生代表发言予以确认。

4. 各组互换角色，重申各自观点。

六、实训点评

1. 在实践中，法官判断被诉行政行为是否属于受案范围时，一般不直接从正面判断这一行为是否属于受案范围，通常先从反面判断即从法律法规排除方面判断这一行为是不是不可诉。

2. 在实践中，行政诉讼受案范围的判断标准通常包括行政主体标准、职权标准、关联性标准、拘束力标准、成熟性标准、外部性标准等。

3. 对于管辖的确定，要正确理解适用《行政诉讼法》第18—24条的相关规定。

七、实训拓展

1. 行政诉讼受案范围与行政复议受案范围有何区别？

2. 《行政诉讼法》规定的受案范围有何变化，是否还存在缺陷？今后如何修改？

第二节　行政诉讼参加人

一、实训目标

通过实训，使学生在了解行政诉讼管辖和受案范围的基础知识上，掌握行政诉讼参加人相关理论知识；使学生能够对具体案件中的行政诉讼参加人进行分析判断，能够正确分辨原告、被告、第三人以及诉讼代理人等诉讼参与人的资格问题。

1. 通过实训掌握行政诉讼原告资格的确立标准，能够在实践中准确判断原告是否适格。

2. 通过实训掌握行政诉讼被告资格的确立标准，能够在实践中准确判断被告是否适格。

3. 通过实训掌握行政诉讼第三人资格的确立标准，能够在实践中准确判断第三人是否适格。

二、实训素材

沈阳某公司于2019年1月9日，取得涉案专利，专利号为201930009987.7，名称为"多功能烤炉"，本专利申请阶段的《外观设计专利请求书》上显示联系人是李某。沈阳某公司起诉称，第三人魏某伪造沈阳某公司的专利转让合同以及沈阳某公司的公章，申请变更专利权人，2020 年 11 月 10 日通过无锡某代理所向国家知识产权局提交了著录项目变更申报书、著录项目变更理由证明、专利代理委托书，请求将涉案专利权人由"沈阳某公司"变更为"魏某"，将代理机构由"无"变更为"无锡某代理所"。2020 年 11 月 17 日，国家知识产权局针对该著录项目变更请求以电子形式发出手续合格通知书，准予将专利权人由"沈阳某公司"变更为"魏某"。系统显示，被诉通知于 2020 年 12 月 11 日被李某下载，2020 年 11 月 27 日，国家知识产权局将该变更在 36 卷 4802 期专利公报上予以公告。

沈阳某公司认为第三人魏某侵犯其知识产权，遂以国家知识产权局为被告、魏某为第三人向北京知识产权法院提起行政诉讼。

三、实训准备

（一）理论准备

行政诉讼参加人是指在整个或部分行政诉讼过程中参加行政诉讼，享有诉讼权利，承担诉讼义务，与诉讼争议或诉讼结果有利害关系，对行政诉讼程序能够产生重大影响的人，包括当事人、共同诉讼人、诉讼中的第三人和诉讼代理人。我国行政法分别从原告、被告、第三人、共同诉讼人、诉讼代理人五个方面作了详细的规定。

1. 原告

行政诉讼原告是指认为行政行为侵犯其合法权益，而依法向人民法院提起诉讼的公民、法人或者其他组织。我国《行政诉讼法》第 25 条第 1 款规定，行政行为的相对人以及其他与行政行为有利害关系的公民、法人或者其他组织，有权提起诉讼。依照《行政诉讼法》提起诉讼的公民、法人或者其他组织是原告。同时，因被限制人身自由而不能提起诉讼的公民，可以口头或者书面委托其近亲属以该公民的名义提起诉讼，近亲属起诉时无法与被限制人身自由的公民取得联系，近亲属可以先行起诉，并在诉讼中补充提交委托证明。依据《行政诉讼法解释》的规定，有下列情形之一的公民、法人或者其他组织也可以依法提起行政诉讼：第一，被诉的行政行为涉及其相邻权或者公平竞争权的；第二，在行政复议等行政程序中被追加为第三人的；第三，要求行政机关依法追究加害人法律责任的；第四，撤销或者变更行政行为涉及其合法权益的；第五，为维护自身合法权益向行政机关投诉，具有处理投诉职责的行政机关作出或者未作出处理的；第六，其他与行政行为有利害关系的情形。

（1）原告的确定

原告应符合以下资格条件：第一，原告必须是公民、法人或者其他组织；第二，原告必须是与被诉行政行为有法律上利害关系的人；第三，原告必须是认为行政行为侵犯了自己合法权益的人。

（2）原告资格的转移

根据我国法律的规定，原告的资格可以依法转移。

①自然人

有权提起诉讼的公民死亡的，其近亲属可以提起诉讼。此处的近亲属包括配偶、父母、子女、兄弟姐妹、祖父母、外祖父母、孙子女、外孙子女和其他具有扶养、赡养关系的亲属。

②法人或其他组织

有权提起诉讼的法人或者其他组织终止，承受其权利的法人或者其他组织可以提起诉讼。法人或者其他组织终止有两种情况：一是消灭，即法人或者其他组织的资格在法律上最终归于消灭和结束，如撤销、破产，其权利由法律规定的组织承受，如上级企业或清算组；二是变更，即原法人或者组织以新的法人或其他组织形式出现，并且与原法人或者其他组织之间在法律上具有继承关系。这种变更主要有分立和合并两种情况。

③涉及国家利益或公共利益

人民检察院在履行职责中发现生态环境和资源保护、食品药品安全、国有财产保护、国有土地使用权出让等领域负有监督管理职责的行政机关违法行使职权或者不作为，致使国家利益或者社会公共利益受到侵害的，应当向行政机关提出检察建议，督促其依法履行职责。行政机关不依法履行职责的，人民检察院依法向人民法院提起诉讼。

2. 被告

行政诉讼被告是指由原告指控其行政行为违法，经人民法院通知应诉的行政机关或者法律法规授权的组织。

原告所起诉的被告不适格，人民法院应当告知原告变更被告；原告不同意变更的，裁定驳回起诉。应当追加被告而原告不同意追加的，人民法院应当通知其以第三人的身份参加诉讼，但行政复议机关作共同被告的除外。

3. 第三人

行政诉讼第三人是指因与被提起行政诉讼的行政行为有利害关系，或者同案件处理结果有利害关系的，通过申请或法院通知形式，参加到诉讼中来的当事人。我国《行政诉讼法》第 29 条第 1 款规定，公民、法人或者其他组织同被诉行政行为有利害关系但没有提起诉讼，或者同案件处理结果有利害关系的，可以作为第三人申请参加诉讼，或者由人民法院通知参加诉讼。

（1）第三人的诉讼地位

第三人具有完全当事人地位，享有管辖异议权和上诉权。

（2）第三人参加诉讼的方式和程序

第三人可以通过申请参加诉讼，也可以经法院通知参加诉讼。第三人申请参加诉讼的，须经法院准许而参加诉讼。法院同意的，书面通知第三人；法院不同意的，裁定驳回申请。申请人不服裁定可在 10 日内上诉。通知参加诉讼必须具有根据和理由，第三人有拒绝的权利。因第三人与原告、被告地位基本相似，故第三人的权利基本相同于原告和被告，即有权提出诉讼主张、有权提起上诉等。

4. 共同诉讼人

共同诉讼人是指原告或被告一方为两人以上，诉讼客体相同，并且诉讼主张一致。我国《行政诉讼法》第 27 条规定，当事人一方或者双方为二人以上，因同一行政行为发生的行政案件，或者因同类行政行为发生的行政案件、人民法院认为可以合并审理并经当事人同意的，为共同诉讼。

（1）必要共同诉讼人

必要共同诉讼人是指当事人一方或双方为两人以上，诉讼标的是同一行政行为的诉讼。在这种共同诉讼中的当事人即为必要共同诉讼人。

（2）普通共同诉讼人

普通共同诉讼人是指诉讼标的是同一种类的行政行为，法院决定合并审理，两人以上参加诉讼的当事人。这种共同诉讼的当事人即为普通共同诉讼人。普通共同诉讼并不是必须合并，关键在于能否达到并案审理简化诉讼的目的。普通共同诉讼可以由共同诉讼的当事人向法院提出申请，要求并案审理，然后由法院审查，认为可以合并的才能实行合并；也可以由法院主动审查，认为宜于并案的，则依职权进行并案审理。

5. 诉讼代理人

诉讼代理人是指以当事人名义，在代理权限内，代理当事人进行诉讼活动的人。诉讼代理人可以分为三类，即法定代理人、指定代理人和委托代理人。

（1）法定代理人

没有诉讼行为能力的公民，由其法定代理人代为诉讼。行政诉讼的法定代理人必须在法定代理权限内实施行为，法定代理不仅是权利，也是一种义务。在实践中，法定代理人一般适用于未成年人、精神病患者等无诉讼行为能力的原告或者第三人，并仅限于自然人。

（2）指定代理人

法定代理人互相推诿代理责任的，由人民法院指定其中一人代为诉讼。

（3）委托代理人

当事人、法定代理人，可以委托一至二人作为诉讼代理人。律师、基层法律服务工作者、当事人的近亲属或者工作人员、当事人所在社区或单位及有关社会团体推荐的公民，可以受委托成为诉讼代理人。代理诉讼的律师，可以依照规定查阅、复制本案有关材料，可以向有关组织和公民调查，收集与本案有关的证据。对涉及国家秘密和个人隐私的材料，应当依照法律规定保密。经人民法院许可，当事人和其他诉讼代理人可以查阅、复制本案庭审材料，但涉及国家秘密、商业秘密和个人隐私的内容除外。

（二）实践准备

（1）熟悉《行政诉讼法》《最高人民法院关于适用〈中华人民共和国行

政诉讼法〉的解释》及其他相关行政诉讼法律规范。

（2）熟悉相关案例。

四、实训要点

（一）原告主体资格判断

原告资格是指公民、法人、其他组织启动行政诉讼程序，并能够让法院对其争议进入实体审理的主体资格，原告资格的本质是提起诉讼的人是否有权要求人民法院对被诉行政行为合法性进行裁判。

1. 在实践中判断原告主体资格必须关注的四个要素

（1）可以提起诉讼的是自然人和组织。包括公民、法人、其他组织以及外国人、无国籍人和外国组织。

（2）提起诉讼的人必须向法院表明其确实存在值得保护的合法权益及其内容。

（3）提起诉讼的人必须认为被诉行政行为侵犯了自己的合法权益。

（4）提起诉讼的人的合法权益可能受到被诉行政行为的影响——被诉行政行为对原告权益的影响具有实际和相当可能性。

2. 注意原告资格确定中的特殊规则

（1）合伙企业向人民法院提起诉讼的，应当以核准登记的字号为原告，由执行合伙企业事务的合伙人作为诉讼代表人；未依法登记领取营业执照的个人合伙组织提起诉讼的，全体合伙人为共同原告。

（2）不具备法人资格的其他组织向人民法院提起诉讼的，由该组织的主要负责人作为诉讼代表人；没有主要负责人的，可以由推选的负责人作为诉讼代表人。同案原告为5人以上的，应当推选1~5名诉讼代表人参加诉讼；在指定期间内未选定的，人民法院可以依职权指定。

（3）联营企业、中外合资或者合作企业的联营、合资、合作各方，认为联营、合资、合作企业权益或者自己一方合法权益受行政行为侵害的，可以自己的名义提起诉讼。

（4）农村土地承包人等土地使用权人对行政机关处分其使用的农村集体

所有土地的行为不服，可以自己的名义提起诉讼。

（5）非国有企业被行政机关注销、撤离、合并、强令兼并、出售、分立或者改变企业隶属关系的，该企业或者其法定代表人可以提起诉讼。

（6）股份制企业的股东大会、股东会、董事会等认为行政机关作出的行政行为侵犯企业经营自主权的，可以企业名义提起诉讼。

（7）事业单位、社会团体、基金会、社会服务机构等非营利法人的出资人、设立人认为行政行为损害法人合法权益的，可以自己的名义提起诉讼。

（8）业主委员会对于行政机关作出的涉及业主共有利益的行政行为，可以自己的名义提起诉讼。

（二）被告资格的确定规则

1. 一般案件

（1）直接起诉的案件，作出被诉行政行为的机关是被告。

（2）由法律、法规授权的组织所作的行政行为，该组织是被告。

（3）由行政机关委托的组织所作的行政行为，委托的行政机关是被告。

（4）行政机关被撤销或职权变更的，继续行使其职权的行政机关是被告。

（5）行政机关的派出机关作出行政行为的，该派出机关是被告。

（6）应当履行保护当事人人身权、财产权的法定职责而拒绝履行的行政机关是被告。

2. 特殊案件

（1）经复议的案件

经复议的案件，复议机关决定维持原行政行为的，作出原行政行为的行政机关和复议机关是共同被告；复议机关改变原行政行为的，复议机关是被告。

复议机关在法定期限内未作出复议决定，公民、法人或者其他组织起诉原行政行为的，作出原行政行为的行政机关是被告；起诉复议机关不作为的，复议机关是被告。

（2）行政机关的共同行为

两个以上行政机关作出同一行政行为的，共同作出行政行为的行政机关是共同被告。

（3）经上级批准的行为

根据《行政诉讼法解释》第 19 条的规定，当事人不服经上级行政机关批准的行政行为，向人民法院提起诉讼的，以在对外发生法律效力的文书上署名的机关为被告。

（4）派出机构与内部机构

未取得合法授权的行政机关内部机构或者行政机关组建并赋予行政管理职能但不具有独立承担法律责任能力的机构，以自己的名义作出行政行为，当事人不服提起诉讼的以该行政机关为被告。行政机关组建并赋予行政管理职能但不具有独立承担法律责任能力的机构，以自己的名义作出行政行为，当事人不服提起诉讼的，应当以组建该机构的行政机关为被告；法律、法规或者规章授权行使行政职权的行政机关内设机构、派出机构或者其他组织，超出法定授权范围实施行政行为，当事人不服提起诉讼的，应当以实施该行为的机构或者组织为被告；行政机关在没有法律、法规或者规章规定的情况下，授权其内设机构、派出机构或者其他组织行使职权的，应当视为委托，当事人不服提起诉讼的，应当以该行政机关为被告。

（5）开发区管理机构及职能部门

当事人对由国务院、省级人民政府批准设立的开发区管理机构作出的行政行为不服提起诉讼的，以该开发区管理机构为被告；对由国务院、省级人民政府批准设立的开发区管理机构所属职能部门作出的行政行为不服提起诉讼的，以其职能部门为被告；对其他开发区管理机构所属职能部门作出的行政行为不服提起诉讼的，以开发区管理机构为被告；开发区管理机构没有行政主体资格的，以设立该机构的地方人民政府为被告。

（6）行政机关被撤销或者职权变更，没有继续行使其职权的行政机关的，以其所属的人民政府为被告；实行垂直领导的，以垂直领导的上一级行政机关为被告。

（7）村委会及居委会

当事人对村民委员会或者居民委员会依据法律、法规、规章的授权履行行政管理职责的行为不服提起诉讼的，以村民委员会或者居民委员会为被告；

当事人对村民委员会、居民委员会受行政机关委托作出的行为不服提起诉讼的，以委托的行政机关为被告。

（8）其他

当事人对高等学校等事业单位以及律师协会、注册会计师协会等行业协会依据法律、法规、规章的授权实施的行政行为不服提起诉讼的，以该事业单位、行业协会为被告。当事人对高等学校等事业单位以及律师协会、注册会计师协会等行业协会受行政机关委托作出的行为不服提起诉讼的，以委托的行政机关为被告。

（三）行政诉讼第三人的确定

行政诉讼第三人是指因与被提起行政诉讼的行政行为有利害关系，或者同案件处理结果有利害关系的，通过申请或法院通知形式，参加到诉讼中来的当事人。在实践中，第三人主要有以下七种：

1. 行政处罚案件中的受害人或加害人。

2. 行政处罚案件中的共同被处罚人。

3. 行政裁决案件中的当事人。

4. 两个以上行政机关作出相互矛盾的行政行为，非被告的行政机关可以是第三人。

5. 与行政机关共同署名作出处理决定的非行政组织。

这种组织既不是行政机关，也不是授权组织，不能作被告，但赔偿责任不免除。该组织应作为第三人参加诉讼，以承担相应的法律责任。

6. 应当追加被告而原告不同意追加的，法院应通知其作为第三人参加诉讼。

7. 权益受到行政行为影响的人等。

五、实训过程

1. 让学生分析实训素材中的基本案情。

2. 确定案件中的角色：原告、被告、第三人、法官。由学生自愿选择一组并分析自己所代表角色的资格，各组就其他组成员资格是否适格展开讨论，并推荐代表发言。

3. 原告组和被告组互换角色，并就资格问题进行辩论。

4. 法官组和第三人组互换角色，并就资格问题进行辩论。

5. 各组成员完成本组角色涉及的法律文书。

六、实训点评

1. 本案的诉讼参加人包括：原告沈阳某公司；被告国家知识产权局；第三人魏某。沈阳某公司属于《行政诉讼法》规定的具有原告资格的主体。国家知识产权局是作出行政行为的行政机关，依据《行政诉讼法》其属于适格被告。魏某是与提起诉讼的行政行为有利害关系的其他公民，可以作为第三人申请参加诉讼。

2. 对第一审人民法院的判决，可以依法提起上诉的有：原告沈阳某公司；被告国家知识产权局；第三人魏某。

七、实训拓展

行政诉讼当事人与行政复议当事人的区别？

第三节 行政诉讼立案

一、实训目标

了解行政诉讼立案的基本流程，使学生掌握行政诉讼起诉条件、受理程序，了解行政诉讼立案审查的主要内容，独立完成行政诉讼的立案工作。掌握立案文书的制作方法，培养学生的行政素养，使其对行政诉讼有较为全面的理解。

1. 起草起诉状，并准备起诉需要的其他材料。

2. 当事人和法院法官共同完成行政诉讼的立案程序，并办理行政案件受理的法律手续或者制作不予受理的裁定书。

二、实训素材

马某甲与张某乙 20 年前是男女朋友关系，20 年后张某乙带上其子田某回到柳林县称田某是马某甲的孩子。2023 年 11 月 3 日上午 11 时许，张某乙带上其父张某甲、其母杨某及其儿子田某来到马某甲住处质问如何解决她与其儿子田某的生活费一事。双方发生争吵后，马某甲便把其妻子刘某叫回家中，后马某甲及其妻子刘某与张某乙父母再次发生争吵。在争吵的过程中张某甲推搡刘某，刘某用手中的刷子敲了一下张某甲，张某甲随即用左手打了刘某一耳光，马某甲见后就过去把张某甲拉开，在拉开的过程中，刘某一直往外推张某甲，其后张某甲就摔倒在地上。马某甲上前便打了张某甲一个耳光，马某甲的妻子刘某在推开马某甲的过程中，用刷子在张某甲的腿上敲了两下，这时张某乙及田某一直在旁边辱骂马某甲，马某甲发现张某乙在拍摄视频，就把张某乙推倒在地上。根据《中华人民共和国治安管理处罚法》（以下简称《治安管理处罚法》）的规定，某县公安局决定对马某甲行政拘留 13 日并处 500 元罚款。

原告张某甲认为被告某县公安局认定事实不清、适用法律错误、程序违法，向山西省吕梁市离石区人民法院提起行政诉讼，请求：（1）撤销原行政处罚决定书；（2）请求被告重新查明案件事实，依法对违法行为人马某甲、刘某（即本案第三人）重新作出处罚决定；（3）诉讼费由被告承担。

附：《治安管理处罚法》第 43 条规定，殴打他人的，或者故意伤害他人身体的，处 5 日以上 10 日以下拘留，并处 200 元以上 500 元以下罚款；情节较轻的，处 5 日以下拘留或者 500 元以下罚款。有下列情形之一的，处 10 日以上 15 日以下拘留，并处 500 元以上 1000 元以下罚款：（1）结伙殴打、伤害他人的；（2）殴打、伤害残疾人、孕妇、不满 14 周岁的人或者 60 周岁以上的人的；（3）多次殴打、伤害他人或者一次殴打、伤害多人的。

《行政诉讼法》第 70 条规定，行政行为有下列情形之一的，人民法院判决撤销或者部分撤销，并可以判决被告重新作出行政行为：（1）主要证据不足的；（2）适用法律、法规错误的；（3）违反法定程序的；（4）超越职权的；（5）滥用职权的；（6）明显不当的。

三、实训准备

（一）理论准备

1. 行政诉讼的基本理念

行政诉讼是公民、法人或者其他组织认为行政主体作出行政行为侵犯其合法权益而向法院提起的诉讼。

行政诉讼不同于民事诉讼和刑事诉讼，具有独有的一些特点：（1）行政诉讼被告的恒定性——被告必然为行政机关；（2）行政诉讼中不存在反诉；（3）行政诉讼的诉讼标的是行政行为；（4）选择复议原则——提起行政诉讼前，诉讼参与人可以先行选择进行行政复议；（5）审查行政行为合法性原则——行政诉讼只针对行政行为的合法性进行；（6）行政行为不因诉讼而停止执行原则；（7）不适用调解原则；（8）被告负举证责任原则；（9）司法变更权有限原则等。

2. 行政诉讼起诉条件

原告是认为行政行为侵犯其合法权益的公民、法人或者其他组织；有明确的被告；有具体的诉讼请求和事实根据；属于人民法院受案范围和受诉人民法院管辖。原告将诉状递交给无管辖权的人民法院时，并不因此丧失诉权，受诉人民法院应当告知其向有管辖权的人民法院起诉，已经立案的，受诉法院应将案件移送有管辖权的法院。

3. 行政诉讼的受理

受理是指原告起诉后，经受诉人民法院审查，认为符合起诉条件，决定立案审理的行为。人民法院应当组成合议庭对原告的起诉进行审查，经过审查认为起诉符合法定受理条件的，应当在接收到起诉状后 7 日内立案，并通知原告；认为不符合起诉条件的，应当在接收到起诉状后 7 日内作出裁定，通知原告不予受理；7 日内不能决定是否受理的，应当先予受理；受理后审查不符合起诉条件的，裁定驳回起诉。原告对不予受理和驳回起诉的裁定不服，可以在接到裁定书之日起 10 日内向上一级人民法院提起上诉。受诉人民法院在 7 日内既不立案，又不作出裁定的，起诉人可以向上一级人民法院起诉，上一级人民法院认为符合受理条件的，应予立案、审理；也可以指定其他下级人民法院立案、审理。

（1）应当受理的特殊情形

从理论上说，凡是符合行政诉讼法关于起诉条件规定的，人民法院都应当予以受理。实践中，在受理方面，存在一些特殊情形：

①原告或者上诉人未按规定的期限预交案件受理费，又不提出缓交、减交、免交申请，或者提出申请未获批准的，按自动撤诉处理。在按撤诉处理后，原告或者上诉人在法定期限内再次起诉或者上诉，并依法解决诉讼费预交问题的，人民法院应予受理。

②人民法院判决撤销行政机关的行政行为后，公民、法人或者其他组织对行政机关重新作出的行政行为不服向人民法院起诉的，人民法院应当依法受理。

③行政机关作出行政行为时，没有制作或者没有送达法律文书，公民、法人或者其他组织只要能证明行政行为存在，并在法定期限内起诉的，人民法院应当依法受理。

（2）不予受理的情形

有下列情形之一的，人民法院应当裁定不予受理；已经受理的，裁定驳回起诉：①请求事项不属于行政审判权范围的；②起诉人无原告诉讼主体资格的；③起诉人错列被告且拒绝变更的；④法律规定必须由法定或者指定代理人、代表人为诉讼行为，未由法定或者指定代理人、代表人为诉讼行为的；⑤行政行为对其合法权益明显不产生实际影响的；⑥起诉超过法定期限且无正当理由的；⑦法律、法规规定行政复议为提起诉讼必经程序而未申请复议的；⑧起诉人重复起诉的；⑨人民法院裁定准许原告撤诉后，原告以同一事实和理由重新起诉的；⑩诉讼标的为生效判决的效力所羁束的；⑪起诉不具备其他法定要件的。

4. 起诉期限的确定

（1）一般期限：当事人直接向人民法院提起行政诉讼的，应当在知道作出具体行政行为之日起6个月内提出。不服行政复议而起诉的一般期限为15日，即在收到复议决定书之日起15日内向人民法院起诉，若复议机关逾期不作决定，当事人要自复议期满之日起 15 日内向人民法院提起诉讼。

（2）特殊期限是《行政诉讼法》所认可由其他单行法律规定的起诉期限。法律是全国人大及其常委会依照立法程序制定的规范性文件。

（3）起诉期限的计算和最长保护期限

一般规则：起诉期限从公民、法人或者其他组织知道行政机关作出具体行政行为之日起计算。

行政机关未告知当事人诉权或起诉期限时，起诉期限从公民、法人或者其他组织知道或应当知道起诉期限之日起计算，但从知道或应当知道行政行为内容之日起，最长不得超过 1 年。

当事人不知道具体行政行为内容时，起诉期限从知道或者应当知道该具体行政行为之日起计算。对于涉及不动产的行政行为从作出之日起超过 20 年，其他行政行为从作出之日起超过 5 年提起诉讼的，人民法院不予受理。

行政机关不履行法定职责时，起诉期限从当事人知道行政机关作出行政行为之日起计算。对于行政机关不作为的行政案件的起诉期限应根据不同情况进行不同处理：①如果法律、法规、规章和其他规范性文件对行政机关履行法定职责的期限已经作了规定，行政机关超过期限仍不作为的，从该期限届满之日起计算起诉期限，自履行期限届满之日起 6 个月起诉；②在没有相关的法律规范规定行政机关履行法定职责的期限的情况下，公民、法人或者其他组织申请行政机关履行保护其人身权、财产权等合法权益的法定职责，行政机关在接到申请之日起 2 个月内不履行的，公民、法人或者其他组织向人民法院提起诉讼的，人民法院应当受理；③公民、法人或者其他组织在紧急情况下请求行政机关履行保护其人身权、财产权等合法权益的法定职责，行政机关不履行的，不受上述期限的限制，当事人可以立即提起行政诉讼。

由于不可抗力或者其他不属于起诉人自身的原因超过起诉期限的，被耽误的时间不计算在起诉期限内。因人身自由受到限制而不能起诉的，被限制人身自由的时间不计算在起诉期限内。公民、法人或者其他组织因前款规定以外的其他特殊情况耽误起诉期限的，在障碍消除后 10 日内，可以申请延长期限，是否准许由人民法院决定。

5. 行政诉讼与行政复议的选择与衔接

（1）当事人可以自由选择救济途径，可以申请复议，也可以直接提起诉讼，在选择复议后，对复议不服仍可以再起诉。公民、法人或者其他组织既提起诉讼又申请复议的，由先受理的机关管辖；同时受理的由当事人选择。公民、法人或者其他组织已经申请行政复议，在法定复议期间内又向人民法院起诉的，人民法院裁定不予立案。公民、法人或者其他组织向行政机关申请复议后，又经复议机关同意撤回复议申请的，在法定期限内对原行政行为提起诉讼的，人民法院应当受理。

（2）终局行政行为是指依照法律规定，行政机关拥有最终行政裁决权的行政行为。终局行为一经作出便具有最终的法律效力，行政相对人若对这种行政行为不服，不能提起行政诉讼。对终局行政行为，只有全国人大及其常委会制定的法律才有权规定。

（3）对于当事人对行政行为不服，必须先申请复议，对复议结果仍不服才可向人民法院起诉人民法院不予受理的情形，我们将其称为"复议前置"。

《行政复议法》第23条规定，有下列情形之一的，申请人应当先向行政复议机关申请行政复议，对行政复议决定不服的，可以再依法向人民法院提起行政诉讼：①对当场作出的行政处罚决定不服；②对行政机关作出的侵犯其已经依法取得的自然资源的所有权或者使用权的决定不服；③认为行政机关存在本法第11条规定的未履行法定职责情形；④申请政府信息公开，行政机关不予公开；⑤法律、行政法规规定应当先向行政复议机关申请行政复议的其他情形。对前款规定的情形，行政机关在作出行政行为时应当告知公民、法人或者其他组织先向行政复议机关申请行政复议。

6. 行政诉讼起诉状的书写格式

（1）结构形式

①标题：写明"行政起诉状"。

②首部：必须分别写明原告和被告的有关情况。原告要写明姓名、性别、年龄、民族、籍贯、地址等情况，由于人民法院受理行政诉讼案有管辖的范围，被告栏要写明被告机关或组织的全称、地址，以及其法定代表人或负责人的姓名、职务。

③正文：正文是行政起诉状的核心内容，其具体内容和写法另作论述。

④尾部：包括附项和落款。要写明起诉人的姓名、日期，在附项中写明本起诉状副本份数。

（2）正文的内容及写法

正文内容包括三项：诉讼请求；事实与理由；证据和证据来源、证人姓名和地址。

①诉讼请求：诉讼请求是正文的第一项内容，即原告提起行政诉讼要解决的问题，以及要达到的目的。根据行政案件的特点，原告所提出的诉讼请求主要有：部分或全部撤销处罚决定；变更处罚决定；提出赔偿损失等。诉讼请求要表述明确、具体，原告可以针对被告行政行为的性质以及自己的权益受损害的程度，依法提出恰如其分的请求。

②事实与理由：这部分要写清楚提出诉讼请求的事实根据和法律依据。

事实是人民法院审理案件的依据，起诉状必须写明被告侵犯起诉人合法权益的事实经过、原因及造成的结果，指出行政争议的焦点。如果是经过行政复议后不服提出起诉的，还要写清楚复议行政机关作出复议决定的过程和结果。

理由是在叙述事实的基础上，依据法律法规进行分析，论证诉讼请求合理合法。例如，对被告侵犯起诉人人身权和财产权的案件，原告要着重论述被告实施的行政行为所依据的事实不真实、证据不充分；或者违反了法定程序，所适用的法律有错误；或者被告纯属超越职权范围、滥用职权的行为；或者该行政处罚过重，侵害了原告正当权益等。其理由应根据案件的不同而有所侧重，但引用法律、法规条文必须准确，理由务必充分。

③证据和证据来源、证人姓名和住址：

这部分内容要求原告就诉讼请求、列举的事实、阐述的理由所举的证据，应当详细、分明，以便人民法院在办案过程中核对查实。

（二）实践准备

1. 按照学生人数的多少，将学生分成若干小组，并确定扮演的不同角色。

2. 阅读行政诉讼法教材中有关起诉与受理的理论知识，熟练掌握《行政诉讼法》《最高人民法院关于适用〈中华人民共和国行政诉讼法〉的解释》《最高人民法院关于审理行政许可案件若干问题的规定》等相关法律规范。

3. 实训前将实训素材的基本案情资料传发给学生，要求检索相关的法律依据，确定法律关系的性质和诉讼策略，以上内容要求以书面报告的形式提交。

四、实训要点

（一）行政诉讼立案程序由原告的起诉行为与人民法院的受理行为结合而成

（二）原告做好起诉前的准备

起诉是公民、法人或者其他组织认为行政行为侵犯了自己的合法权益，依法请求人民法院行使国家审判权给予救济的诉讼行为。提起诉讼是公民、法人或者其他组织的权利，但是权利的行使要受到一定的限制。原告的起诉可能符合法律规定，也可能不符合法律规定，是否受理由法院进行审查。

1. 提供起诉状：起诉状中写明被告名称、具体的诉讼请求和事实依据。委托代理人代理原告提起诉讼的，还应提交委托代理资格证明。

2. 原告应提交由本人签名或盖章的起诉状正本一份，并按对方当事人人数提交副本。

3. 提交原告的主体资格证明文件等材料。原告为自然人的，应提交身份证明材料复印件；原告为法人、个体工商户的，应提交营业执照副本复印件，其他组织应提交证明其有效成立的法律文件复印件。法定代表人或主要负责人应提交职务证明原件、身份证明复印件。下列人员或组织以原告身份提起行政诉讼，还应提交下列材料：（1）有权提起诉讼的公民死亡，其近亲属（含配偶、父母、子女、兄弟姐妹、祖父母、外祖父母、孙子女、外孙子女和其他具有扶养、赡养关系的亲属）提起诉讼的，应提交该公民死亡的证明材料复印件、原告与死亡公民之间的关系证明材料复印件。（2）农村土地承包人等土地使用权人对行政机关处分其使用的农村集体所有土地的行为不服，以自己的名义提起诉讼的，应提交自己享有土地使用权的证明材料复印件。

（3）有权提起诉讼的法人或者其他组织终止，承受其权利的法人或者其他组织提起诉讼，应提交该法人或者组织终止的证明材料复印件、起诉人与该终止法人或者组织之间关系的证明材料复印件。（4）诉讼代表人提起诉讼的，除提交全部原告身份证明材料复印件外，还应当提交其他共同原告推选其为诉讼代表人的证明材料。（5）联营企业、中外合资或者合作企业的联营、合资、合作各方以自己名义起诉的，应提交企业的营业执照副本或其他可以证明起诉人是联营、合资或合作一方的证据材料复印件。

4. 法定代理人与指定代理人应提交本人的身份证明材料复印件及其与原告关系的证明材料复印件。委托代理人应提交身份证明材料复印件、授权明确的授权委托书、律师事务所或受托人接受委托的证明、函件。被限制人身自由公民的近亲属依其口头委托代为起诉的，无须提交委托手续，但应提交与该公民为近亲属关系的证明材料复印件。

5. 原告起诉应当附有相应的起诉证据：当事人对行政机关作出的行政行为不服起诉的，应提交行政机关制作的相应法律文书复印件；行政机关没有制作、没有送达法律文书或者因正当原因无法提交的，原告应提交能证明行政行为存在的其他证据。在起诉被告不作为的案件中，原告应提交其在行政程序中曾经提出申请的证据材料，但有下列情形的除外：（1）被告应当依职权主动履行法定职责的；（2）原告因被告受理申请的登记制度不完善等正当事由不能提交相关证据材料并能够作出合理说明的。法律、法规规定行政复议为提起诉讼必经程序，原告应提交复议机关的复议决定复印件或已经申请复议的证明材料。人民法院认为原告起诉超过起诉期限的，原告应当提交相关的证据材料予以证明。如果要求赔偿，还应当提交能够证明受到侵害而造成损失的证据材料。

（三）法院依照立案法定条件决定是否受理

受理是人民法院认为原告的起诉符合法定条件，决定立案受理的一种诉讼活动。人民法院立案庭通过对受案范围、起诉人及被告的诉讼主体资格、前置程序、管辖法院等条件的审查后，符合法定条件的，决定予以受理，并向当事人予以相应的告知和送达；不符合法定条件的，裁定不予受理。

1. 立案的法定条件为《行政诉讼法》第 49 条的规定：原告是认为行政行为侵犯其合法权益的公民、法人或者其他组织；有明确的被告；有具体的诉讼请求和事实根据；属于人民法院受案范围和受诉人民法院管辖。

2. 经过审查，符合法定条件的，予以受理。根据《行政诉讼法》的规定，人民法院在接到起诉状时对符合本法规定的起诉条件的，应当登记立案。受诉人民法院立案部门在收到起诉状之日起 7 日内立案，同时向原告送达受理通知书，向被告送达应诉通知书，制作案件审理流程表，将立案材料等资料移送至行政庭。

3. 不符合法定条件的，裁定不予受理。根据《行政诉讼法》的规定，受诉人民法院立案部门应在收到起诉状之日起 7 日内作出不予受理的裁定，原告对不予受理的裁定不服的，可在接到裁定书之日起 10 日内向上一级人民法院提出上诉。立案庭要向原告送达民事裁定书，告知上诉法院和上诉期限。

4. 对当场不能判定是否符合《行政诉讼法》规定的起诉条件的，应当接收起诉状，出具注明收到日期的书面凭证，并在 7 日内决定是否立案。起诉状内容及材料欠缺或者有其他错误的，应当给予指导和释明，并一次性告知当事人需要补正的内容、材料及期限。不得未经指导和释明即以起诉不符合条件为由不接收起诉状。

对于不接收起诉状、接收起诉状后不出具书面凭证，以及不一次性告知当事人需要补正的起诉状内容的，当事人可以向上级人民法院投诉，上级人民法院应当责令改正，并对直接负责的主管人员和其他直接责任人员依法给予处分。

五、实训过程

1. 学生通读案例，了解实训素材中所给案例的详细案情，结合行政诉讼相关理论知识及法律规定分析，该案是否属于行政诉讼法受案范围？管辖法院应是哪个法院？该案件是否符合《行政诉讼法》起诉条件？

2. 将学生分为原告组和法官组，各自讨论在起诉过程中应完成哪些工作？准备哪些材料？

3. 两组学生角色互换，结合上一组讨论结果，分析立案阶段各自需要注意的实体问题与程序问题。

4. 学生书写该案的起诉状。

六、实训点评

学生作业：

行政起诉状

原告：张×甲，男，××岁，汉族，××县××乡××村村民

被告：××县公安局，地址：××县××大街××号。

法定代表人：李××，　　　职务：局长。

诉讼请求：

1. 撤销原行政处罚决定书；

2. 请求被告重新查明案件事实，依法对违法行为人马某甲、刘某重新作出处罚决定；

3. 诉讼费由被告承担。

事实与理由：

2023 年 11 月 3 日，张某乙带着其子、其母及原告到马某甲处质问如何解决二人生活费一事，其间双方发生争吵。马某甲的妻子刘某归家后，双方在此期间再次发生争吵，并发生肢体接触。马某甲发现张某乙在拍摄视频，就把张某乙推倒在地。

事后，被告依据《治安管理处罚法》的规定，以马某甲殴打 60 周岁以上人员，决定对马某甲行政拘留 13 日并处 500 元罚款。

原告不服，理由如下：

1. 被告认定事实不清。20 多年前，原告的女儿张某乙为第三人马某甲生下一子，但第三人马某甲一直未尽过父亲的责任。2023 年 11 月 3 日，原告到第三人马某甲家中与其协商此事，双方发生争吵。在争吵的过程中，刘某一直手持刷子挥舞，打了原告一下，原告随即还手，但被第三人推倒在地并打了一个耳光，其间刘某又用刷子往原告腿上打了两下，随后刘某将马某甲

推开，为阻止原告追马某甲，刘某再次挡在原告和马某甲中间，用刷子狠狠在原告胳膊上打了三下。整个过程中，刘某共殴打原告六下，而被告查明的事实中仅记载刘某打了原告三下，故被告认定事实错误。

2. 被告适用法律错误。经县人民医院诊断，原告的损伤为腰痛及身体多处挫伤，原告认为，原告的伤害系第三人马某甲与刘某的共同殴打所致，根据公安部关于印发《公安机关执行〈中华人民共和国治安管理处罚法〉有关问题的解释（二）》的通知，《治安管理处罚法》中规定的"结伙"是指两人（含两人）以上。第三人马某甲和刘某的行为构成结伙，根据《治安管理处罚法》第43条第2款第（一）项、第（二）项的规定，应当对第三人马某甲和刘某同时作出从重处罚。而被告未对刘某作出处罚的理由是刘某患有癌症，原告认为，刘某未向被告提交任何证据证明其患有癌症；同时，刘某患有疾病并不是被告作出处罚决定的影响因素，而是执行处罚决定的影响因素。

3. 被告作出处罚的程序违法。根据《治安管理处罚法》第96条的规定，"公安机关作出治安管理处罚决定的，应当制作治安管理处罚决定书。决定书应当载明下列内容：……（三）处罚的种类和依据……"被告制作的行罚决字〔2023〕001565号行政处罚决定书未载明具体的法律依据，属于程序违法。

综上所述，被告认定事实不清、适用法律错误、程序违法，故原告提起行政诉讼，请求：（1）撤销被告行罚决字〔2023〕001565号行政处罚决定书；（2）请求被告重新查明案件事实，依法对违法行为人马某甲、刘某重新作出处罚决定；（3）诉讼费由被告承担。

此致

××××人民法院

具状人：张×甲

×××年××月××日

附：本诉状副本1份

（1）门诊病历、复诊病历、诊断报告单、核磁报告单，证明原告被第三人殴打受伤；（2）行政处罚决定书两份，证明对原告、第三人的处罚决定；（3）×××，证明第三人的儿子田某和第三人要生活费；（4）录音，证明马某甲没有被拘留。

作业点评

1. 起诉书中，原告是自然人应列明姓名、性别，出生日期，民族，住址，身份证号码，联系方式。如果原告是法人或者其他组织的，要写明名称、住所和法定代表人或者主要负责人的姓名、职务、联系方式等信息；要写明委托代理人姓名、工作单位等基本信息，不能缺少必要信息。

2. 诉讼请求是正文的第一项内容，即原告提起行政诉讼要解决的问题，以及要达到的目的，要写明请求人民法院依法所要解决的行政争议的具体事项。根据行政案件的特点，原告所提出的诉讼请求主要如下：（1）请求判决撤销、变更行政行为；（2）请求判决行政机关履行法定职责或者给付义务；（3）请求判决确认行政行为违法；（4）请求判决行政机关予以赔偿或者补偿；（5）请求解决行政协议争议；（6）请求一并审查规章以下规范性文件；（7）请求一并解决相关民事争议；（8）其他诉讼请求。诉讼请求不明确的，人民法院应当予以释明。诉讼请求要表述明确、具体。原告可以针对被告具体行政行为的性质以及自己的权益受损害的程度，依法提出恰如其分的请求。

3. 事实与理由部分要写清楚提出诉讼请求的事实根据和法律依据。事实是人民法院审理案件的依据，起诉状必须写明被告侵犯起诉人合法权益的事实经过、原因及造成的结果，指出行政争议的焦点。如果是经过行政复议后不服提出起诉的，还要写清楚复议行政机关作出复议决定的过程和结果。理由是在叙述事实的基础上，依据法律法规进行分析，论证诉讼请求合理合法。例如，对被告侵犯起诉人人身权和财产权的案件，原告要着重论述被告实施的行政行为所依据的事实不真实、证据不充分；或者违反了法定程序，所适用的法律有错误；或者被告纯属超越职权范围、滥用职权的行为；或者该行政处罚过重，侵害了原告正当权益等。其理由应根据案件的不同而有所侧重，但引用法律、法规条文必须准确，理由务必充分。

4. 证据和证据来源、证人姓名和住址，这部分内容要求原告就诉讼请求、列举的事实、阐述的理由所举的证据，应当详细、分明，以便人民法院在办案过程中核对查实。

5. 起诉人栏，要由原告本人签名，如果是法人或者其他组织的，要由法定代表人或负责人签名并加盖单位公章。

第四节　行政诉讼第一审庭审程序

一、实训目标

通过实训行政诉讼的一审审理程序，使学生对行政诉讼一审审理的具体程序有比较直观的了解，增强学生的实际操作能力，使学生在将理论知识运用到实践的同时深化学生对行政诉讼知识的理解和记忆，让学生的理论知识和实践能力同时得到提高。

1. 掌握作为行政诉讼案件的法官，需要做好的庭前准备工作及庭审工作。

2. 熟悉在行政案件一审中，原告、被告及第三人需要准备的材料及需要完成的工作。

3. 熟悉一审审判流程，洞察庭审中各个细节问题。

4. 熟练掌握行政诉讼一审中的各种制度及不同判决适用的情形。

二、实训素材

2023 年 5 月 6 日 0 时 40 分许，本案被告深圳市公安局交通警察支队接警称在宝安区某街道有一辆车阻碍交通。被告赶往现场后调查发现，原告刘某（男，1987 年 9 月 9 日出生）与邓某伟（另案处理）等人共同饮酒后，邓某伟驾驶轻型自卸货车将车停放在宝安区××街道 1 号岗亭门口。为避免矛盾激化，原告将涉案车辆从岗亭门口挪开数米。原告涉嫌醉酒驾驶机动车且不配合吹气检测。后委托广东南天司法鉴定所对原告血样的乙醇含量进行鉴定，鉴定结果为 106.68mg/100mL，已达到醉酒标准。2023 年 5 月 24 日，被告告知原告其违法行为、拟作出的处罚及法律依据，询问其是否提出陈述和申辩，告知其享有听证的权利。原告在法定期限内未申请听证。2023 年 6 月 2 日，被告对原告作出吊销机动车驾驶证的行政处罚决定，并邮寄送达原告。

原告认为其驾驶机动车的地方不属于道路交通法规定的道路，所以不构成醉驾。另外，检察院出具的不起诉决定书上写明了原告属于情节显著轻微危害不大，不构成犯罪。《行政处罚法》第 33 条第 1 款规定，违法行为轻微并及时改正，没有造成危险后果的，不予行政处罚。初次违法且危害后果轻微并及时改正的，可以不予行政处罚。因此，向人民法院起诉，请求撤销行政处罚决定书。

请模拟此案件的第一审审理程序。

三、实训准备

（一）理论准备

行政诉讼第一审程序，是指人民法院自立案至作出第一审判决的诉讼程序。由于我国行政审判制度实行两审终审原则，因此，第一审程序是所有行政案件必经的基本程序，第一审程序也成为行政审判的基础程序。

1. 审理前的准备

审理前的准备，是指人民法院在受理案件后至开庭审理前，为保证庭审工作的顺利进行，由审判人员依法所进行的一系列准备工作的总称。它是行政案件审理必经的阶段，对保证庭审质量，提高庭审效率具有重要意义。审理前的准备主要包括下列内容。

（1）组成合议庭或确定独任审理法官

与民事诉讼不同，《行政诉讼法》第 68 条规定，人民法院审理行政案件，由审判员组成合议庭，或者由审判员、陪审员组成合议庭。合议庭的成员，应当是 3 人以上的单数。据此合议庭是人民法院审理行政案件基本的组织形式。

值得大家注意的是，新修订的《行政诉讼法》第 83 条规定，适用简易程序审理的行政案件，由审判员一人独任审理，并应当在立案之日起 45 日内审结。换言之基层法院可以就下列事实清楚、权利义务关系明确、争议不大的第一审行政案件，适用简易程序：①被诉行政行为是依法当场作出的；②案件涉及款额 2000 元以下的；③属于政府信息公开案件的。此外对于当事人各方同意适用简易程序的第一审行政案件，可以适用简易程序。适用简易程序审理的案件，人民法院可以实行独任审理，由一名法官独任审判，并应当在立案之日起 45 日内审结。

（2）交换诉状

交换诉状主要是向被告和原告发送有关文书。一方面，人民法院应在立案之日起 5 日内，将起诉状副本和应诉通知书发送被告，通知被告应诉。另一方面，人民法院应在收到被告答辩状之日起 5 日内，将答辩状副本发送原告。答辩状是被告对原告起诉的回应和反驳。被告应当在收到起诉状副本之日起 15 日内提交答辩状，并提供作出行政行为的证据和依据。不过，提交答辩状是被告的一项权利，被告不提交答辩状不影响人民法院的审理。但被告在法定时间内，不提交或者没有正当理由逾期提供作出行政行为的证据和依据的，应当认定该行政行为没有证据和依据，判决被告败诉。

（3）处理管辖异议

当事人对受诉人民法院的管辖，有权提出异议。当事人提出管辖异议，应在收到人民法院应诉通知书之日起 15 日内以书面形式提出。对当事人提出的管辖异议，人民法院应当进行审查。异议成立的，受诉人民法院应裁定将案件移送有管辖权的人民法院；异议不成立的，则应裁定驳回。

（4）审查诉讼文书和调查收集证据，这是审理前准备的中心内容。通过对原告、被告提供的起诉状、答辩状和各种证据的审查，人民法院可以全面了解案情，熟悉原告的诉讼请求和理由、被告的答辩理由及案件的争议点。人民法院如果发现当事人双方材料或证据不全，应当通知当事人补充；对当事人不能收集的材料和证据，人民法院可以根据需要主动调查收集证据或依据当事人的申请调查收集证据。对于案情比较复杂或者证据数量较多的案件，人民法院可以组织当事人向对方出示或者交换证据，并将交换证据的情况记录在卷。

（5）审查其他内容。在了解案情的基础上，人民法院还要根据具体情况审查和决定下列事项：审查诉讼参加人情况，对不符合当事人条件的，法院通知更换和追加当事人；决定或通知第三人参加诉讼；决定诉讼的合并与分离；确定审理的形式；决定是否公开开庭审理等。

（6）召开合议庭准备会议。合议庭应在开庭前合理的时间内召开准备会议，研究确定案件是否开庭审理，是否公开审理，开庭审理的时间、地点、讨论庭审提纲和庭审中应当注意的重点或主要问题，明确合议庭成员在庭审中的分工等。

（7）开庭通知和公告。法院应在开庭 3 日前通知当事人和其他诉讼参与人。公开审理的案件，应当在开庭 3 日前，向社会公告当事人的姓名、案由、开庭时间和地点等。

2. 庭审程序

（1）庭审方式

庭审是受诉人民法院在双方当事人及其他诉讼参与人的参加下，依照法定程序，在法庭上对行政案件进行审理的诉讼活动。庭审的主要任务是，通过法庭调查和法庭辩论，审查核实证据，查明案件事实，适用法律、法规，以确认当事人之间的权利义务关系。庭审是行政诉讼第一审程序中最基本、最重要的诉讼阶段，是保证人民法院完成审判任务的中心环节。

根据《行政诉讼法》的规定，行政诉讼第一审程序必须进行开庭审理。开庭审理应遵循以下原则：

第一，须采取言词审理的方式。言词审理与书面审理相对而言，是指在开庭审理的整个过程中，人民法院的所有职权行为和当事人以及其他诉讼参与人的一切诉讼行为，皆必须直接以言词方式进行。此种审理方式有利于当事人充分行使辩论权和其他诉讼权利，便于人民法院直接审理案件并在此基础上查明全部事实。

第二，以公开审理为原则。人民法院审理行政案件，除涉及国家秘密、个人隐私和法律另有规定外，一律公开进行，向公众公开，允许公民旁听、允许新闻记者采访报道。

第三，审理行政案件一般不适用调解方式。与审理民事案件不同，人民法院审理行政案件，除行政赔偿、补偿以及行政机关行使法律、法规规定的自由裁量权的案件外，不得采用调解方式，也不得以调解方式结案，只能依法作出裁判。人民法院审理行政案件不适用调解的原因主要在于：其一，行政诉讼的核心是审理行政行为的合法性，此合法性的判断有明确的事实标准和法律依据，不容争议双方当事人相互协商。因此，行政行为要么合法，要么违法，在合法与违法之间或之外不存在其他可能，也就不存在法院调解的空间和余地。其二，调解的前提是当事人双方必须对其权利享有实体上的处分权，而在行政案件当事人中，虽然原告可能享有一定的实体处分权，但被告行政机关因为行使的是国家管理权，这些职权同时是其法定职责，不允许其随意处分。

但对于可以调解的案件，坚持把非诉讼纠纷解决机制挺在前面，充分发挥人民调解在矛盾纠纷预防化解中的基础性作用，深入推进诉源治理，从源头上减少诉讼增量。进一步加强人民调解工作，健全完善诉调对接工作机制，强化工作保障，推动源头预防，就地实质化解纠纷，为建设更高水平的平安中国、法治中国作出积极贡献。人民法院对适宜通过人民调解方式解决的案件，在征得双方当事人同意后，可以先行在立案前委派或诉中委托人民调解。

（2）庭审程序

人民法院开庭审理必须依据法定程序进行。一般的庭审程序分为六个阶段。

①开庭准备。人民法院应在开庭前3日传唤、通知当事人、诉讼参与人按时出庭参加诉讼。对公开审理的案件，应当张贴公告，载明开庭时间、地点、案由等。

②开庭审理。开庭审理时，审判长要核对当事人、诉讼代理人、第三人，宣布合议庭组成人员，告知当事人的诉讼权利和义务，询问当事人是否申请回避等。

③法庭调查。法庭调查是庭审的重要阶段，主要任务是通过当事人陈述和证人做证，出示书证、物证、视听资料和电子数据，宣读现场笔录、鉴定结论和勘验笔录，来查明案件事实，审查核实证据，为法庭辩论奠定基础。法庭调查的基本顺序是：第一，询问当事人和当事人陈述；第二，通知证人到庭做证，告知证人的权利义务，询问证人，宣读未到庭证人的证人证言；第三，通知鉴定人到庭，告知其权利义务，询问鉴定人，宣读鉴定结论；第四，出示书证、物证、视听资料和电子数据；第五，通知勘验人到庭，告知其权利义务，宣读勘验笔录。

④法庭辩论。法庭辩论是指在合议庭主持下，各方当事人就本案事实和证据及被诉行政行为的法律依据，阐明自己的观点，论述自己的意见，反驳对方的主张，进行言词辩论的诉讼活动。法庭辩论的顺序是：原告及其诉讼代理人发言；被告及其诉讼代理人答辩；第三人及其诉讼代理人发言或答辩；互相辩论。在法庭辩论中，审判人员始终处于指挥者和组织者的地位，应引导当事人围绕争议焦点进行辩论；同时，审判人员应为各方当事人及其诉讼代理人提供平等的辩论机会，保障并便利他们充分行使辩论权。

⑤合议庭评议。法庭辩论结束后，合议庭休庭，由全体成员对案件进行评议。评议不对外公开，采取少数服从多数原则。评议应当制作笔录，对不同意见也必须如实记入笔录，评议笔录由合议庭全体成员及书记员签名。

⑥宣读判决。合议庭评议后，审判长应宣布继续开庭并宣读判决。如果不能当庭宣判，审判长应宣布另定日期宣判。

3. 审理期限

人民法院审理第一审行政案件，应当自立案之日起 6 个月内作出判决。不过，鉴定、处理管辖权异议和中止诉讼的期间不计算在内。有特殊情况需要延长的，由高级人民法院批准，高级人民法院审理第一审行政案件需要延长的，由最高人民法院批准。基层人民法院申请延长审理期限，应当直接报请高级人民法院批准，同时报中级人民法院备案。（见表6-4）

表6-4 行政诉讼审理期限

	期限	起算点	截止点	扣除在外时间	延长
一审审限	6个月	立案之日	裁判宣告之日	鉴定、处理管辖权争议或者异议以及中止诉讼	由高级人民法院批准，高级人民法院审理第一审行政上诉案件需要延长的，由最高人民法院批准
二审审限	3个月	收到上诉状之日			

（二）实践准备

1. 查阅并熟悉《行政诉讼法》《最高人民法院关于适用〈中华人民共和国行政诉讼法〉若干问题的解释》《最高人民法院关于严格执行公开审判制度的若干规定》等相关法律制度。

2. 将学生平均分为三组，分别扮演原告、被告、法官，各组熟悉案例。

3. 各组根据具体案例做好行政诉讼一审各个环节的准备工作。法官组准备庭审程序相关内容，原告组准备起诉材料以及相关文书证据，被告组准备答辩材料以及相关文书证据。

四、实训要点

《行政诉讼法》《行政诉讼法解释》对行政案件一审程序作了较为详尽的规定。

（一）开庭前阅卷审查

在开庭前，合议庭成员应当审查有关诉讼材料，了解双方当事人争议的焦点和应当适用的有关法律以及有关专业知识。承办法官应当制作阅卷笔录。阅卷笔录的内容应当包括：本案的诉讼请求；初步确认当事人无争议事实；初步确认诉讼争议的焦点；拟定法庭调查的范围或者重点；其他。案件特别重大、复杂或者疑难的，审判长可以组织合议庭先行研究案情。

如果召开预备庭的，阅卷笔录初步确定的诉讼请求、当事人无争议事实和诉讼争议的焦点等内容可以进一步得到确认。

关于开庭前准备工作的若干制度。

第一，诉讼材料的签收制度。人民法院在接收当事人提供的证据材料时，应当出具《证据材料清单》；在接收当事人提供的证据原件或原物时，应当出具《收据》；在接收当事人提交的诉状及副本、代表人身份证明材料、授权委托书、诉讼文书送达地址确认书以及申请书、异议书等诉讼材料时，应当出具《诉讼材料签收单》。《证据材料清单》和《诉讼材料签收单》一式两份，一份存卷，一份交给当事人存执。不给当事人出具经经办人签名确认签收凭证的，当事人有权向监督部门反映。

第二，证据原件的处置制度。对当事人提供的书证、书面证言、鉴定结论、勘验和检查笔录的原件、物证的原物和视听资料的原始载体，除专为人民法院提供的证据和人民法院调取的证据外，一律由当事人存执，不得将证据原件存卷。如原件、原物和原始载体不便或者不能当庭出示的（如案件涉及土地、房屋等不动产或大型物件等证据），当事人可以提供勘验或者检查笔录、照片、复印件、抄录件、复制品等；或者申请法院勘验、调查或者检查。人民法院也可以依职权勘验、调查或者检查。

第三，开庭前组织证据交换制度。根据《行政诉讼法证据规定》第21条的规定，法庭根据案件的实际情况确定是否在开庭前组织当事人进行证据交换。如果召开预备庭的，在预备庭中组织当事人进行证据交换。原告、第三人的举证期限于交换证据之日届满。

第四，人民法院调查收集证据制度。根据《行政诉讼法证据规定》第22条的规定，人民法院依职权主动调查收集证据的范围限于：（1）涉及国家利益、公共利益或者他人合法权益的事实认定的；（2）涉及依职权追加当事人、中止诉讼、终结诉讼、回避等程序性事项的。根据《行政诉讼法证据规定》第23条的规定，原告和第三人因客观原因不能自行收集证据，在提供有关证据线索后可以申请人民法院调取其他有关证据。但是，人民法院不得为证明被诉行为的合法性，调取被告在行为时未收集的证据材料。

（二）庭审开始

1. 布置审判法庭，组织、安排公民旁听及新闻记者采访。

2. 开庭审理前由书记员查明应当到庭的当事人和其他诉讼参与人是否到庭，并审查核对当事人及其诉讼代理人的身份。有证人、鉴定人和勘验人出庭做证的，应安排他们到休息室等候法庭传唤。

3. 书记员宣布法庭纪律。

4. 书记员宣布请审判长、审判员（陪审员）入庭（旁听人员起立）。

5. 审判长宣布开庭阶段。审判长明确诉讼双方当事人、代理人身份；交代合议庭组成人员；交代诉讼权利、义务；询问双方当事人是否申请回避。由审判长宣布开庭。

（三）法庭调查阶段

法庭调查是人民法院在当事人参与下全面调查案件事实、审查判断各项证据，查明案件真实情况的诉讼阶段。该阶段的主要目的就是审查证据。法庭调查一般首先由原告宣读起诉状，被告宣读答辩状，其次开始双方当事人陈述。原告陈述主要应说明其合法权益受到行政行为侵害的事实和过程；被告陈述主要是提出相应行政行为的事实根据和法律规范依据，以证明其合法性。法庭调查按照下列顺序进行：

1. 当事人陈述。

2. 告知证人的权利义务，证人作证，宣读未到庭的证人证言。

3. 出示书证、物证和视听资料。

4. 宣读鉴定结论。

5. 宣读勘验笔录。

（四）法庭辩论阶段

法庭辩论阶段是当事人行使辩论权的集中体现，法庭辩论是指在审判人员的主持下，诉讼当事人及其代理人就案件的事实、证据等进行辩论，阐述自己的观点和主张、反驳他方的观点和主张的诉讼活动。法庭辩论一般的顺序是以下方面。

1. 当事人的陈述及审理重点的归纳

（1）审判长指令原告及其诉讼代理人发言（陈述起诉理由和请求或宣读起诉状）；

（2）审判长指令被告及其诉讼代理人答辩；

（3）审判长指令第三人及其诉讼代理人发言或答辩。

2. 对事实证据问题的举证质证

围绕行政行为的事实根据，审查行政行为是否主要证据不足，先由被告概括陈述事实，再出示证据，最后由原告质证。

庭审中的质证环节非常重要。证据应当在法庭上出示，并经庭审质证。未经庭审质证的证据，不能作为定案的依据。但是，当事人在庭前证据交换过程中没有争议并记录在卷的证据，经审判人员在庭审中说明后，可以作为认定案件事实的依据。

当事人围绕证据的关联性（与本案关系）、合法性（取得手段和法定种类）和真实性（虚假与否、怀疑的理由），证据有无证明效力以及证明效力大小，进行质证。

3. 对行政行为所依据的规范性文件及程序是否合法的辩论程序

审判长指令被告出示其被诉行政行为所依据的规范性文件，原告发表质证意见。

4. 对行政行为是否违反法定行政程序的审查

询问被告作出行政行为的程序过程，应当如何，被告具体如何？然后由原告质证。当事人可就案件的适用法律及程序问题进行辩论。

5. 双方互相辩论

在法庭辩论中，如果发现新的情况需要进一步调查时，审判长可以宣布停止辩论，恢复法庭调查或决定延期审理，待事实查清后，再继续法庭辩论。

6. 法庭辩论终结后，由审判长按照原告、被告、第三人的顺序征询各方最后意见。

（五）合议庭评议

法庭辩论结束后，审判长宣布休庭，由合议庭组成人员进行合议，合议不对外公开。合议庭代表人民法院根据经过法庭审查认定的证据，确认案件事实，适用相关法律规范，最终形成人民法院对案件的裁定和判决。合议阶段是合议庭组成人员各自的判断形成多数意见乃至一致意见的过程，合议结论应当坚持少数服从多数的原则，但少数人的意见应当记入合议笔录，每一位合议庭组成人员都应当在合议笔录上签名。

（六）宣告判决

经过法庭调查、法庭辩论和合议庭评议三个阶段后，庭审即进入最后宣判阶段。宣判是由审判长代表人民法院宣告对被诉行政行为是否合法的认定和人民法院对相应行政行为的处置，如撤销、维持或变更。人民法院宣告判决一律公开进行，除当庭宣判外，还可以择期宣判。宣告判决时，应告知诉讼当事人的上诉权利、上诉期限和上诉人民法院。

五、实训过程

1. 三组学生分别扮演原告、被告、法官，各组熟悉案例。

2. 各组根据案例做好行政诉讼一审各个环节的准备工作。法官组准备庭审程序相关内容，做好开庭准备。

3. 原告组准备起诉材料以及相关文书证据，被告组准备答辩材料以及相关文书证据。

4. 学生模拟行政诉讼一审审理程序：开庭审理、法庭调查、法庭辩论、合议庭评议、宣告判决。

5. 结合表演和学生准备的材料，各组同学互相指出表演中的亮点与不足，针对不足，提出完善意见。

六、实训点评

1. 注意庭前准备程序的内容和时限。

2. 注意开庭审理时审判长要核对当事人、诉讼代理人以及第三人的身份，宣布合议庭组成人员，告知当事人的诉讼权利和义务，询问当事人是否申请回避等事项。

3. 注意当事人陈述和证人作证以及询问证人的顺序。

4. 注意合议庭评议的方式、方法，评议笔录的制作。

七、实训拓展

1. 行政诉讼审理程序与行政复议程序的区别？

2. 行政诉讼审理程序与民事诉讼审理程序的区别？

第五节　行政诉讼第二审庭审程序

行政诉讼案件第二审程序，即行政诉讼案件的上诉审程序，是指因当事人对第一审人民法院作出的裁判或判决不服，而在法定期限内向一审法院的上一级人民法院提起上诉，上一级人民法院依照法律规定，对一审的人民法院作出的尚未生效的判决或裁定重新进行审理，并作出裁判的程序。

一、实训目标

了解有权提起上诉的法律主体；明确提起上诉的实质要件和形式要件；掌握提起上诉的途径和方法及法院的受理程序。了解上诉案件的审判组织及审理方式；明确上诉案件的审判范围；掌握法院对上诉案件的审理过程及裁判结果。

1. 确定上诉人的条件，审查上诉人是否适格；

2. 分析审查上诉案件的裁判类型及上诉审的例外情形；

3. 确定不同的审判方式的适用条件及适用范围；

4. 掌握在法院提起上诉的具体途径和方法，了解上诉审查的对象、方式、期限等具体问题，规范撰写上诉状等法律文书，掌握不同裁判类型文书的撰写。

二、实训素材

2023 年 8 月 15 日 9 时许、18 日 15 时许，原告赵某及其丈夫孙某二人因怀疑其孩子在某幼儿园上学时被幼儿园老师恐吓，多次到某幼儿园滋事。该二人于 8 月 19 日 7 时 50 分许，无故闯入灯塔市某幼儿园内，原告赵某无故殴打幼儿园老师王某，孙某辱骂王某及幼儿园其他工作人员长达 20 余分钟。2023 年 8 月 24 日，被告灯塔市公安局根据规定，作出行政处罚决定书，决定给予赵某拘留 10 日并罚款 500 元的行政处罚、给予孙某拘留 10 日并罚款 500 元的行政处罚。原告赵某不服，向被告灯塔市人民政府申请行政复议。被告灯塔市人民政府于 2023 年 11 月 14 日作出灯塔市行政复议决定书，决定维持灯塔市公安局作出的行政处罚决定书。原告不服，诉至一审法院。

原审法院认为，灯塔市公安局根据违法行为人陈述、被害人陈述、证人证言、视频监控等证据认定的事实清楚，证据充分，形成完整的证据链条，其受案后，依法履行了立案、调查取证、审查、告知、作出处罚决定、送达等法律程序，适用法律正确，处罚得当，程序合法。灯塔市人民政府作出的行政复议决定,认定事实清楚,适用法律正确,程序合法,符合法律规定。因此对于原告请求撤销被告灯塔市公安局作出的行政处罚决定书、撤销被告灯塔市人民政府作出的行政复议决定书,缺乏事实和法律依据,不予支持。

原告不服,向辽阳市中级人民法院提起上诉。

三、实训准备

(一)理论准备

1. 上诉的提起

上诉是当事人对地方各级人民法院尚未发生法律效力的一审判决、裁定,于法定期限内以书面形式请求上一级人民法院对案件进行审理的诉讼行为。上诉必须符合如下条件:

(1)上诉人必须适格。凡是第一审程序中的原告、被告和第三人及其法定代理人,经授权的委托代理人,都有权提出上诉。

(2)上诉人所不服的一审判决、裁定必须是法律规定可以上诉的判决、裁定。包括地方各级人民法院第一审尚未发生法律效力的判决和对驳回起诉、不予受理、管辖权异议所作出的裁定。

(3)上诉必须在法定期限内提出。当事人不服人民法院第一审判决的,有权在判决书送达之日起 15 日内向上一级人民法院提起上诉,当事人不服人民法院第一审裁定的,应当在裁定书送达之日起 10 日内向上一级人民法院提出上诉。逾期不提出上诉的人民法院第一审判决或者裁定发生法律效力。

(4)上诉必须递交符合法律要求的上诉状。当事人提出上诉,既可以通过原审人民法院提出,也可以直接向第二审人民法院提出,当事人直接向第二审人民法院上诉的,第二审人民法院应当在 5 日内将上诉状移交原审人民法院。

2. 上诉的受理

原审人民法院收到上诉状(当事人提交或者第二审人民法院移交的)应当审查;对有欠缺的上诉应当限期当事人补正。上诉状内容无欠缺的,原审人民法院应当在 5 日内将上诉状副本送达被上诉人,被上诉人在收到起诉状副本之日起 15 日内提出答辩状。被上诉人不提出答辩状的，不影响人民法院对案件的审理。原审人民法院收到上诉状、答辩状应当在 5 日内连同全部案卷，报送第二审人民法院。第二审人民法院经过审查，如果认为符合法定条件，应予受理；如果认为不符合法定条件应当裁定不予受理。

上诉一经受理案件即进入第二审程序，被诉行政机关不得改变原具体行政行为。

3. 上诉的撤回

二审法院自受理上诉案件至作出二审裁判之前，上诉人可以向二审法院申请撤回上诉。撤回上诉应提交撤诉状。撤回上诉是否准许，应当由二审法院决定。经审查，法院认为上诉人撤回上诉没有规避法律和损害国家、社会、集体和他人利益，符合撤诉条件的，应当准许撤诉。

（1）上诉的撤回必须符合下列条件：

①二审法院受理上诉后作出裁判前；

②上诉人的真实意思表示；

③不得损害国家利益、社会公共利益或他人合法利益；

④经二审法院审查，是否准许由二审法院以裁定形式作出；

⑤递交申请书。

（2）注意法院不准撤回上诉的情形：

①第二审法院经过审查，认为原审法院的判决、裁定确有错误，应当予以纠正或发回重审的；

②发现上诉人为了规避法律而申请撤诉，如果同意上诉人撤回上诉，势必侵害被上诉人的合法权益的；

③如双方当事人均提起上诉，只有一方当事人提出撤回上诉的；

④第二审程序中，行政机关不得改变原行政行为。上诉人因行政机关改变原行政行为而申请撤回上诉的，不予准许。

（3）撤回上诉会产生一定的法律结果：

①上诉人丧失对本案的上诉权；

②准许撤回上诉的裁定是终审裁定，使第一审判决随即发生法律效力；

③上诉费用由上诉人负担。

4. 二审的审理

二审法院审理上诉案件，首先应当组成合议庭。合议庭应当全面审查一审法院的判决或裁定认定的事实是否清楚，适用法律是否正确，诉讼程序是否合法，审查不受上诉人在诉状中上诉范围和上诉内容的限制。

（1）审理方式

①书面审理。二审的书面审理适用于一审裁判认定事实清楚的上诉案件。二审法院经过对一审法院报送的案卷材料、上诉状、答辩状、证据材料等进行审查，认为事实清楚的，可以不再传唤当事人、证人和其他诉讼参与人到庭调查核实，只通过书面审理后，即可作出裁判。实践中，对于何为"认为事实清楚"，一般除当事人对案件事实无争议外，当事人虽对案件事实提出异议，但二审法院经审查认为原审认定事实清楚的，也可以实施书面审理。此外，对一审判决因违反法定程序需要发回重审的二审案件，可以实行书面审理。

②开庭审理。二审法院开庭审理与一审相同。主要适用于当事人对一审法院认定的事实有争议，或认为一审法院认定事实不清楚、证据不足等情形。

（2）审理对象

二审人民法院对上诉案件的审理，实行全面审查原则，即对原审人民法院的裁定和被诉行政行为是否合法进行全面审查，而不受上诉范围的限制。具体如下：

①二审法院审理行政案件，既要对原审法院的裁判是否合法进行审查，也要对被诉行政行为的合法性进行审查。

②二审法院审理行政案件，对被诉行政行为的合法性进行全面审查，不受上诉范围的限制。

（3）二审程序中有关证据问题的规定

①根据《行政诉讼法证据规定》第7条第2款规定，原告或者第三人在第一审程序中无正当事由未提供而在第二审程序中提供的证据，人民法院不予接纳。

②根据《行政诉讼法证据规定》第50条规定，在第二审程序中，对当事人依法提供的新的证据，法院应当进行质证；当事人对第一审认定的证据

仍有争议的，法庭也应当进行质证。所谓"新的证据"，具体是指：

A. 在一审程序中应当准予延期提供而未获准许的证据。

B. 当事人在一审程序中依法申请调取而未取得，人民法院在第二审程序中调取的证据。

C. 原告或者第三人提供的在举证期限届满后发现的证据。

（4）审理期限

《行政诉讼法》第88条规定，人民法院审理上诉案件，应当在收到上诉状之日起3个月内作出终审判决。有特殊情况需要延长的，由高级人民法院批准，高级人民法院审理上诉案件需要延长的，由最高人民法院批准。

5. 二审的裁判

二审法院经过对案件的审理，应根据行政行为的不同情况作出不同裁判。二审裁判分为以下三种。

（1）裁定撤销一审判决，或裁定发回重审。这种裁判主要适用于：原判认定事实不清楚，证据不足，可能影响案件的正确判决的；一审判决遗漏了当事人、遗漏部分诉讼请求或者违法缺席判决等严重违反法定程序的；对上诉人不服一审不予受理的裁定，二审认为应当受理的，应撤销一审裁定，指令一审法院立案受理；对一审法院驳回起诉而二审法院认为有错误的，应裁定撤销一审裁定，指令一审法院进行审理。对于二审法院发回重审的行政案件，原审法院应当另行组成合议庭进行审理。

（2）依法改判、撤销或者变更。经二审法院审理，认为一审判决认定事实错误或者适用法律、法规错误的，应依法改判、撤销或者变更；原判决认定基本事实不清、证据不足的，查清事实后改判。

（3）维持原判。二审法院经过审理，认为一审认定案件事实清楚，适用法律、法规正确，应驳回上诉人的上诉，维持原判。

（二）实践准备

1. 按照学生人数的多少，将学生分成若干小组，分别扮演上诉人、被上诉人和法官等不同角色。

2. 阅读《行政诉讼法》教材中有关上诉审概述中关于上诉审目的、上诉的条件、上诉的受理、上诉的审理方式、期限、对象，审理中的程序及证据问题等基础理论知识，熟练掌握《中华人民共和国行政诉讼法》《最高人民法院关于适用〈中华人民共和国行政诉讼法〉的解释》《最高人民法院关于行政诉讼证据若干问题的规定》等诉讼类规范性法律文件。

3. 实训前将实训素材的基本案情资料传发给学生，要求学生检索有关程序法和实体法方面的法律依据，根据具体实训案例结合实体法的内容明确案件当事人的权利义务，判断原审裁判是否适当，当事人是否具备提起上诉的条件，确定上诉提起的具体途径，并掌握法院受理上诉程序的基本方法。根据具体实训案例结合实体法的内容明确案件当事人的权利义务，判断二审法院裁判方式的运用及具体裁判结果的适用。在通过学生的自主学习后，要求提交书面形式的报告。

四、实训要点

根据《行政诉讼法》的相关规定，行政诉讼二审庭审程序，参照一审庭审程序，因此，这里我们仅就重点需要注意的问题予以介绍。

1. 上诉应提交的材料。依照《行政诉讼法》的规定凡是第一审程序中的原告、被告和第三人及其法定代理人，经授权的委托代理人，都有权提出上诉。

提出上诉的，应提交由本人签名或盖章的上诉状正本一份，并按照对方当事人人数提交副本。上诉人应提交身份证明材料复印件，委托代理人代理上诉的，还应提交经过上诉人特别授权的授权委托手续。上诉人应当在法定的期限内递交上诉状，如因不可抗拒的事由或者具有其他正当理由不能在法定期限内上诉的，应提交能够证明不可抗拒的事由或者具有其他正当理由存在的相关证明材料。上诉人申请缓交、减交、免交上诉费用的，应提交书面申请及符合规定的证明材料。

2. 关于开庭前准备。行政审判庭内勤收到立案部门移送的立案及一审卷宗材料后，应当对相关材料予以核查登记后（如发现材料不齐，应及时与立案部门联系并予以补正），由庭领导按规定分案，确定案件承办人和合议庭成员及书记员。案件承办人收到案件后，应核对卷宗及其他相关材料并进行初审，需要开庭审理的，应报审判长确定开庭时间及地点，一并发送开庭传票和出庭通知书等诉讼材料。案件承办人事先阅卷审查，对较为复杂的案件，应当有合议庭全体成员阅卷。

3. 关于预备庭和庭前证据交换。如果一方当事人在一审之后提供新的证据的，法庭可以以送达的方式交换。如新证据较多，或者双方当事人均提供证据的，法庭认为有必要的，也可以召集当事人当面交换，或者召开预备庭。

4. 关于庭审归纳小结。在确认当事人无争议的事实和争议的焦点时，除明确当事人之间的争议情况外，还应特别明确当事人各方对原判认定的事实和判决依据的意见，充分考虑当事人上诉的理由和根据。在确定法庭调查的范围时，必须考虑到原判认定事实是否清楚、证据是否确实充分。

5. 关于二审法院审查的范围。原审裁判是上诉审的直接审查对象。二审法院必须审查并确认原裁判认定事实是否清楚，证据是否确实充分，审判程序是否合法，裁判适用法律是否正确，裁判结果是否适当等问题。至于当事人之间对被诉行政行为发生的争议，应当结合到对原裁判的审查当中进行审查确认。

6. 关于证据的审查。《行政诉讼证据规定》第50条规定，在第二审程序中，对当事人依法提供的新证据，法庭应当进行质证；当事人对第一审认定的证据仍有争议的，法庭也应当进行质证。至于当事人没有争议的证据，法庭认为在二审中有进一步审查必要的，也应当组织当事人质证，并作出认证结论。

7. 关于庭审方式。二审庭审中，可以将法庭调查和法庭辩论合在一起进行，即采取"质辩合一"的庭审方式，不再严格区分法庭调查和法庭辩论阶段，由当事人围绕案件的重点逐一发表质证辩论意见。

五、实训过程

1. 学生回顾案例的基本案情。

2. 通过小组讨论，从上诉权基础条件入手，并明确上述纠纷中所涉实体法律关系的性质，并由学生代表发言予以确认。

3. 以上述讨论确认的上诉条件为基础，明确法院法官和当事人各自不同的角度做好相应的诉讼准备。

4. 由不同学生扮演上诉人、被上诉人、法官、书记员等不同角色，模拟案件上诉状的提交等提出上诉的具体途径和方法。

5. 通过角色扮演，模拟完成行政诉讼二审庭审全过程，并根据案件作出适当的结论。

6. 学生完成相关法律文书的制作工作，如上诉状，答辩书、判决书等。

六、实训点评

在实训中要分别从当事人和法院两个主要角度看学生对知识的掌握程度。

1. 对当事人来说要注意以下三点：

（1）上诉是否符合条件，需要提交什么材料，如何与法院立案庭沟通；

（2）需要收集哪些证据，证据材料是否完整，通过哪些手段可以完成证据的收集工作；

（3）上诉材料如何提交，提交的期限如何界定。

2. 对法院来说需要注意以下三点：

（1）审查当事人的上诉是否符合受理条件；

（2）审查后的处理决定是否正确；

（3）受理程序是否正确。

七、实训拓展

1. 作为当事人的代理律师，在当事人上诉前，如何履行自己的职责？

2. 行政诉讼案件二审与一审有哪些主要的区别？

第六节　行政诉讼审判监督程序

一、实训目标

了解再审提起的种类；提起再审的事由；明确不同的再审提起方式的适

用条件及程序；掌握再审案件的管辖法院；再审案件适用的程序；明确再审案件的具体审理程序；掌握再审案件的裁判种类及适用条件。

1. 能够确定再审法院的管辖，确定不同的主体提起再审的条件，可以顺利提起再审；

2. 能够规范撰写申诉状、再审裁判等法律文书，掌握法院审理再审案件的方式和做法；

3. 分析再审案件的审理程序及裁判类型。

二、实训素材

小船板巷××号丘号为×××××－×的房屋系马某某私有房屋。2006年该处房屋被列入房屋拆迁许可证拆迁范围。2006年10月13日，某市房产管理局向被拆迁人马某某送达了《城市房屋拆迁纠纷裁决书》。2006年10月16日，某区政府下属的社会矛盾纠纷调处服务中心就房屋拆迁问题作出《听证通知书》并于当日送达马某某。2006年10月27日，拆迁人某公司向某区政府申请对马某某的该处房屋实施强制拆除。2006年10月29日，某区政府认为马某某未在裁决规定的搬迁期限内腾空房屋交由拆迁人拆除，遂向某省某市某区司法局（以下简称区司法局）和原某省某市某区城市管理行政执法局（以下简称区执法局）下达了《关于责成强制拆除小船板巷××号马某某房屋的通知》（以下简称被诉责成通知）。被诉责成通知下达后，被责成机关区司法局和区执法局于2007年10月29日作出《强制拆除决定书》，并对小船板巷××号房屋实施了强制拆除。

一审法院认为，本案被诉行政行为系区政府作出的拆迁责成通知，并非行政复议机关作出的行政复议决定，故不适用《行政诉讼法》（1989年）第38条关于不服行政复议决定的起诉期限。本案被诉责成通知系2006年10月29日作出，马某某的起诉并未超过起诉期限。依据国务院《城市房屋拆迁管理条例》第17条第1款、参照《某市城市房屋拆迁管理办法》第56条的规定，区政府具有责成有关部门对涉案房屋进行强制拆迁的行政职权，且根据相关材料与事实基础，其程序的正当性符合一般法理。从内容看，区政府责成区司法局和区执法局在拆迁人就涉案房屋有关事项向公证机关办理证据保全后，依法对该房屋实施强制拆除，亦符合相关规定。马某某认为区政府超越职权、滥用职权及违反法定程序的诉讼主张，因缺乏事实和法律依据，不予支持。故驳回马某某的诉讼请求。

马某某不服一审判决，向某省高级人民法院提起上诉。该院二审对一审法院查明的事实予以确认的同时，另查明，马某某不服区政府作出的被诉责成通知，于 2007 年 3 月 14 日向某省某市人民政府（以下简称市政府）申请行政复议，市政府于 2007 年 5 月 8 日作出《行政复议终止通知书》维持了被诉责成通知。被诉责成通知和《行政复议终止通知书》均未告知马某某相关诉权和起诉期限。

二审法院认为，马某某所有的涉案房屋在房屋拆迁许可证拆迁范围，因拆迁人与马某某就房屋拆迁补偿安置问题未达成协议，某市房产管理局依照拆迁人的申请，向马某某送达了《城市房屋拆迁纠纷裁决书》。马某某未在该裁决规定的搬迁期限内腾空房屋并交由拆迁人拆除。有关部门在此情形下可以对马某某的房屋依法进行强制拆除。区政府根据拆迁人提供的申请报告、行政裁决书及其送达回证、房屋拆迁许可证等材料，在查明马某某于裁决规定的搬迁期限内未搬迁的事实基础上作出被诉责成通知，并要求被责成机关强制拆除时就涉案房屋有关事项向公证机关办理证据保全，程序上无违反相关法律规范规定之处，实体上也未侵害马某某的合法权益。马某某的上诉理由不能成立。二审院判决：驳回上诉，维持原判。

马某某不服二审判决，向某省高院申请再审，该院于 2008 年 12 月 11 日作出行政裁定，驳回马某某的再审申请。马某某向某省人民检察院申请监督，某省人民检察院于 2019 年 5 月 31 日作出不支持监督申请决定。马某某仍然不服，向最高人民检察院申请复查。2021 年 6 月 23 日，最高人民检察院作出行政抗诉书，向最高人民法院提出抗诉。2021 年 8 月 31 日，最高人民法院提审本案。

最高人民检察院向最高人民法院抗诉称：（1）《某市城市房屋拆迁管理办法》条款因与《城市房屋拆迁管理条例》条款相抵触，不能作为区政府作出被诉责成通知的依据，而根据《城市房屋拆迁管理条例》第 17 条第 1 款规定，区政府不具有责成有关部门强制拆迁的法定行政主体资格。（2）根据

《城市房屋拆迁管理条例》等相关规定，市、县人民政府"责成有关部门强制拆迁"的一项必要条件是，拆迁人必须已按城市房屋拆迁行政裁决书所确定的内容对被拆迁人给予货币补偿或者提供拆迁安置用房、周转用房，如被拆迁人拒绝接收补偿资金，拆迁人可以将补偿资金提存。本案拆迁人未按照《城市房屋拆迁纠纷裁决书》所确定的内容向马某某支付货币补偿金以及相应的拆迁补助费，亦未办理费用提存，因此马某某所有的房屋不符合实施行政强制拆迁的法定条件。综上，区政府作出的被诉责成通知认定事实不清，实体处理结果错误，并直接导致马某某所有的房屋被强制拆除的后果。某省高级人民法院认定某区政府作出被诉责成通知程序上无违反相关法律规范规定之处，实体上也未侵害马某某的合法权益，系认定事实不清，适用法律错误。

申诉人马某某申诉称：（1）《城市房屋拆迁管理条例》第 17 条第 1 款规定中的市、县人民政府不包括区人民政府；（2）被诉责成通知存在程序瑕疵，没有履行法定强拆程序。故请求确认被诉责成通知违法。

被申诉人区政府答辩称：（1）区政府具有对涉案房屋进行强拆的行政职权；（2）区政府所作被诉责成通知认定事实清楚、适用法律正确、程序合法；（3）责成通知系组织行为，并非引起房屋拆除的初始行政行为，实体上没有直接侵害马某某的利益；（4）经区政府督促协调，案涉货币补偿款项已于 2010 年 1 月 12 日完成提存，马某某可以依法领取。故其所作责成通知系内部行政行为，对马某某的权利不产生直接影响。原审判决事实认定清楚、适用法律正确、程序合法，请求维持原审判决。

原审第三人区司法局及区执法局均未提交书面陈述意见。

再审法院对二审法院查明的事实予以确认。另查明，本案拆迁人于 2010 年 1 月 12 日将补偿资金提存。2011 年 8 月 9 日，某省高级人民法院组织马某某和某省某市某区房地产开发公司一同进行调解时，告知了马某某补偿资金的提存情况。此外，2011 年 12 月 30 日作出的通知书亦告知马某某补偿资金已经提存，可以依法领取。

结合抗诉机关的抗诉意见、申诉人的申诉理由、被申诉人的答辩理由，本案的争议焦点为被诉责成通知是否违反法律规定。

依法行政是依法治国基本方略的重要内容，而程序合法、正当是规范权力运行、保障权利行使的重要方面。行政机关必须严格规范公正文明执法，依照法定程序履行法定职责。《城市房屋拆迁行政裁决工作规程》（建住房〔2003〕252号）第19条规定，拆迁人未按裁决意见向被拆迁人提供拆迁补偿资金或者符合国家质量安全标准的安置用房、周转用房的，不得实施强制拆迁。第20条规定，被拆迁人拒绝接收补偿资金的，房屋拆迁管理部门申请行政强制拆迁应当提交"补偿资金的提存证明"等资料。根据上述规定，市、县人民政府在作出责成强制拆除房屋通知前，依法除应当审查拆迁人是否提供拆迁补偿资金证明以证明其具有安置补偿能力外，还应当审查拆迁人是否依法提交补偿资金提存证明以保障被拆迁人的合法安置补偿权。本案中，从区政府的举证来看，在作出被诉责成通知前，拆迁人仅提交了拆迁补偿资金证明，确无补偿资金的提存证明，故区政府在拆迁人补偿资金未依法提存即作出本案被诉责成通知，属于程序违法。原审法院认为"区政府作出的被诉责成通知程序上无违反相关法律规范规定之处"属于认定事实不清、适用法律错误。本案二审后，拆迁人于2010年1月12日将补偿资金提存，区政府的程序违法已经得到补正。再审中，马某某仍然坚持请求确认被诉责成通知违法，依据《最高人民法院关于适用〈中华人民共和国行政诉讼法〉的解释》（法释〔2018〕1号）第81条第3款规定，被告改变原违法行政行为，原告仍要求确认原行政行为违法的，人民法院应当依法作出确认判决，本案被诉责成通知即使程序违法得到纠正，人民法院也应依法判决确认违法。

关于区政府的责成主体资格问题，2004年2月某市政府制定的《某市城市房屋拆迁管理办法》规定："被拆迁人或者房屋承租人在裁决规定的搬迁期限内未搬迁的，由被拆迁房屋所在地的区人民政府责成有关部门强制拆迁，或者由房屋拆迁管理部门依法申请人民法院强制拆迁。"该规定将责成强制拆迁的职能明确授权给区人民政府，而当时有效的《城市房屋拆迁管理条例》对于区人民政府是否具有相应职权没有明确规定。本案中，区政府依据《某市城市房屋拆迁管理办法》作出被诉责成通知，并不违反法律法规的明确规定。

综上，区政府于2006年10月29日作出《关于责成强制拆除小船板巷××号马某某房屋的通知》程序违法，抗诉机关的有关抗诉理由成立。原审法院认定事实不清、适用法律错误，依据《中华人民共和国行政诉讼法》第70条第（三）项、第74条第2款第（二）项、第89条第1款第（二）项之规定，判决如下：

（1）撤销某省高级人民法院行政判决；

（2）撤销某省某市中级人民法院行政判决；

（3）确认某省某市某区人民政府于2006年10月29日作出的《关于责成强制拆除小船板巷××号马某某房屋的通知》违法。

三、实训准备

（一）理论准备

审判监督程序是指法院根据当事人的申请、检察机关的抗诉或法院自己发现发生法律效力的判决、裁定确有错误，依法对案件进行再审的程序。人民法院审理行政案件，实行两审终审制。审判监督程序虽然也是审判程序，但不是必经程序。人民法院的判决、裁定一经发生法律效力，非依法律、法规根据，不得撤销和变更，当事人也不能以同一标的再次起诉。但是，如果发生法律效力的判决、裁定违反法律、法规规定，就有必要予以纠正。因此，专门用于纠正生效裁判错误的审判监督程序的启动主体不限于当事人。根据我国行政诉讼法的规定，启动再审程序的主体除包括当事人外，还包括人民法院和人民检察院。

1. 审判监督程序提起的条件

（1）审判监督的对象是已经发生法律效力的判决裁定，在特定情况下，行政赔偿调解书也可以成为提起审判监督程序的对象。

（2）当事人提起审判监督程序的法定理由：依据《行政诉讼法》第91条的规定，能够引发审判监督程序的法定理由主要有：原判决、裁定认定的事实主要证据不足、未经质证或者系伪造的；原判决、裁定适用法律、法规确有错误；违反法定的诉讼程序，可能影响公正审判的；不予立案或者驳回起诉确有错误的；有新的证据，足以推翻原判决、裁定的；原判决、裁定遗漏诉讼请求的；据以作出原判决、裁定的法律文书被撤销或者变更的；审判人员在审理该案件时有贪污受贿、徇私舞弊、枉法裁判行为的；其他违反法律、法规的情形。

（3）提起审判监督程序的主体：

①最高人民法院对地方各级人民法院，上级人民法院对下级人民法院均有审判监督权，均可以提起再审程序。各级人民法院院长对本院已经发生法律效力的判决、裁定发现违反法律、法规规定，发现调解违反自愿原则或者调解书内容违法，认为需要再审的，有权提请审判委员会决定是否再审。

②人民检察院作为国家的法律监督机关，有权对确有错误的人民法院已经发生法律效力的判决、裁定按照法定程序提起抗诉，对于人民检察院的抗诉，人民法院必须提审或指令下级人民法院再审。

③当事人向上一级法院申请再审，应当在判决、裁定或调解书发生法律效力后 6 个月内提出，当事人对已经发生法律效力的行政赔偿调解书，提出证据证明调解违反自愿原则或调解协议的内容违反法律规定的，可以在 2 年内申请再审，但判决裁定不停止执行。

2. 提起审判监督程序的程序

（1）当事人申请再审既可以向原审人民法院提出，也可以向上一级人民法院提出。对当事人的再审申请，人民法院应当充分重视，经审查，符合再审条件的，应当立案并及时通知各方当事人；不符合再审条件的，予以驳回。

（2）原审人民法院院长提起审判监督程序，必须报经审判委员会决定。

（3）上级人民法院提起审判监督程序，有权提审或指令下级人民法院再审。

（4）人民检察院抗诉，应当符合法律规定的具体程序：最高人民检察院对各级人民法院已经发生法律效力的裁判向最高人民法院抗诉；上级人民检察院对下级人民法院已经发生法律效力的裁判，向同级人民法院抗诉；地方各级人民检察院对同级人民法院已经发生法律效力的裁判，报请上级人民检察院，由上级人民检察院向同级人民法院提起抗诉。对于人民检察院提出的抗诉，人民法院应当再审，开庭审理抗诉案件时应通知人民检察院派员出庭。

3. 再审案件的审理

（1）人民法院按照审判监督程序再审的案件，发生法律效力的判决、裁定是由第一审人民法院作出的，按照第一审程序审理，所作出的判决、裁定，当事人可以上诉；发生法律效力的判决、裁定是由第二审人民法院作出的，按照第二审程序审理，所作的判决、裁定是发生法律效力的判决裁定；上级人民法院按照审判监督程序提审的，按照第二审程序审理，所作出的判决、裁定是发生法律效力的判决裁定；人民法院审理再审案件，应当另行组成合议庭。

（2）再审案件，应当裁定中止原判决的执行，加盖人民法院印章。上级人民法院决定提审或指令下级人民法院再审的，应当作出裁定，裁定应当写明中止原判决的执行；情况紧急的，可以将中止执行的裁定口头通知负责执行或作出生效判决、裁定的人民法院，但应在口头通知后 10 日内发出裁定书。

（3）人民法院审理再审案件，应当另行组成合议庭。原审审判人员不得再参加案件的再审。

4. 对再审案件的处理

（1）人民法院对经过再审案件的审理认为原生效判决、裁定确有错误，在撤销原生效判决或者裁定的同时，有两种处理办法：一是对生效判决、裁定的内容作出相应裁判；二是裁定撤销生效判决或者裁定，发回作出生效判决、裁定的人民法院重新审判。

（2）裁定发回重审的情形：审理本案的审判人员、书记员应当回避而未回避的；依法应当开庭审理而未经开庭即作出判决的；未经合法传唤当事人而缺席判决的；对与本案有关的诉讼请求未予以裁判的；其他违反法定程序可能影响案件正确审判的。

（3）人民法院审理再审案件的，对原审法院不予受理或者驳回起诉错误的，应当作出如下处理。如果第二审人民法院维持第一审人民法院不予受理或者驳回起诉的裁定错误的，再审法院应当撤销第一审、第二审人民法院裁定，指令第一审人民法院审理。

（4）再审案件按照第一审程序审理的须在 6 个月内作出裁判；再审案件按照第二审程序审理的，须在 3 个月内作出裁判。

（二）实践准备

1. 将学生平均分成若干小组，分别扮演当事人、原审法院、原审法院的上级人民法院、检察院等不同角色。

2. 阅读《行政诉讼法》教材中有关再审程序中关于再审的提起和复查等基础理论知识，熟练掌握《行政诉讼法》《最高人民法院关于适用〈中华人民共和国行政诉讼法〉的解释》《最高人民法院关于行政诉讼证据若干问题的规定》等规范性文件。

3. 实训前将实训素材的基本案情资料传发给学生，要求检索有关程序法和实体法方面的法律依据，根据具体实训案例结合实体法的内容明确案件当事人的权利义务，判断原审裁判是否适当、当事人提起申诉是否符合法定事由，确定不同主体提起再审的具体途径，并掌握法院再审审查程序的基本方法。在通过学生的自主学习后，要求提交书面形式的报告。

四、实训要点

（一）当事人申请再审的把握

当事人的判断标准应以生效裁判文书中的列明为准，包括原告、被告、第三人，且该当事人完全或部分败诉，可能通过再审获得更有利的法律地位。如果上述当事人死亡或者终止的，那么他的权利义务继受人就享有申请再审的权利。

再审程序是一种纠正生效判决、裁定或者调解书错误的程序，已经发生法律效力的判决、裁定、调解书，既包括已经生效的第一审判决、裁定和调解书，也包括第二审判决、裁定和调解书。其中，对于法院裁定，只有不予受理和驳回起诉的裁定才能申请再审。只有认为判决、裁定或者调解书存在错误的，当事人才有必要申请再审，否则，即使申请，也不会引起再审程序。

（二）人民法院再审的把握

1. 人民法院院长通过审判委员会决定再审

各级人民法院院长对本院已经发生法律效力的判决、裁定发现违反法律、法规规定，认为需要再审的，或者发现调解违反自愿原则、调解书内容违法，需要再审的，应当提交审判委员会讨论决定是否再审。人民法院的裁判生效以后，不仅对当事人和社会产生约束力，对人民法院也产生约束力，人民法院也不能随意改变自己作出的已生效的裁判。《行政诉讼法》将对法院审判工作进行监督的大权交由院长和审判委员会共同行使，真正体现了审判监督程序的严肃性。因此，案件是否再审，不能由院长一人决定，必须由其提交审判委员会讨论决定。

2. 上级人民法院提审或指令再审

上级人民法院发现下级人民法院已经发生法律效力的判决、裁定违反法律、法规规定，认为需要再审的，或者发现调解违反自愿原则、调解书内容违法，需要再审的，可以提级由自己审理，也可以指令下级人民法院再审。指令再审的，下级人民法院接到指令后，必须进行再审。再审后，应将审判结果报送发出指令的上级人民法院。上级人民法院提审或指令再审，还包括最高人民法院发现地方各级人民法院已经发生法律效力的判决、裁定违反法律、法规规定，认为需要再审而进行的提审和指令再审。指令再审的，接到指令的地方人民法院再审后，应将审理结果报送最高人民法院，这是审判监督权的体现。

提审是为了保障案件真正能够通过再审，保证办案质量，排除可能受到的干扰。审判监督或再审是审判工作中的补救制度，提审则是这个补救制度中的一个保障制度，是保障补救制度得以实现的手段。提审的内容包括由提审法院通知原审法院调卷，并作出中止执行原审裁判的决定。上级人民法院之所以可以提审，是因为审判权由人民法院统一行使。基于这个统一的审判权，而不是一般案件的审判权，上级人民法院不受诉讼管辖权的约束，行使审判监督权。另外，指令再审也是基于审判监督权，是法律赋予上级人民法院行使审判监督权的一种体现。再审的指令既不能以上级人民法院院长的名义发出，也不能以上级人民法院审判委员会的名义发出，而应以上级人民法院的名义发出，因为审判监督权是人民法院的监督权，而非个人的监督权。

3. 法院再审必须具有法定的申请事由

根据《行政诉讼法》第92条的规定，各级人民法院院长对本院已经发生法律效力的判决、裁定，发现有本法第91条规定情形之一，或者发现调解违反自愿原则或者调解书内容违法，认为需要再审的，应当提交审判委员会讨论决定。

最高人民法院对地方各级人民法院已经发生法律效力的判决、裁定，上级人民法院对下级人民法院已经发生法律效力的判决、裁定，发现有本法第91条规定情形之一，或者发现调解违反自愿原则或者调解书内容违法的，有权提审或者指令下级人民法院再审。

总之，人民法院对行政诉讼再审的事由不外乎以下三类，即：裁判主体不合法、裁判缺乏事实依据、裁判适用法律错误，违反法定程序，这几种情况，要结合相关理论知识具体掌握。

4. 人民法院对再审案件的处理

人民法院按照审判监督程序再审的案件，不是一个审级，没有自己的审判程序，应根据原来审判本案的不同情况，分别加以处理。原来是第一审案件的，再审时，按照第一审程序审理，所作出的判决、裁定，是第一审人民法院的判决、裁定，当事人不服的，可以上诉；原来是第二审案件的，再审时，按照第二审程序审理；上级人民法院提审的案件，也应按照第二审程序审理，所作出的判决、裁定，是发生法律效力的判决、裁定，当事人不得提起上诉。

人民法院接到人民检察院的抗诉，必须对抗诉的行政案件进行再审。

（三）对人民检察院抗诉的把握

根据《行政诉讼法》第93条的规定，最高人民检察院对各级人民法院已经发生法律效力的判决、裁定，上级人民检察院对下级人民法院已经发生法律效力的判决、裁定，发现有本法第91条规定情形之一，或者发现调解书损害国家利益、社会公共利益的，应当提出抗诉。

地方各级人民检察院对同级人民法院已经发生法律效力的判决、裁定，发现有本法第91条规定情形之一，或者发现调解书损害国家利益、社会公共利益的，可以向同级人民法院提出检察建议，并报上级人民检察院备案；也可以提请上级人民检察院向同级人民法院提出抗诉。

各级人民检察院对审判监督程序以外的其他审判程序中审判人员的违法行为，有权向同级人民法院提出检察建议。

人民检察院有权对行政诉讼活动实行法律监督，是行政诉讼法确定的基本原则之一。根据行政诉讼法的有关规定，人民检察院按照审判监督程序向人民法院提出抗诉应当同时具备以下条件：

1. 被提出抗诉的行政判决、裁定必须是已经发生法律效力的。抗诉程序有两种：一种是按照上诉程序的抗诉；另一种是按照审判监督程序的抗诉。根据我国法律的规定，只有在刑事诉讼中，提起公诉的人民检察院认为本级人民法院第一审的判决、裁定确有错误的，有权按照上诉程序向上一级人民法院提出抗诉。这是因为提起公诉的人民检察院在刑事诉讼中，是代表国家提起的公诉，刑事诉讼法赋予人民检察院对本级人民法院审理由其提起公诉的刑事案件进行监督活动的权力，所以，同级人民检察院认为同级人民法院的一审刑事判决、裁定确有错误的，有权按照上诉程序提出抗诉。人民检察院对人民法院已经发生法律效力的判决、裁定，发现确有错误的，按照审判监督程序提出的抗诉则属于后一种。即人民检察院只能对已经发生法律效力的行政判决、裁定提出抗诉，不能对未生效的行政判决、裁定提出抗诉。根据法律的有关规定，发生法律效力的行政判决，是指以下三种：

（1）当事人在上诉期内，没有对一审行政判决提起上诉；

（2）二审人民法院作出的第二审行政判决；

（3）最高人民法院作出的行政判决。

人民法院审理行政案件是对被诉行政行为的合法性进行审查，无论一审判决还是二审判决都必须对被诉行政行为的合法性作出决断，因此，判决的结果无外乎维持、撤销、部分撤销、变更被诉行政行为或者判决被告履行法定职责诸种。这些判决违反法律、法规的规定，就意味着案件的审判结果是错误的。所以，人民检察院可以对任何一种违反法律、法规规定的发生法律效力的行政判决提出抗诉。发生法律效力的裁定是指以下三种：

（1）当事人在上诉期间内可以提出上诉的不予受理或者驳回起诉的裁定，未提起上诉；

（2）不得上诉的裁定，作出之时，即发生法律效力；

（3）二审人民法院作出的第二审裁定。

按照是否涉及诉讼案件的结论及判决能否执行，可以把裁定分为三类：

第一类是，裁定使诉讼归于结束或者不能发生，使案件有结论或不可能有结论。这类裁定是对案件的根本问题处理，它使当事人无法行使诉讼权利，维护其合法权益，或使可以通过判决保护其合法权益，还未作出判决前就已终结诉讼。例如，不予受理裁定使诉讼不得发生，准许撤诉、终结诉讼使案件在判决前就归于撤销。这类裁定虽然都没有对被诉行政行为的合法性作出直接的审判结论，但它实际上确认了被诉行政行为的合法存在。第二类是，裁定使判决确定的内容不得执行，这类裁定是指终结执行裁定，如果这类裁定违反法律、法规的规定，就会使人民法院所判决的内容得不到执行，使当事人的合法权益不能得到真正的保护。第三类是，裁定效力只及于诉讼程序或诉讼有关的具体问题，不涉及对整个诉讼的结论，不影响对案件的结论及判决的执行问题，如中止诉讼，停止被诉行政行为的执行，不准予撤诉等。人民检察院按照审判监督程序抗诉，是对审判活动的事后监督，只有影响到实体问题的错误才宜提出抗诉，因此，我们认为，人民检察院能够提出抗诉的裁定，应当限于第一、第二类。

2. 检察机关认为被提出抗诉的行政判决、裁定违反法律、法规规定。行政判决违反法律、法规规定的，主要有以下七种：

（1）撤销了完全合法的被诉行政行为；

（2）完全维持了部分合法部分违法的被诉行政行为；

（3）完全撤销了部分合法部分违法的被诉行政行为；

（4）维持了主要证据不足、适用法律、法规错误、违反法定程序、超越职权、显失公正的被诉行政行为；

（5）没有判决应当履行法定职责的行政主体履行法定职责；

（6）判决行政机关履行不应履行的职责；

（7）判决应给予行政赔偿的，不给予赔偿，或不应给予行政赔偿的给予赔偿。

行政裁定违反法律、法规规定的，主要有以下四种：

（1）将应予受理的行政案件，作出不予受理或驳回起诉的裁定；

（2）将不符合撤诉条件的案件，作出准许撤诉的裁定；

（3）将不符合终结诉讼的案件，裁定终结诉讼；

（4）将不符合终结执行条件的案件，裁定终结执行。

人民法院是代表国家行使审判权的，当判决、裁定生效后，整个诉讼就已结束。人民检察院发现已生效的判决、裁定确有错误时，才能按照审判监督程序提出抗诉。

3. 提出抗诉的人民检察院只能是上级人民检察院和最高人民检察院。根据《行政诉讼法》第93条的规定，行政诉讼中的抗诉仅仅是按照审判监督程序的抗诉，没有按照上诉程序的抗诉。行政诉讼法没有特别明确授权同级人民检察院对同级人民法院已经发生法律效力的判决、裁定有权提出抗诉。据此，在行政诉讼中，有权提出抗诉的主体只能是最高人民检察院和上级人民检察院，同级人民检察院可以向同级人民法院提出检察建议，但不具有抗诉的资格，不得直接向同级人民法院或上级人民法院提出抗诉，基层人民检察院无权提出抗诉。

（四）申请再审应当准备的材料

因再审是重大的诉讼活动，为表示慎重，当事人申请再审，应当向人民法院提交书面的再审申请书，并附生效的法律文书。申请再审不能以口头的形式提出。再审申请书应当载明下列内容：当事人的基本情况，作出原判决、裁定、调解书的法院名称及判决、裁定、调解书的案号，请求的事项，申请再审的事实与理由，致送人民法院的名称，申请时间等。

如果当事人申请再审的事由是"有新的证据，足以推翻原判决、裁定的"，应当向人民法院提供新的证据，以证明自己的申请理由成立；当事人以其他事由申请再审并有新的证据的，也应当在提出申请时提交人民法院。

（五）当事人申请再审审查程序

1. 再审申请的受理程序

当事人提出再审申请后，人民法院应当在申请再审人提交的材料清单上注明收到日期，加盖收件章，并将其中一份清单返还申请再审人。

申请再审人提出的再审申请符合申请再审的条件的，人民法院应当在5日内受理并向申请再审人发送受理通知书，同时向被申请人及原审其他当事人发送受理通知书、再审申请书副本及送达地址确认书。再审申请不符合申请再审条件的，应当及时告知申请再审人。

在再审申请的受理阶段，法院将重点审查下列四项内容：（1）申请再审人是不是生效裁判文书列明的当事人；（2）受理再审申请的法院是不是作出生效裁判法院的上一级法院；（3）申请再审的裁判是否属于法律和司法解释允许申请再审的生效裁判；（4）申请再审的事由是否属于行政诉讼法规定的再审事由。

2. 再审事由的审查问题

人民法院对当事人的再审申请，应当组成合议庭进行审查，以此体现对当事人申请再审权利的慎重对待。认为符合再审条件的，裁定中止原判决、裁定或者调解书的执行，开始再审程序。

再审审查是围绕再审事由是否成立的初步审查判断。如果当事人非依法律列举的事由申请再审，法官一般会告知其进行修改。在审查环节，虽然法官不会对案件进行实体审理，但实践中，负责再审审查的法官除审查书面材料外，还是会对申请再审的当事人进行询问，在必要时也会调取案卷进行审查。

3. 再审的审查结果

（1）裁定再审

人民法院运用上述审查方式和程序，经审查后认为申请再审人主张的再审事由成立的，应当裁定再审。

（2）裁定驳回再审申请

人民法院经审查认为申请再审事由不成立的，应当裁定驳回再审申请。申请再审的案件，经过审查后，如果法官认为再审事由不符合法定情形，原裁判在认定事实、适用法律及审判程序上均没有错误的，往往都会驳回申请，从而维持原裁判的法律效力。

此外，裁定准许撤回再审申请、裁定按撤回再审申请处理及裁定终结审查程序也是再审审查的结果，分别适用于申请再审人撤回申请；经传票传唤，无正当理由拒不到庭或未经法庭许可中途退庭及申请再审人死亡或终止等应当终结审查的情形。

五、实训过程

1. 让学生熟悉实训素材中的基本案情，同时掌握行政诉讼案件再审的相关理论基础知识。

2. 将学生分为再审申请人、被申请人、一审法院、二审法院、二审法院的上级法院等几个小组，各小组结合实训素材中的资料，当事人组讨论自己在诉讼中有何权利，法院组讨论在案例中的做法是否恰当，讨论案例中存在的法律关系，并由学生代表发言。

3. 以上述讨论确认的实体法律关系为基础，明确各方当事人的诉讼地位及其诉讼权利义务，明确当事人申请再审的救济途径，准备申请再审的有关诉讼材料。

4. 法院组从法院角度做好相应的诉讼准备，明确审查再审申请的裁判思路，准备审查预案。

5. 通过小组演练，由不同学生扮演不同角色，模拟完成诉讼主体的上诉审理过程。

六、实训点评

（一）当事人应注意的问题

1. 对案件实体问题的把握是否符合法律规定，从何角度主张权利；

2. 申请再审材料是否完整，如何完成证据收集；

3. 申请再审材料如何组织，在法院审查过程中如何应对；

4. 提出申诉后证据的整理收集及诉讼策略的确认；

5. 当事人撰写的法律文书是否反映了诉讼策略。

（二）人民法院应注意的问题

1. 查当事人的申请再审的理由是否属于法定事由；

2. 对当事人提出申诉的审查方法；

3. 再审审查应注意的事项；

4. 审查后的处理方式和程序。

七、延伸思考

1. 审判监督程序与二审程序有何区别？
2. 如何完善我国现有审判监督程序？

第七节　行政诉讼裁判

一、实训目标

通过实训掌握行政诉讼裁判的类型和适用条件，能够针对不同案件的具体情况，在司法实务中灵活运用适当的裁定及判决类型。

1. 掌握行政诉讼裁定及判决的种类；
2. 掌握不同行政诉讼裁定、判决类型的适用条件；
3. 培养书写行政诉讼判决书的能力。

二、实训素材

素材一：宫某1系某水务有限公司员工，2023年7月19日17时50分左右，在单位二泵站突发疾病，家属立即拨打"120"急救送往辽阳市中心医院救治，入院时间记载为2023年7月19日19时54分51秒，死亡时间记载为2023年7月21日20时17分26秒。

辽阳市人力资源和社会保障局经调查，于2023年9月27日作出工伤认定决定书，认为宫某1情形不符合《工伤保险条例》第14条、15条相关规定，不予认定为工亡并送达原告，原告不服，诉至法院。

原审法院认为原告在工伤认定过程中未提供一直处于连续且必要的抢救过程的证据，亦未提供证据证明宫某1在48小时内已无抢救可能的证据，判决驳回原告诉讼请求。

原告不服提起上诉。二审法院经审理查明的事实与一审判决认定的事实一致，认为依据医疗机构初次诊断时间与死亡时间，宫某1不属于工亡。综上，一审法院认定事实清楚、适用法律正确、审判程序合法，应予维持。

素材二：丹东市振安区人民政府于2008年10月30日根据第三人王振远提交的领取林权证申请材料，将自留山登记在王振远名下。原告楼房村五组称王振远不是楼房村五组村民，没有资格在楼房村五组分得自留山，取得林地使用权。振安区政府为其颁发自留山林权证，违反了相关法律法规，侵害了原告的林地使用权，请求法院依法撤销振安区人民政府为第三人王振远颁发的丹安林证字（2008）第2100809423号林权证。

被告辩称，（1）依据《林木和林地权属登记管理办法》第2条规定，办理案涉林权登记时，丹东市振安区林业主管部门具有职权依据。（2）丹东市振安区林业主管部门办理林权登记依据1998年《森林法》第3条规定办理案涉林权证。（3）丹东市振安区林业主管部门根据王振远提供的相关材料办理的林权登记，具有事实依据。（4）2008年3月1日，丹东市振安区人民政府依据《林木和林地权属登记管理办法》第9条和第10条规定，履行法定程序后予以登记。林业主管部门对登记材料只做形式审查，不作实质审查，王振远申请登记时提交的林权登记表中住址一栏填写为"楼房5组"、户口性质一栏填写为"组内"，并经楼房村委会、楼房镇林业站、楼房镇政府盖章确认，丹东市振安区人民政府依据《林木和林地权属登记管理办法》相关规定办理登记并颁发林权证，并无不当。

三、实训准备

（一）理论准备

行政诉讼的判决，根据审理程序的不同，可分为一审裁判、二审裁判和再审裁判。其中，一审判决大致分为被诉行政行为合法的判决和被诉行政行为违法的判决。前者包括：维持原行政行为判决、驳回诉讼请求判决和确认合法或有效判决；后者包括：撤销原行政行为判决、履行判决和确认违法或无效判决。在特殊情况下，法院还可以作出变更判决。二审裁判主要有：判决驳回上诉，维持原判；依法改判；裁定撤销原判，发回原审人民法院重审。

1. 一审判决

（1）维持的判决。指法院通过审理认定被诉行政行为合法有效，从而否定原告对被诉行政行为的指控,作出的维持被诉行政行为的判决。

被诉行政行为必须同时具备以下五个条件,人民法院才能作出维持判决:

①合法,被诉行政行为合法,即证据确凿、适用法律法规正确、符合法定程序、权限合法和目的合法。

②作为,被诉行政行为属于作为的方式。若起诉的行为为被告不作为,则理由不能成立,不能作出维持判决,而得作出驳回诉讼请求的判决。

③合理,被诉行政行为合理,即没有违反合理行政原则。行政行为若存在合理问题,则需作出驳回诉讼请求的判决。若行政处罚显失公正的,可以判决变更。

④不需要变更或废止,被诉行政行为合法,但因法律、政策的变化而需要变更或废止的,应作出驳回诉讼请求的判决。

⑤仍然存在,被诉行政行为必须仍然存在,法院才能够作出维持的判决。若被诉行政行为已经不存在,只能作出驳回诉讼请求的判决。

(2)驳回诉讼请求。法院经审理认为原告的诉讼请求依法不能成立,但又不适宜对被诉行政行为作出维持判决的情况下,直接作出否定原告诉讼请求的一种判决形式。具体适用情况:

①起诉不作为,但理由不成立;

②被诉行政行为合法但不合理的;

③被诉行政行为合法,但因法律、政策的变化需要变更或废止的;

④被告改变原行政行为,原告不撤诉,法院经审查认为原行政行为合法的

(3)撤销的判决。即人民法院经过审查作出的否定被诉行政行为的判决。撤销判决分为判决全部撤销、判决部分撤销及判决撤销并责成被告重新作出行政行为三种情况。

1)被诉行政行为有下列情形之一的,人民法院应作出撤销判决:①主要证据不足。②适用法律法规错误。③违反法定程序。④超越职权。⑤滥用职权。

2)被诉行政行为必须同时具备以下六个条件,人民法院才能作出撤销判决:

①违法，指被诉行政行为违法，存在主要证据不足、适用法律法规错误、违反法定程序、超越职权、滥用职权的情形；

②成立并具有约束力，撤销只能针对已经成立并具有约束力的行为。若被诉行政行为不成立或者无效，即没有法律约束力的，法院应判决确认无效；

③作为，撤销只能针对作为行为，若被诉行政行为是违法的不作为，法院应作出确认违法判决或履行判决；

④具有可撤销内容，被诉行政行为必须具有可撤销内容，若被诉违法行为不具有可撤销内容，法院应当作出确认违法判决；

⑤仍然存在，撤销需要针对违法行为仍然存在的行为，如果被诉行政行为违法但已被行政机关变更或撤销的，法院应作出确认违法判决。

⑥撤销不会给国家或公共利益造成重大损失。被诉行政行为违法，但撤销该行政行为将会给国家利益或者公共利益造成重大损失的，人民法院应当作出确认被诉行政行为违法的判决，并责令被诉行政机关采取相应的补救措施；造成损害的，依法判决承担赔偿责任。

3）撤销将会给国家利益、公共利益或者他人合法权益造成损失的，人民法院在判决撤销的同时，可以分别采取以下方式处理：

①判决被告重新作出行政行为；

②责令被诉行政机关采取相应的补救措施；

③向被告和有关机关提出司法建议；

④发现违法犯罪行为的，建议有权机关依法处理。

（4）限期履行的判决。即人民法院经过对行政案件的审理，认定被告具有不履行或者拖延履行法定职责的情形，作出的要求被告在一定期限内履行其法定职责的判决。

此类判决适用于下列情况：①符合法定条件，向被告申请颁发许可证或者执照，被告拒绝颁发或者不予答复。②被告没有依法发给抚恤金、最低生活保障费用及社会保险金。③申请行政机关履行保护人身权、财产权的法定职责，被告拒绝履行或者不予答复的。

人民法院作出限期履行判决，应具备以下条件：①被告对行政相对人依法负有履行职责的义务。②须由原告向被告依法提出申请，被告有拒绝履行、拖延履行的行为，或者对原告的申请置之不理，不作答复。③原告向被告提出申请，应当符合法定条件。④人民法院判决被告履行法定职责，应明确指出所履行职责的内容和履行的期限。

（5）变更的判决。即在行政处罚显失公正时，人民法院作出的改变原行政行为的判决。

法院判决变更被诉行政行为，必须具备两个条件：一是实施行政处罚的行政行为，法院对于其他行政行为无变更权；二是行政处罚显失公正。所谓"显失公正"，即明显不公正，是指行政处罚明显地与违法行为的事实、性质、情节以及社会危害程度不相当。

（6）确认的判决。即人民法院通过对行政行为的审查，确认相应行为合法或者违法。

有下列情形之一的，人民法院应当作出确认被诉行政行为违法或者无效的判决：①被告不履行法定职责，但判决责令其履行法定职责已无实际意义的；②被诉行政行为违法，但不具有可撤销内容的；③被诉行政行为依法不成立或者无效的；④被诉行政行为违法，但撤销该行政行为将会给国家利益或者公共利益造成重大损失的，人民法院应当作出确认被诉行政行为违法的判决，并责令被诉行政机关采取相应的补救措施；造成损害的，依法判决承担赔偿责任。

2. 二审判决

人民法院审理上诉案件，按照下列情形，分别处理：

（1）原判决、裁定认定事实清楚，适用法律、法规正确的，判决或者裁定驳回上诉，维持原判决、裁定。

（2）原判决、裁定认定事实错误或者适用法律、法规错误的，依法改判、撤销或者变更。

（3）原判决认定基本事实不清、证据不足的，发回原审人民法院重审，或者查清事实后改判。当事人对重审案件的判决、裁定，可以上诉。一审法院由于主、客观原因难以或者不可能查清事实，第二审法院则可以在查清事实后，依法对一审判决作出改判。第二审人民法院改变一审判决时，判决时应对被诉行政行为的合法性作出判决，依法判决维持、撤销或者变更被诉具体行政行为。

（4）原判决遗漏当事人或者违法缺席判决等严重违反法定程序的，裁定撤销原判决，发回原审人民法院重审。原判决仅遗漏了行政赔偿请求的，二审审查不应当赔偿的，裁定驳回上诉；二审审查应当赔偿的，二审法院就赔偿部分先行调解，调解不成的就赔偿部分发回重审。

原审人民法院对发回重审的案件作出判决后，当事人提起上诉的，第二审人民法院不得再次发回重审。人民法院审理上诉案件，需要改变原审判决的，应当同时对被诉行政行为作出判决。

3. 行政诉讼裁定的适用

行政诉讼的裁定，是指人民法院在审理行政案件的过程中或者执行案件的过程中，就程序问题所作出的判定。行政诉讼的裁定和行政诉讼判决一样都是人民法院行使国家行政审判权的体现，具有权威性和法律效力。但二者有许多区别，正是这些区别体现了行政诉讼的裁定特点：第一，行政诉讼的判决解决的是行政案件的实体问题，而行政诉讼的裁定解决的是行政案件审理过程或者是案件执行过程中的程序问题；第二，行政诉讼的判决一般是在行政案件审理的最后阶段作出的，而行政诉讼的裁定在行政诉讼的任何阶段都可能作出，通常一个法院在一个审理程序中只能作出一个判决，而人民法院在一个审理程序可能作出多个裁定；第三，行政诉讼判决依据的是行政实体法和行政程序法，而行政诉讼裁定依据的是行政诉讼法；第四，行政诉讼判决是要式行为，必须采用书面形式，而行政诉讼裁定则既可以是书面形式，也可以是口头形式；第五，当事人对一审判决不服均可以提出上诉，而当事人对第一审程序中的行政裁定并非都可以提出上诉，而只能对部分裁定有权提出—上诉。

行政诉讼中的裁定主要适用于下列事项：

（1）不予受理；

（2）驳回起诉；

（3）管辖异议；

（4）终结诉讼；

（5）中止诉讼；

（6）移送或者指定管辖；

（7）诉讼期间停止具体行政行为的执行或者驳回停止执行的申请；

（8）财产保全；

（9）先予执行；

（10）准许或者不准许撤诉；

（11）补正裁判文书中的笔误；

（12）中止或者终结执行；

（13）提审、指令再审或者发回重审；

（14）准许或者不准许执行行政机关的具体行政行为；

（15）其他需要裁定的事项。

行政诉讼裁定的法律效力有两种情况，对一审法院作出的不予受理裁定、驳回起诉裁定和管辖权异议裁定，当事人可以在一审法院作出裁定之日起10日内向上一级人民法院提出上诉，逾期不提出上诉的，一审人民法院的裁定即发生法律效力。对于除以上三类裁定外的其他所有裁定，当事人无权提出上诉，一经宣布或者送达，即发生法律效力。

（二）实践准备

1. 查阅《行政诉讼法》《最高人民法院关于适用〈中华人民共和国行政诉讼法〉的解释》等相关法律；

2. 学生熟悉、分析案例；

3. 角色分配，根据案情需要将学生分配成原告组、被告组、法官组，分组讨论，分析判断不同案例适用的裁判类型。

四、实训要点

（一）违反法定程序的认定

法定程序指法律、法规和规章设定的行政机关实施行政行为的方式和步骤的行政程序。具体来说违反法定程序有以下四种基本情形：

1. 缺少、遗漏或更改了法定程序中的某一步骤；

2. 缺少了必要的形式；

3. 违反顺序规定；

4. 超出法定期限作出行政行为。

（二）超越职权的认定

越权无效是一个国际上公认的行政法原则。超越职权即行政机关没有法律根据的"法外行政"，自然应属违法行政行为的表现之一。实践中，超越职权主要有以下六种表现：

1. 无权限，即法律、法规根本没有明确赋予行政主体某项行政职权，行政主体自行行使了某项职权；

2. 超越主管事项上的权限；

3. 职权侵越也称层级越权；

4. 空间上的越权；

5. 时间上的越权；

6. 行政机关行使了应由法院、检察院行使的职权。

（三）滥用职权的认定

滥用职权指行政机关实施的行政行为背离了法律、法规的原则、精神和目的，不正当地行使了职权。要判断某一行政行为是否滥用职权，必须探究行政机关行使职权的意图，甚至公务员个人的目的和动机。滥用职权主要有以下四种表现：

1. 不正当的动机和目的，行使职权不是出于公共利益的需要；

2. 考虑不相关因素；

3. 反复无常、无确定标准；

4. 极不合理或显失公正。

五、实训过程

1. 让学生熟悉实训素材中的基本案情，同时掌握行政诉讼案件裁判的相关理论基础知识。

2. 将学生分为原告、被告、法院、第三人等几个小组，各组结合实训素材中的资料，讨论各自在诉讼中需要注意的事项；原告、被告准备在诉讼中需要的证据材料并说明证据的证明力，并由学生代表发言。

3. 法院组讨论在案例中各方观点、理由及证据，讨论案例中存在的法律关系，通过分析，选择实训素材案例适用的裁判类型，并由学生代表发言。

4. 法院组从法院角度做好相应的诉讼准备，明确裁判思路，作出本案的裁判，并制作裁判文书。

六、实训点评

1. 熟悉行政诉讼判决书的格式及内容。

2. 根据案情分析应作出行政诉讼判决的种类。

3. 判决书要对双方提交的证据进行认定。

4. 判决书要对双方争议焦点问题进行论证说明。

5. 判决书要对当事人诉讼请求进行回应。

6. 判决书要告知当事人救济途径。

七、实训拓展

1. 行政诉讼判决种类与行政复议决定种类的区别。

2. 行政诉讼判决种类与民事诉讼判决种类的区别。

附件一：素材一行政诉讼判决书

翁某、宫某等行政二审行政判决书
行政判决书

（2024）辽 10 行终 24 号

上诉人（原审原告）翁某，现住辽阳市弓长岭区。

上诉人（原审原告）宫某，现住辽阳市弓长岭区。

二上诉人共同委托代理人张凯，系辽宁诚信泰律师事务所律师。

二上诉人共同委托代理人庄严，系辽宁诚信泰律师事务所律师。

被上诉人（原审被告）辽阳市人力资源和社会保障局，住所地辽阳市文圣区河东新城河东路 9 号。

法定代表人王浩，系该局局长。

委托代理人张寓亭。

原审第三人某水务（辽阳弓长岭）有限公司，住所地辽阳市弓长岭区。

法定代表人刘某，系公司总经理。

委托代理人冯正军，系海南慕周律师事务所律师。

上诉人翁某、宫某诉被上诉人辽阳市人力资源和社会保障局及原审第三人某水务（辽阳弓长岭）有限公司工伤保险资格认定一案，灯塔市人民法院于 2023 年 12 月 4 日作出（2023）辽 1081 行初 184 号行政判决，上诉人翁某、宫某不服，提出上诉。本院受理后，依法组成合议庭，公开开庭审理了本案。上诉人翁某、宫某及其共同委托代理人张凯、庄严，被上诉人辽阳市人力资源和社会保障局负责人艾民、委托代理人张寓亭，原审第三人某水务（辽阳弓长岭）有限公司委托代理人冯正军到庭参加诉讼。本案现已审理终结。

原审法院认定，原告翁某与宫某 1 系夫妻关系，原告宫某系宫某 1 儿子。宫某 1 系第三人某水务（辽阳弓长岭）有限公司维修工。2023 年 7 月 19 日 17 时 50 分左右，在单位二泵站突发疾病，家属立即拨打"120"急救送往辽阳市中心医院救治，入院时间记载为 2023 年 7 月 19 日 19 时 54 分 51 秒，死亡时间记载为 2023 年 7 月 21 日 20 时 17 分 26 秒。辽阳市中心医院住院诊治及抢救经过记载：考虑患者急性脑干梗死，给予改善循环、丁苯酞改善侧支循环、抗血小板聚集、调脂等对症支持治疗。控制血压血糖等治疗。患者进食呛咳，吞咽费力，积极下胃管。患者肺部感染重，呼吸衰竭，给予积极抗炎化痰治疗，血氧低，积极气管插管、呼吸机维持治疗。患者肝损害，胆红素异常，继续护肝治疗，低蛋白，建议输入血蛋白治疗，家属考虑中。患者血肌酐高，酸中毒，无尿，血钾正常，暂停补钾治疗，积极 ICU 会诊，建议积极血滤治疗，家属拒绝转入 ICU 血滤治疗。嘱积极鼻饲补液，增加营养，患者低钠血症，嘱家属增加盐摄入。患者肺部感染严重，呼吸衰竭，现呼吸机维持中，修正诊断：重症肺炎，给予抗生素升级，美平抗炎治疗。患者病情进展快，家属慎重考虑后要求停止呼吸机机械通气并拔除气管插管，家属拒绝一切抢救措施，自愿承担一切后果并签字，患者于 2023 年 7 月 21 日 20 时 17 分 26 秒宣布临床死亡。辽阳市中心医院诊断：①急性脑梗死；②肺炎；③2 型糖尿病；④高血压 3 级极高危；⑤肺部阴影；⑥电解质紊乱－低钠血症，低钾血症，低氯血症；⑦肾功能不全；⑧高同型伴胱氨酸血症；⑨肺占位病变待除外；⑩陈旧性结核可能性大；⑪肝损害；⑫低蛋白血症；⑬Ⅰ型呼吸衰竭。死亡原因：大脑动脉血栓形成脑梗死。同时记载入院时间为 2023 年 7 月 19 日 19 时 54 分，死亡时间记载为 2023 年 7 月 21 日 20 时 17 分。被告经过调查，于 2023 年 9 月 27 日作出辽市人社工伤认字〔2023〕749 号工伤认定决定书，宫某 1 情形不符合《工伤保险条例》第三章第十四条、十五条相关规定，不予认定为工亡并送达原告，原告不服，诉至本院。

原审法院认为，《工伤保险条例》第五条第二款规定："县级以上地方各级人民政府社会保险行政部门负责本行政区域内的工伤保险工作"。根据该条规定，被告辽阳市人力资源和社会保障局对被诉行政行为具有职权依据。本案的争议焦点是宫某 1 在工作时间和工作岗位，突发疾病经抢救超过 48 小时死亡能否认定工伤。《关于实施〈工伤保险条例〉若干问题的意见》第 3 条 "48 小时" 的起算时间，以医疗机构初次诊断时间作为突发疾病的起算点。本案中宫某 1 突发疾病后，入院时间在住院病案首页记载为 2023 年 7 月 19 日 19 时 54 分 51 秒，而在死亡记录上记载为 2023 年 7 月 19 日 20 时 4 分，死亡时间均为 2023 年 7 月 21 日 20 时 17 分，无论采用哪个时间，抢救时间均超过了 48 小时，在辽阳市中心医院死亡记录上记载系宫某 1 家属要求停止呼吸机机械通气，并拔除气管插管，拒绝一切抢救措施，二原告在工伤认定过程中未提供一直处于连续且必要的抢救过程的证据，亦未提供证据证明宫某 1 在 48 小时内已无抢救可能的证据，故其提供的证据达不到证明目的。在工伤认定中，视同工伤的几种情形，是工伤认定情形中的例外规定，对视同工伤的情形的认定应该从严把握，不能随意扩大其外延。综上，原告的诉讼请求缺乏事实和法律依据，本院不予支持。综上，经合议庭评议，依照《中华人民共和国行政诉讼法》第 69 条之规定，判决驳回原告翁某、宫某的诉讼请求。案件受理费 50 元，由原告翁某、宫某负担。

上诉人翁某、宫某上诉称：①请求二审人民法院依法撤销一审判决并依法认定宫某1为工亡；②因本案诉讼产生的诉讼费用由被上诉人承担。宫某1系某水务（辽阳弓长岭）有限公司处维修工人，宫某1于2023年7月19日17时50分左右，在其单位二泵站突发疾病，后经医院抢救治疗无效于2023年7月21日死亡。后家属向本案被上诉人申请工亡认定，被上诉人作出（2023）749号工伤认定决定书，不予认定为工亡。上诉人不服该决定书向灯塔市人民法院提起行政诉讼，灯塔市人民法院作出（2023）辽1081行初184号行政判决书，驳回了上诉人的诉讼请求。一审法院认定事实错误，宫某1的死亡符合工亡认定的情形应依法认定为工亡，应依法享有工伤保险待遇资格。综上，请求二审法院依法查明案件事实，依法支持上诉人的上诉请求。

被上诉人辽阳市人力资源和社会保障局辩称，与一审答辩状意见一致。

原审第三人某水务（辽阳弓长岭）有限公司诉称，请求二审法院本着人文关怀原则，判定死者死亡为工亡。

本院经审理查明的事实与一审判决认定的事实一致，本院予以确认。

本院认为，被上诉人辽阳市人力资源和社会保障局具有作出本案被诉行政行为的法定职权。《工伤保险条例》第十五条规定，职工有下列情形之一的，视同工伤：（一）在工作时间和工作岗位，突发疾病死亡或者在48小时之内经抢救无效死亡的。《关于实施〈工伤保险条例〉若干问题的意见》第3条规定"48小时"的起算时间，以医疗机构初次诊断时间作为突发疾病的起算点。《辽宁省工伤保险实施办法》第12条第2款规定，48小时的起算时间，为医疗机构门急诊初次接诊时间；死亡时间，以医疗机构出具的临床死亡诊断结论为依据。本案中，辽阳市中心医院门（急）诊通用病历中记载的就诊时间为2023年7月19日19时02分58秒，死亡记录上记载的死亡时间为2023年7月21日20时17分，抢救时间已超过48小时，故被上诉人辽阳市人力资源和社会保障局不予认定工伤并无不当。故，上诉人的上诉请求和理由，缺乏事实及法律依据，本院不予支持。

综上，一审法院认定事实清楚、适用法律正确、审判程序合法，应予维持。依照《中华人民共和国行政诉讼法》第89条第1款第（一）项的规定，判决如下：

驳回上诉，维持原判决。

二审案件受理费 50 元，由上诉人翁某、宫某负担。

本判决为终审判决。

审判长　丁××

审判员　刘××

审判员　马××

二〇二四年四月十七日

书记员　王××

附件二：素材二行政诉讼裁定书

辽宁省高级人民法院

行政裁定书

（2023）辽行申 1867 号

再审申请人（一审被告、二审被上诉人）：沈阳市沈河区人民政府，住所地辽宁省沈阳市沈河区盛京路 25 号。

法定代表人：石某某，该区政府区长。

委托诉讼代理人：陈国兴，辽宁观策律师事务所律师。

委托诉讼代理人：张舒，辽宁观策律师事务所律师。

被申请人（一审原告、二审上诉人）：沈阳某公司，住所地辽宁省沈阳市沈河区。

法定代表人：刘某某，该公司经理。

委托诉讼代理人：欧阳朝霞，北京浩天（沈阳）律师事务所律师。

委托诉讼代理人：白凌云，北京大成（沈阳）律师事务所律师。

原审第三人：沈阳市沈河区城市更新局，住所地辽宁省沈阳市沈河区北通天街 29 号。

法定代表人：吴某，该局局长。

委托诉讼代理人：温澄，辽宁鑫成律师事务所律师。

原审第三人：沈阳某百货公司，住所地辽宁省沈阳市沈河区。

法定代表人：徐某某，该公司经理。

委托诉讼代理人：于某某，该公司股东。

委托诉讼代理人：徐羽佳，辽宁申胜律师事务所律师。

沈阳某公司诉沈阳市沈河区人民政府（以下简称沈河区政府）、沈阳市沈河区城市更新局（以下简称沈河区更新局）、沈阳某百货公司履行征收补偿职责一案，辽宁省沈阳市中级人民法院已于 2023 年 7 月 28 日作出（2023）辽 01 行终 311 号行政判决，该判决已经发生法律效力。再审申请人沈河区政府向本院提出再审申请，本院依法组成合议庭对本案进行审查，现已审查终结。

本院认为，本案的焦点问题有两个：一是二审法院认定沈阳某百货公司于 2012 年取得的补偿款中包含沈阳某公司在本案中所主张的补偿权益是否正确；二是二审法院认定的沈河区政府应对沈阳某公司给予补偿的标准及数额是否正确。

关于第一个焦点问题。经查，案涉公有房屋的档案材料存在记载不一致的情况，沈阳市公共事业发展中心公有房屋服务部出具的《情况说明》及其附表与区、市档案记载不同，沈河区政府关于《情况说明》无原始证据支持的主张成立。根据沈阳某百货公司的租赁契约证原件记载，其承租的 45 栋房产面积为 891.8 平方米，现沈河区政府也承认沈阳某公司主张的 141.4 平方米也在 45 栋房产面积之中，关键问题是 141.4 平方米是包含在 891.8 平方米之中，还是与 891.8 平方米各自独立，即整个 45 栋房产的面积为二者之和。沈阳某公司在答辩中均主张"案涉房屋与沈阳某百货公司名下的房屋属于同一栋相邻的房屋，在 2007 年已因失火被拆除，目前没有办法确认 45 栋房屋的总面积是多少，但 45 栋房屋确由两个单位承租"。据此，沈阳某公司只是主张 141.4 平方米房屋在 45 栋内，但并未主张在 891.8 平方米之内。二审法院认定 141.4 平方米包含在 891.8 平方米之中，即沈阳某百货公司取得的补偿款中包含了案涉 141.4 平方米的补偿款属于事实不清、主要证据不足。

关于第二个焦点问题。《沈阳市国有土地上房屋征收与补偿办法》（沈阳市人民政府第 46 号令）第 28 条规定，房屋承租人不继续承租的，区、县

（市）人民政府应当对党政机关、事业单位、国有企业承租人按照被征收房屋房地产评估价格的 60% 补偿，对被征收人按照被征收房屋房地产评估价格的 40% 实行产权调换；对其他房屋承租人不予补偿，由区、县（市）人民政府对被征收人按照被征收房地产评估价格实行产权调换。在房屋产权调换过渡期间内，区、县（市）人民政府应当按照被征收人原直管公房租赁协议中约定租金标准给予过渡期补偿，对房屋承租人给予停产停业损失补偿。本案中，案涉征收决定于 2021 年 4 月作出，征收补偿方案中关于"征收直管非住宅房屋"的补偿条件及政策与沈阳市政府 46 号令第 28 条规定一致，沈阳某公司及某理发店均为集体企业，不属于党政机关、事业单位、国有企业承租人，二审法院判令沈河区政府按照房地产评估价格的 60% 给予沈阳某公司货币补偿属于适用法律不当。

综上所述，沈河区政府申请再审符合《中华人民共和国行政诉讼法》第九十一条第（三）项、第（四）项的规定。依照《中华人民共和国行政诉讼法》第九十二条第二款、《最高人民法院关于适用〈中华人民共和国行政诉讼法〉的解释》第一百一十六条第一款、第一百一十八条第二款的规定，裁定如下：

一、本案指令辽宁省沈阳市中级人民法院另行组成合议庭再审；

二、再审期间，中止原判决的执行。

审判长　李　×

审判员　闫×松

审判员　李　×

二〇二四年四月二十二日

法官助理　寇×蕊

书记员　孟　×

八、实训拓展

1. 行政起诉状

原告×××，……（自然人写明姓名、性别、工作单位、住址、有效身份证件号码、联系方式等基本信息；法人或其他组织写明名称、地址、联系电话、法定代表人或负责人等基本信息）。

委托代理人×××，……（写明姓名、工作单位等基本信息）。

被告×××，……（写明名称、地址、法定代表人等基本信息）。

其他当事人×××，……（参照原告的身份写法，没有其他当事人，此项可不写）。

诉讼请求：……（应写明具体、明确的诉讼请求）。

事实和理由：……（写明起诉的理由及相关事实依据，尽量逐条列明）。

此致

×××× 人民法院

原告：×××（签字盖章）

［法人：×××（盖章）］

××××年××月××日

（写明递交起诉之日）

附：

1. 起诉状副本××份

2. 被诉行政行为××份

3. 其他材料××份

2. 代理词

审判长、审判员：

依照法律规定，受原告（或被告）的委托和××律师事务所的指派，我担任原告（或被告）×××的诉讼代理人，参与本案诉讼活动。

开庭前，我听取了被代理人的陈述，查阅了本案案卷材料，进行了必要的调查。现发表如下代理意见：

……（阐明案件事实、诉讼请求的依据和理由，或阐明反驳原告起诉的事实、诉讼请求的依据和理由）。

……（提出建议）。

代理人：×××

××律师事务所律师

××××年××月××日

3. 行政答辩状

答辩人名称：

所在地址：

法定代表人：　　　　　　职务：　　　　　　电话：

因被答辩人诉答辩人……（案由）一案，（现）提出答辩如下：

此致

敬礼

×××人民法院

答辩人：×××

×××年××月××日

附：本答辩状副本××份

4. 行政撤诉申请书

申请人：……（申请人是公民的写明公民的姓名、性别、年龄、民族、籍贯、工作单位、职业、住址。申请人是法人或其他组织的，写明法人或其他组织的全称、地址、法定代表人或主要负责人的姓名、职务、电话）。

××（名称）诉××××（名称）（年度）×字第×号《关于……决定》（案由）一案，于××××年××月××日诉至你院，现请求撤回起诉。理由如下：

此致

敬礼

×××人民法院

申请人：×××

××××年××月××日

5. 行政诉讼一审判决书

×省×市人民法院行政判决书

（××××）×行初字第××号

原告……（写明起诉人的姓名或名称等基本情况）。

法定代表人（或代表人）……（写明姓名和职务）。

法定代理人（或指定代理人）……（写明姓名等基本情况）。

委托代理人……（写明姓名等基本情况）。

被告……（写明被诉的行政机关名称和所在地址）。

法定代表人（或代表人）……（写明姓名和职务）。

委托代理人……（写明姓名等基本情况）。

第三人……（写明姓名或名称等基本情况）。

法定代表人（或代表人）……（写明姓名和职务）。

法定代理人（或指定代理人）……（写明姓名等基本情况）。

委托代理人……（写明姓名等基本情况）。

原告×××不服××××（行政机关名称）××××年××月××日（××××）×××字第××号××××处罚决定（或复议决定、其他行政行为），向本院提起诉讼。本院受理后，依法组成合议庭，公开（或不公开）开庭审理了本案。……（写明到庭的当事人、代理人等）到庭参加诉讼。本案现已审理终结。

……（概括写明被告所作的具体行政行为的主要内容及其事实与根据，以及原告不服的主要意见、理由和请求等）。

经审理查明，……（写明法院认定的事实和证据）。

本院认为，……（根据查明的事实和有关法律规定，就行政机关所作的

行政行为是否合法，原告的诉讼请求是否合理，进行分析论述）。依照《×
××法》（写明判决所依据的法律条款项）的规定，判决如下：

……（写明判决结果）

如不服本判决，可在判决书送达之日起十五日内，向本院递交上诉状，
并按对方当事人的人数提出副本，上诉于××××人民法院。

审判长　×××

审判员　×××

审判员　×××

××××年××月××日

本件与原本核对无异

书记员　×××

6. 行政上诉状

上诉人×××，……（写明姓名或名称等基本情况）。

被上诉人×××，……（写明姓名或名称等基本情况）。

上诉人×××因……（写明案由）一案，不服××××人民法院×××
×年××月××日作出的（××××）×行×字第××号（判决或裁定），
现提出上诉。

上诉请求：

……（写明具体的上诉请求）。

上诉理由：

……（写明不服原审判决和裁定的事实及理由）。

此致

××××人民法院

上诉人：×××（签字或者盖章）

××××年××月××日

附：上诉状副本××份

7. 再审申请书

申请人×××，……（写明姓名或名称等基本情况）。

被申请人×××，……（写明姓名或名称等基本情况）。

申请人×××因……（写明案由）一案，不服××××人民法院×××

×年××月××日（××××）×行×字第××号（判决、裁定或调解），

根据……的规定（写明申请再审的法律依据），现提出再审申请。

申请请求：

……（写明具体的申请请求）。

申请理由：

……（写明具体的申请事实、理由以及具体的法律依据）。

此致

　　××××人民法院

再审申请人：×××（签名）

××××年××月××日

附：

1. 再审申请书副本××份
2. 原审裁判文书副本××份

九、实训法规

详见

第七章

涉外行政诉讼实训

一、实训目标

通过涉外行政诉讼事项，理解涉外行政诉讼的原则，明确涉外行政法律关系的主体、客体及内容，了解涉外行政法和国内行政法的关系，全面掌握涉外行政诉讼的法律适用，加深对涉外行政诉讼知识理解和运用的同时，培养涉外行政诉讼的思维能力。

1. 理解涉外行政诉讼的原则，明确涉外行政法律关系的主体、内容及客体。

2. 掌握涉外行政诉讼的法律适用。

3. 培养涉外行政诉讼的思维。

二、实训素材

目前，我国关于涉外行政诉讼的规定主要集中在《行政诉讼法》的第九章，结合现实情况，学界多以主体涉外性作为确定涉外行政诉讼的标准。故本次以 HUANGDIANHUI（黄典辉）与福建省卫生健康委员会卫生行政管理（卫生）一审行政判决和 AlanXiaolinWei（魏小林）（以下称魏小林）因认为西安高新技术产业开发区社会保险基金管理中心、西安市人民政府不履行法定职责一案为素材，实训涉外行政诉讼。

三、实训准备

（一）涉外行政诉讼的概念

涉外行政诉讼是指我国人民法院主持和审理的，由外国人、无国籍人、外国组织作为原告或第三人的行政诉讼；具体说是我国人民法院按照我国行政诉讼法审理的，外国人、无国籍人、外国组织因不服我国行政机关作出的具体行政行为，向人民法院起诉的；或者因与我国行政机关作出的具体行政行为有法律上的利害关系，依法参加的行政诉讼。

（二）涉外行政诉讼的特征

1. 涉外行政诉讼是解决在涉外行政管理过程中产生的涉外行政争议的一种途径。如前所述，我国行政机关对在我国境内的外国人、无国籍人、外国组织进行行政管理的过程中必然会产生各种各样的争议。这些涉外行政争议一般通过行政复议都能得到解决，少数涉外行政争议可能进入行政诉讼阶段以最终使争议息止。涉外行政诉讼并不是解决涉外行政争议的唯一途径，但却是解决涉外行政争议的最终途径。

2. 涉外行政诉讼必须有原告或者第三人是外国人、无国籍人、外国组织，这是涉外行政诉讼区别于一般行政诉讼的最基本的特征。行政诉讼中必须有外国人、无国籍人、外国组织参加才可能是涉外行政诉讼，但这并不意味着外国人、无国籍人、外国组织参加行政诉讼只能做原告。外国人、无国籍人、外国组织在我国境内，被我国行政机关所管辖，当认为有关行政机关的具体行政行为侵犯其合法权益时，可以依照我国行政诉讼法的规定，向我国有管辖权的人民法院提起诉讼，但外国人、无国籍人、外国组织作为原告仅为涉外行政诉讼的一种情况，而不是唯有的一种情况，还有一种外国人、无国籍人、外国组织作为第三人的涉外行政诉讼。在某一行政诉讼开始之后、终结之前的期间内，在我国境内的外国人、无国籍人、外国组织、因与作为诉讼标的具体行政行为有法律上的独立的利害关系，主动申请或者经人民法院通知起诉。另外还要指出的是，原告是外国人、无国籍人、外国组织的涉外行政诉讼，包括外国人、无国籍人、外国组织作为共同原告这种情况。

3. 涉外行政诉讼的被告是行使了涉外行政管理权的我国行政机关。被告恒定性是行政诉讼的一般特征，涉外行政诉讼也是这样。涉外行政诉讼都是基于涉外行政管理关系而发生的，外国人、无国籍人、外国组织以原告身份提起的涉外行政诉讼是这样，外国人、无国籍人、外国组织以第三人身份参加的涉外行政诉讼也是这样。无论哪种涉外行政诉讼，作为被告的只能是我国的行政机关。

4. 涉外行政诉讼的标的是我国行政机关作出的涉及外国人、无国籍人、外国组织权益的具体行政行为。行政诉讼的标的总是作为被告的行政机关作出的具体行政行为，对此涉外行政诉讼也不例外，只不过作为涉外行政诉讼标的的具体行政行为影响到外国人、无国籍人、外国组织的权益罢了。涉外管理相对人对我国行政机关作出的影响其权益的具体行政行为不服，按照有关法律的规定以原告身份提起行政诉讼，其目的就是请求人民法院通过审查被告行政机关的具体行政行为而作出撤销、变更等有利于自己的司法判定。他们与行政机关争议的发生起因于具体行政行为，他们在行政诉讼中的胜诉、败诉也在于人民法院对具体行政行为的评价。无疑，在这种情况下行政机关的具体行政行为是涉外行政诉讼的标的。在外国人、无国籍人、外国组织作为第三人的涉外行政诉讼案件中，原告诉讼的标的是行政机关的具体行政行为；外国人、无国籍人、外国组织按法定程序以第三人身份入诉，说明他们与该具体行政行为有法律上的独立的（相对于原告及共同被告）利害关系，他们在行政诉讼中也针对具体行政行为进行旨在维护其权益的诉讼活动，也希望人民法院对该具体行政行为作出的司法判定有利于自己；人民法院最终对具体行政行为作出的评价直接影响他们的诉讼效果和特定权益。可见，具体行政行为也是作为涉外行政诉讼第三人的外国人、无国籍人、外国组织的诉讼标的。

5. 涉外行政诉讼是我国人民法院解决发生在中华人民共和国领域内的涉外行政争议的活动。我国人民法院对行政案件只拥有域内管辖权，原则上不具有域外行政案件的管辖权。这是和行政法是一种属地法，具有绝对的域内效力，原则上否认其域外效力，行政管理权是一种域内管理权，原则上在域外不发生强制性效力的理论和实践相连接、相吻合的。

6. 涉外行政诉讼必须按照我国法律进行。首先，外国人、无国籍人、外国组织提起或参加涉外行政诉讼，必须有我国行政诉讼法和其他法律规范上的根据；否则不能提起或参加行政诉讼。其次，我国人民法院审理涉外行政案件必须依照我国行政诉讼法规定的程序进行，对作为涉外行政诉讼标的的具体行政行为进行合法性审查也须以我国的实体行政法律规范为标准，当然这并不排除在特别情况下适用我国法律法规确认其效力的国际条约。

（三）涉外行政诉讼的原则

涉外行政诉讼的原则是指由涉外行政诉讼本身的特殊规律所要求，反映涉外行政诉讼特殊性的，人民法院在审理涉外行政案件时必须予以遵循的行为准则。我国涉外行政诉讼的原则主要有三个：主权原则、平等原则、对等原则。

1. 主权原则

主权通常理解为国家所固有的在自己领土上的最高权力和在国际关系中的独立性。它构成国家的政治法律属性，是国家独立存在的标志。维护国家主权是宪法规定的公民的基本义务，是我国一切涉外工作的立足点，当然也是我们进行一切涉外诉讼活动的指南。

主权原则是涉外行政诉讼的一项根本原则，它要求人民法院在审理涉外行政诉讼案件的过程中，时时处处树立高度的国家主权观念，一切诉讼活动都必须维护国家的尊严和主权，任何与国家主权不相容的行为都将被严厉否定。主要体现在以下四个方面：第一，坚持行政诉讼的属地司法管辖权。除法律另有规定的以外，任何外国人、无国籍人、外国组织在我国境内都必须接受我国的行政管理；由此而产生的涉外行政案件，一律由我国人民法院审理。我国人民法院对发生在我国境内的涉外行政案件具有绝对的司法管辖权。这种绝对的司法管辖权具有排他性，即不允许在我国境内与我国行政机关发生争议的外国人、无国籍人、外国组织以我国有关行政机关为被告向其所属国或第三国提起行政诉讼，其所属国及第三国也不得受理这种起诉。第二，人民法院审理涉外行政诉讼案件，对作为诉讼标的的我国行政机关作出的具体行政行为进行合法性审查适用我国的行政法律规范及我国缔结或者参加的有关国际条约。任何涉外行政诉讼主体所属国及第三国的行政法律规范在我国的行政诉讼中原则上无效，同时那些我国没有缔结或者参加的国际条约及我国参加或缔结的国际条约中的声明保留的条款也不得作为我国人民法院审理涉外行政案件的依据。第三，外国人、无国籍人、外国组织在我国进行行政诉讼除遵循我国行政诉讼的一般程序规范外，还必须遵守若干旨在维护我国主权和尊严的若干特别程序规则，如使用我国通用的语言、文字；若委托律师代理诉讼，必须聘请我国律师等。第四，我国人民法院对涉外行政诉讼案件最终作出的裁判具有法律效力，涉外诉讼主体有义务接受我国人民法院的裁判；同时，我国人民法院也具有使其作出的裁判得以执行的权力。

主权原则是涉外行政诉讼最根本的、处于核心地位的原则，涉外行政诉讼的其他原则和制度都可以从该原则中找到根据。它们都是以主权原则为指导，从不同方面反映主权原则的要求。但是，平等和对等两个原则虽然也体现着主权原则的精神，但它们也各自拥有独立的内容，所以我们不妨在明确以上观点的前提下，将他们二者列在主权原则之后而与该原则并列。

最后需要特别指出的是，主权原则不仅在于强调本国主权的实现，也含有尊重有关国家的主权的含义。在涉外行政诉讼中，涉及别国主权时，人民法院应持慎重的态度，不但要坚持维护本国主权，而且要考虑到他国主权，尊重对方的国际人格。这一意义上的主权原则才是各国建立正常关系的基础。涉外行政诉讼中的主权原则也应含有这层意义。

2. 平等原则

行政诉讼中的平等原则的基本含义是：外国人、无国籍人、外国组织在我国进行行政诉讼，只要遵守我国的法律，就可以和我国公民或组织一样，享有同等的诉讼权利，履行同等的诉讼义务。涉外行政诉讼中实行平等原则的根据主要有：①国际法的根据。诉讼权利平等原则是国际法上的国民待遇原则在诉讼上的反映即国际上平等互惠原则在诉讼上的体现。采取这一原则是国际上的普遍做法。②宪法根据。我国现行《宪法》第32条规定："中华人民共和国保护在中国境内的外国人的合法权利和利益，在中国境内的外国人必须遵守中华人民共和国的法律。中华人民共和国对于因为政治原因要求避难的外国人，可以给予受庇护的权利。"因此，我国《行政诉讼法》第98

条规定："外国人、无国籍人、外国组织在中华人民共和国进行行政诉讼，适用本法。法律另有规定的除外。"这一规定既充分地反映了我国宪法的要求，也符合行政诉讼法的基本目的。

最后需要指出的是，在行政诉讼中，给予外国人、无国籍人和外国组织与我国的公民和组织同等的诉讼权利和义务，只是一条一般性原则。它在具体的诉讼活动中的实现程度，还要看外国人和组织所属国法院对我国公民、组织的行政诉讼权利有无限制。

3. 对等原则

行政诉讼中的对等原则是诉讼权利同等原则的附加，指外国法院如果对我国公民和组织的行政诉讼权利加以限制的，我国便采取相应的限制措施，以使我国公民和组织在他国的行政诉讼权利与他国公民和组织在我国的行政诉讼权利对等。

一般情况下，在主权国家之间处理相互之间的有关事务，应该以平等互惠为基础：表现在司法上，一国应该依法保障他国公民、组织的诉讼权利，不加歧视和限制。但是国际的关系是十分复杂的，常常有一些因素影响这种诉讼权利平等原则的实现，主要有：①国际形势的格局的调整，使国家间的交往受到影响；②国家与国家间的关系，受各自经济形势、政治力量的对比状况的影响而变化；③当事人的诉讼权利是由各国自己的法律规定及其法院保障的。各国由于法律文化传统和法律实践的不同，因而在有关当事人的诉讼权利的设定上不尽相同。由于这些因素的影响，平等原则往往在实践中会出现障碍，具体表现为一个国家对另一个国家的公民和组织的诉讼权利加以限制的现象时有发生。在这种情况下，国家间的对付方法，就是"你限制我公民和组织的诉讼权利，我也限制你公民和组织的诉讼权利"，以对应的措施对待对方。以限制抵制限制，其目的还是达到互相尊重、平等对待，这即诉讼对等原则的实质。

诉讼对等原则是国家间交往的平等互惠原则在司法上的体现。互惠与对等虽是两个不同的概念，但二者实质上是一个问题的两个方面。在涉外行政诉讼中的互惠关系是指两国间，互相给予对方国家的公民和组织以诉讼上的便利；享有与本国公民和组织同等的诉讼权利，履行同等的诉讼义务。对等则是在相反的情况下，需要采取的措施。目前，各国都承认对等原则，并把它作为贯彻平等互惠原则的重要措施。

我国《行政诉讼法》第99条规定："外国人、无国籍人、外国组织在中华人民共和国进行行政诉讼，同中华人民共和国公民、组织有同等的诉讼权利和义务。外国法院对中华人民共和国公民、组织的行政诉讼权利加以限制的，人民法院对该国公民、组织的行政诉讼权利，实行对等原则。"在外国法院对我国公民、组织的行政诉讼权利加以限制的情况下，为了维护我国主权，保护我国在外国的公民和组织的正当权益，我国人民法院对该外国的公民和组织采取相应的限制措施是完全必要的。此外，从此款的规定上我们也可以看出，法律并未赋予我国人民法院首先限制外国人和组织的诉讼权利的权力，相反从立法旨意上说，原则上不允许我国人民法院对没有对中国公民和组织的诉讼权利加以限制的国家的公民和组织的行政诉讼权利率先加以限制。在正常情况下，我国人民法院按照前述的平等原则赋予外国公民和组织与我国公民和组织同等的行政诉讼权利。只有当外国法院对我国公民和组织的行政诉讼权利加以限制时，人民法院才能适用对等原则，采取相应的限制措施。

（四）涉外行政诉讼的法律适用

同一般行政诉讼一样，人民法院在涉外行政诉讼中的中心任务就是对具体行政行为进行合法性的审查。这样就需要适用两类法律：一类是程序法，规定的是如何使人民法院主持的行政诉讼有条不紊地进行；另一类是实体法，规定的是人民法院评判具体行政行为合法性的标准。法律适用问题是涉外行政诉讼的一个核心问题。涉外行政诉讼较之一般行政诉讼的特殊性都是通过该类行政诉讼在适用法律上的一些特殊规则和原则体现出来的。因此，我们可以通过对涉外行政诉讼的法律适用问题的分析，弄清涉外行政诉讼在程序上的特殊之处，在实体法适用上的特殊规则，了解涉外行政诉讼的全貌，掌握涉外行政诉讼的基本实践技术和原则。

1. 涉外行政诉讼中的实体法适用

（1）优先适用国际条约

根据主权原则，我国人民法院对发生在我国境内的涉外行政诉讼案件具有绝对的属地司法管辖权，并在原则上对涉外行政案件的审理适用我国法律。但是涉外行政诉讼毕竟具有特殊性，如果我国与在我国进行行政诉讼的外国人或组织所属的国家间签订了有关的双边国际条约，或者两国共同参加了某多边国际条约，且这些国际条约与我国有关的行政法律规范的规定发生了冲突，人民法院到底是适用前者还是后者呢？

国际条约是国家和其他国际法主体间缔结的以国际法为准并确定其相互权利义务关系的一种书面形式的国家协议，是国际法的重要渊源。按照国际法，一个条约如果是合法的，就对缔约国产生效力，缔约国就应该善意履行。条约必须信守（pacta sunt servanda）原则早已成为国际法的一项公认的基本原则，并规定在联合国宪章中。根据这项原则的要求，一个国家如果在应该适用它缔结或参加的有关国际条约的情况下，一味强调只适用国内法，拒绝适用有关的国际条约，就会使该国家构成国际不法行为，承担相应的国际责任。正是由于以上原因，优先适用国际条约成为各国解决涉外法律问题的一项普遍准则，即一国国内法与该国缔结或参加的有关国际条约不符时，应适用国际条约的有关规定，而不能适用国内法。在明确了优先适用国际条约这个原则之后，接下来的问题便是怎样具体来适用国际条约。众所周知，我国人民法院在审理包括行政案件在内的任何案件，其直接引为裁判根据的法律只能是国内法，即使是在我国缔结或参加的有关国际条约和国内法相抵触，按照上述优先适用国际条约的原则，而应适用有关国际条约的情况下也是如此。可见在国内执行国际条约只能采取间接的方式，即先将国际条约变为国内法。目前各国将国际条约变为国内法的方式大致有两种：第一，承认一个国际条约，就在国内通过立法程序制定一项相应的法律，将条约的内容包含其中。这样国际条约的内容以国内法的形式出现，适用该国内法也就实施了条约的规定。第二，在国内法中，规定承认和适用国际条约的原则，凡符合原则的就承认其在国内的效力。后一种方式被大多数国家所采用。我国行政诉讼法和民事诉讼法一样，对国际条约的承认采取的也是后一种方式。

我国一贯遵守在平等互利基础上达成的符合国际法原则的国际条约。凡是我国承认的国际法原则和规则都严格遵照，凡是我国缔结或参加的国际条约都恪守不违。但是，作为主权国家参加或不参加某一国际条约，完全是根据自己国家的利益自主决定。对缔结或参加的国际条约有恪守的义务，而对没有缔结或参加的任何国家条约则无遵照的责任；即使是我国缔结或参加的国际条约也不一定是同意条约的全部内容，对条约中的某些条款，可以声明保留。对声明保留的条款，则不受其约束。我国在缔结或参加的国际条约中声明保留的条款，是我国未接受和承认的条款，对此没有信守的义务。我国人民法院审理涉外行政诉讼案件适用有关国际条约时，对我国声明保留的条款不予适用。

（2）适用国内法

我国人民法院主持涉外行政诉讼适用的实体法原则上是我国国内法，即我国的行政法律规范。绝大多数涉外行政诉讼涉及不到适用国际条约的问题。因为适用有关国际条约的前提是：我国与在我国进行行政诉讼的外国人或外国组织所属的国家间签订有关的双边国际条约，或者共同缔结或参加了有关的多边国际条约。抑或有关的国际条约与我国行政法律规范的相应规定相抵触。只有在这种前提下，才有适用国际条约的问题。如果我国与涉外诉讼主体所属国家之间无有关共同参加或缔结的国际条约，或者有关的国际条约没有与我国的有关行政法律规范相抵触的地方，就谈不上适用国际条约的问题。即使在应优先适用有关国际条约的涉外行政诉讼中，我国人民法院也要适用我国的有关行政法律规范解决国际条约有关规定之外的其他问题。

人民法院在涉外行政诉讼中适用行政法律规范的范围和《行政诉讼法》第63条规定的范围是一致的，即以法律和行政法规、地方性法规为依据。地方性法规只适用于本行政区域内发生的涉外行政案件。人民法院审理民族自治地方的涉外行政案件，并以该民族自治地方的自治条例和单行条例为依据。另外，人民法院审理涉外行政案件，还可参照国务院部委根据法律和国务院的行政法规、决定、命令制定、发布的规章以及省、自治区、直辖市和省、自治区的人民政府所在地的市和经国务院批准的较大的市的人民政府根据法律和国务院的行政法规制定、发布的规章。由于这些国内行政法律规范的层级效力各不相同，所以在适用中有一个顺序问题。以效力高者优先适用为原则，这个顺序应该是：法律—行政法规—地方性法规，自治条例和单行条例。至于行政规章，人民法院在必要的时候可以参照适用。

另外在涉外行政诉讼中人民法院还可以适用由有权解释法律、行政法规的机关所作的有权解释中有关涉外行政管理的部分。

（3）对国际惯例的参照适用

在涉外行政诉讼中，遇有一些国际条约和国内法没有规定的特殊情况，可以参照适用某些国际惯例。国际惯例（国际习惯）是指在国际交往中逐渐形成的不成文的原则、准则和规则，是国际法最原始的渊源，国际条约多是国际惯例的成文法。我国人民法院在审理涉外行政案件时，可在以下前提下参照适用有关的国际行政惯例：第一，情况特殊，无国际条约和国内法可供遵循；第二，有相应的国际行政惯例存在，我国与涉外诉讼主体所属的国家在事实上都是承认和遵循这种惯例的；第三，人民法院适用这种国际行政惯例不会损害国家主权和尊严，同时有利于涉外行政诉讼的顺利进行。可见，适用国际惯例只是作为一种补充办法来采用的。

2. 涉外行政诉讼中的程序法适用

涉外行政诉讼中的程序法适用一国法院审理涉外案件以适用法院所在地国家的程序法为国际法上的一般原则。据此，我国《行政诉讼法》第 98 条规定："外国人、无国籍人、外国组织在中华人民共和国进行行政诉讼，适用本法。法律另有规定的除外。"这表明，我国人民法院审理涉外行政案件适用我国的行政诉讼法及我国法律另外规定的特别程序规范。这是我国涉外行政诉讼中程序法适用的基本原则，可以从以下三个方面来认识：

（1）外国人、无国籍人、外国组织在我国进行行政诉讼，在起诉条件、诉讼管辖、当事人诉讼权利义务、审理、判决及执行的程序等基本方面均适用我国行政诉讼法的规定，与中国和组织进行行政诉讼在这些方面并无二致。当然这是就一般原则而言，如果外国法院对中国公民和组织的行政诉讼权利加以限制，适用对等原则。

（2）我国《民事诉讼法》规定的、行政诉讼中应当适用或稍作变通后应予准用的若干诉讼程序规范，在审理涉外行政案件时也同样适用或准用。如《民事诉讼法》第 40 条关于合议庭评议案件的规范，行政诉讼法没有相应的规定，但对包括涉外行政诉讼在内的所有行政诉讼同样适用。

（3）其他一般适用的行政诉讼程序规范，如最高人民法院有关行政诉讼的司法解释等，原则上对涉外行政诉讼同样适用。

《行政诉讼法》第 98 条"但书"所排除的对象主要是指，行政诉讼法本身及其他规定有行政诉讼适用或准用的程序规则的法律、司法解释等对涉外诉讼特别程序的规定。涉外行政诉讼的特别程序主要有以下四方面。

（1）送达

涉外行政诉讼的送达与一般行政诉讼的送达有所区别：对于居住在中国境内的涉外行政诉讼主体可按普通方式送达，对于居住在中国境外的涉外诉讼主体送达诉讼文书需要根据不同情况，采用不同的送达方式。涉外行政诉讼的特别送达方式主要有如下五种：①通过外交途径送达；②涉外诉讼主体所在国的法律允许邮寄送达的，可以邮寄送达；③涉外诉讼主体所属国和我国有司法协议的，可以按协议的规定委托外国法院送达，或者按协议规定的其他方式送达；④由涉外诉讼主体的诉讼代理人送达；⑤不能用上述方式送达时，公告送达。自公告之日起满 6 个月，视为送达。

（2）期间

如果在我国进行行政诉讼的外国人、无国籍人、外国组织不在中华人民共和国居住，不服第一审人民法院判决的上诉期为 60 日；不能在规定期限内提起上诉申请延期的，可以准许，所延期限不得超过 30 日。

（3）诉讼使用的语言和文字

外国人、无国籍人、外国组织在我国进行行政诉讼应使用我国通用的语言、文字。外国公民和组织在一个国家进行诉讼活动，使用受诉法院所在国的语言和文字，是维护国家主权的要求，也是世界通用的一条准则，许多主权国家都有类似的规定。要求在我国进行诉讼的外国人、无国籍人、外国组织必须使用我国通用的语言和文字，既体现维护国家的尊严，又表现法院行使司法权的严肃性。当然，如果外国公民和组织在行政诉讼过程中请求提供翻译，人民法院应以有关费用自负为条件满足其请求，因为这是顺利进行诉讼的需要。

（4）委托律师代理诉讼的限制

外国人、无国籍人、外国组织在我国进行行政诉讼，如果要委托律师代理诉讼，那么只能委托中国律师机构的律师，而不得委托其本国或第三国的律师。这是因为，律师制度是国家司法制度的组成部分，一国的司法制度只能在本国的领域内实行，不能延伸到国外。任何一个主权国家都从不允许外国司法人员在其领域内介入它的司法活动。另外，从我国司法实践上看，我国历来也是不允许外国律师在我国领域内执行职务的。

四、实训要点

研究涉外行政诉讼实训，不妨先从涉外民事诉讼入手，在涉外民事诉讼案件中的主要问题主要集中于管辖权归属和法律适用两个方面。但是在涉外行政诉讼中，在管辖权归属方面，《行政诉讼法》第 18 条中规定了以"最初作出行政行为的行政机关所在地人民法院管辖"的一般管辖原则；在法律适用方面，《行政诉讼法》第 98 条规定"外国人、无国籍人、外国组织在中华人民共和国进行行政诉讼，适用本法。"这一规定彰显了行政诉讼法的公法性质。因此，涉外行政诉讼相较于涉外民事诉讼而言，体例较为简单。目前现实生活存在中的涉外行政诉讼案件也决定了目前学界多以主体涉外性作为确定涉外行政诉讼的标准，故本章的涉外行政诉讼实训要点为，在掌握涉外行政诉讼几大原则的基础上，理解并运用行政诉讼的具体制度机理。

（一）行政诉讼起诉期限

公民、法人或者其他组织提起行政诉讼，要符合起诉的时间条件，即当事人必须在法律规定的期限内提出诉讼，对超过法律规定期限的起诉，法院应当裁定不予受理，已经受理的也应裁定驳回起诉。

《行政诉讼法》第 45 条规定："公民、法人或者其他组织不服复议决定的，可以在收到复议决定书之日起十五日内向人民法院提起诉讼。复议机关逾期不作决定的，申请人可以在复议期满之日起十五日内向人民法院提起诉讼。法律另有规定的除外。"

第 46 条规定："公民、法人或者其他组织直接向人民法院提起诉讼的，应当自知道或者应当知道作出行政行为之日起六个月内提出。法律另有规定的除外。因不动产提起诉讼的案件自行政行为作出之日起超过二十年，其他案件自行政行为作出之日起超过五年提起诉讼的，人民法院不予受理。"

第 47 条规定："公民、法人或者其他组织申请行政机关履行保护其人身权、财产权等合法权益的法定职责，行政机关在接到申请之日起两个月内不履行的，公民、法人或者其他组织可以向人民法院提起诉讼。法律、法规对行政机关履行职责的期限另有规定的，从其规定。公民、法人或者其他组织在紧急情况下请求行政机关履行保护其人身权、财产权等合法权益的法定职责，行政机关不履行的，提起诉讼不受前款规定期限的限制。"

第 48 条规定："公民、法人或者其他组织因不可抗力或者其他不属于其自身的原因耽误起诉期限的，被耽误的时间不计算在起诉期限内。公民、法人或者其他组织因前款规定以外的其他特殊情况耽误起诉期限的，在障碍消除后十日内，可以申请延长期限，是否准许由人民法院决定。"

（二）重复起诉的定义以及禁止重复起诉的原因

重复起诉是指涉及同一纠纷，在前诉尚处于诉讼系属中或前诉判决已产生既判力后，一方当事人提起的后诉。重复起诉之所以被禁止，是因为它违反了诉讼系属、既判力和一事不再理原则。如果允许重复起诉，将造成因重复审理而带来的司法资源浪费、因矛盾判决而导致的司法秩序混乱以及因被迫进行二重应诉而对被告产生的不便。

《行诉法解释》首次对行政重复起诉的判断标准予以规范，判断标准为"当事人相同""诉讼标的相同""诉讼请求相同""后诉请求被前诉裁判所包含"。

《最高人民法院关于适用〈中华人民共和国行政诉讼法〉的解释》第 106 条规定，当事人就已经提起诉讼的事项在诉讼过程中或者裁判生效后再次起诉，同时具有下列情形的，构成重复起诉：（1）后诉与前诉的当事人相同；（2）后诉与前诉的诉讼标的相同；（3）后诉与前诉的诉讼请求相同，或者后诉的诉讼请求被前诉裁判所包含。

（三）全面审查原则

这里所说的全面审查，意在强调不仅要对原审人民法院的判决、裁定进行审查，也要对被诉行政行为进行审查。这是因为，在撤销诉讼中，核心要件就是被诉行政行为的合法性，二审法院对于原审人民法院的判决、裁定的审查，自然离不开审查被诉行政行为的合法性。但是，所谓全面审查，不能超出一审法院的裁判范围，不能超出原告的诉讼请求，而原告的诉讼请求恰恰决定了一审法院的裁判范围。

《行政诉讼法》第87条规定，人民法院审理上诉案件，应当对原审人民法院的判决、裁定和被诉行政行为进行全面审查。

（四）行政诉讼被告的确定

行政诉讼被告是指由原告指控其行政行为违法，经法院通知应诉的行政机关或法律法规、规章授权的组织。能够成为行政诉讼的被告，应当满足以下两点：

被告是以自己的名义实施国家行政管理职能，并承受一定法律后果的国家行政机关和社会组织，包括行政机关或者法律法规、规章授权的组织。

被原告指控，并被法院通知应诉，这是被告的程序特征。

根据《行政诉讼法》第26条的规定，公民、法人或者其他组织直接向人民法院提起诉讼的，作出行政行为的行政机关是被告。

经复议的案件，复议机关决定维持原行政行为的，作出原行政行为的行政机关和复议机关是共同被告；复议机关改变原行政行为的，复议机关是被告。

复议机关在法定期限内未作出复议决定，公民、法人或者其他组织起诉原行政行为的，作出原行政行为的行政机关是被告；起诉复议机关不作为的，复议机关是被告。

两个以上行政机关作出同一行政行为的，共同作出行政行为的行政机关是共同被告。

行政机关委托的组织所作的行政行为，委托的行政机关是被告。

行政机关被撤销或者职权变更的，继续行使其职权的行政机关是被告。

五、实训过程

案例一 原告 AlanXiaolinWei（魏小林）（以下称魏小林）认为被告西安高新技术产业开发区社会保险基金管理中心、西安市人民政府不履行法定职責案。

具体案情

2010年3月11日,原告被他人打伤,2015年6月29日,西安市人力资源和社会保障局作出市人社工通〔2015〕1252号《关于魏小林工伤认定决定通知书》,认定魏小林为工伤。2016年2月8日原告向被告高新社保中心提交《工伤先行支付申请书》,被告高新社保中心于2016年2月18日向原告发出《工伤保险待遇先行支付材料补正通知书》,要求原告补正材料。一、申请工伤待遇报销提供以下材料:1. 居民身份证;2. 认定工伤决定书;3. 工伤职工停工留薪期确认通知;4. 医疗机构出具的伤害部位和程度的诊断证明;5. 工伤职工的医疗票据、病历、清点、处方及检查报告;6. 工伤职工因旧伤复发就医的,还需要提供《工伤职工旧伤复发申请表》;7. 属于遭受暴力伤害的,需要提供公安机关出具的遭受暴力伤害证明和赔偿证明材料;8. 经人民法院判决或者调解的,需要提供民事判决书或者民事调解书等证明材料。二、未依法缴纳工伤保险费的用人单位申请先行支付,还需补充提供以下材料:社会保险登记证、工伤保险实缴清单或者还欠协议。三、用人单位拒不支付工伤待遇、职工或者近亲属申请先行支付的,还需补充提供以下材料:1. 工伤职工与用人单位的劳动关系证明;2. 社会保险行政部门出具的用人单位拒不支付证明材料。原告未按照被告高新社保中心的要求补缴相关材料。2016年3月22日,第三人(案外人)函告被告高新社保中心"魏小林产生的4422.48元医疗费我公司考虑其经济状况不佳代为垫付"。

2015年8月3日、2016年3月18日本案第三人向被告高新社保中心提交补缴原告魏小林社会保险费的申请,被告高新社保中心以申请人未提交合法的申报材料为由,未为原告办理相关事宜,并于2016年3月31日作出《关于丛林信息技术公司(西安)有限责任公司申请为外籍员工魏小林补缴社会保险费有关问题的答复》,原告不服,于2016年4月6日向被告市政府申请行政复议,复议请求为"一、确认被申请人以下行为违法:(一)被申请人拒不受理申请人请求补缴社保工伤保险费用申请的行为;(二)被申请人在办理申请人工伤待遇资格认定和工伤待遇先行支付申请的不作为行为;

（三）被申请人要求申请人公司承担因被申请人违法行政行为造成的后果之行为；（四）被申请人其他伤害申请人及公司合法权益的相关行政行为。二、责令被申请人立即为申请人办理补缴工伤保险、办理正常享受工伤保险待遇以及工伤保险待遇先行支付等业务之法定职责。三、责令被申请人承担因其不作为等违法行为，造成申请人及其公司遭受损失等不利后果，承担一切相关赔偿责任和义务。"被告市政府审查认为，原告的行政复议缺失材料并于 2016 年 4 月 6 日作出市政复补字〔2016〕83 号《补正行政复议申请通知书》并于当日向原告邮寄，2016 年 4 月 15 日被告市政府向被告高新社保中心邮寄《行政复议答复通知书》，5 月 4 日被告市政府向原告邮寄复议材料，因案件复杂，被告市政府于 2016 年 5 月 31 日作出延期审理的决定并向原告及被告高新社保中心邮寄《延期审理通知书》，6 月 15 日被告市政府作出市政复决字〔2016〕83 号《驳回行政复议申请决定书》，决定"驳回申请人的行政复议申请"。原告不服，诉至西安铁路运输法院。

原告就本案诉请的事项曾在法定期限内向西安铁路运输中级人民法院提起诉讼，西铁中院曾作出裁定（不属于中级人民法院管辖），2016 年 8 月 4 日原告收到该裁定书（邮单编号 EY083763856CN），原告遂于 2016 年 8 月 15 日向本院提起诉讼，本院于 2016 年 9 月 6 日立案受理，审理期间经本院依法释明，原告拒不变更诉讼请求，本院于 2016 年 12 月 12 日裁定，驳回原告起诉，并于 2017 年 1 月 18 日邮寄送达原告。原告魏小林未提起上诉，遂于 2017 年 1 月 24 日向本案再次提起诉讼。第三人向被告高新社保中心提交的关于分项、分期补缴社保费的事项，西安铁路运输中级人民法院于 2017 年 8 月 14 日作出（2017）陕 71 行终 371 号行政判决书，驳回第三人的诉讼请求。西安铁路运输法院作出以下判决：

一、撤销被告西安市人民政府作出的市政复驳字〔2016〕83 号《驳回行政复议申请决定书》。

二、责令被告西安市人民政府自本判决生效之日起在法定期限内对原告的行政复议申请重新作出行政行为。

争议焦点

一、原告起诉是否超过起诉期限和是否属于重复起诉；

二、被告市政府的复议行为是否合法及原告诉请的其他请求本案是否能一并处理。

案例二 上诉人 HUANGDIANHUI（黄典辉）（以下称黄典辉）因诉福建省卫生健康委员会（以下简称福建省卫健委）行政答复一案，不服福州市中级人民法院（2019）闽 01 行初 383 号行政裁定，向福建省高级人民法院提起上诉一案。

具体案情

原告黄典辉 1988 年从福建医科大学医疗专业毕业后，在福州市神经××防治院从事临床精神科执业医师工作，于 1989 年取得临床执业医师资格证书并在临床工作七年。此后原告从原单位辞职前往新西兰，并在 1999 年 3 月加入新西兰国籍。1998 年《中华人民共和国执业医师法》（以下称《执业医师法》）颁布，根据该法第 43 条和卫医发〔1999〕319 号《具有医学专业技术职务任职资格人员认定医师资格及执业注册办法》（以下称《认定办法》）第 4 条之规定，原告可依法办理医师资格认定证书换发手续补办，申请把旧的资格证书换发为医师资格统一的新资格证书。但由于原告移民新西兰向原从业单位辞职，原告也无从获知申报信息及渠道，以至于原告没能及时申请认定相应的医师资格。2015 年 5 月 13 日，原告依据《执业医师法》第 43 条及《认定办法》第 4 条之规定，向福州市卫生健康委员会（以下称福州卫健委）提出将旧的资格证书换发为医师资格统一的新资格证书的申请，福州卫健委以截止日期（2004 年 6 月 30 日）法定义务终止日期为由不予受理。原告遂于 2019 年 8 月向福建卫健委申请行政复议。

原告另向福建卫健委提出医师资格补认定的要求，福建卫健委对原告作出《关于对黄典辉申请医师资格认定的答复意见》，认为根据《执业医师法》第 47 条规定，原告现为新西兰籍公民，不符合我国医师资格认定条件。依据《认定办法》及原卫生部《关于妥善解决医师资格认定工作有关问题的通知》（卫人发〔2003〕第 316 号）精神，以医师资格认定补办截止时间为 2004 年 6 月 30 日，现已超过补办时间为由，不予办理补办认定。对于福建卫健委行政决定的答复，原告认为其理解和适用法律规定有误。理由如下：1.《执业医师法》第 47 条规定，境外人员在中国境内申请医师考试、注册、执业或者从事临床示教临床研究等活动的，按照国家有关规定办理。由此可以看出《执业医师法》第 47 条与医师资格认定证书换发完全无关。原告已于 1989 年即已经是依法取得中国临床执业医生资格的合法医生并在临床工作，完全与该条款毫无关系，只不过是依法履行新旧医师资格证书认定换发补办手续。福建卫健委明显是适用法律条文错误。且被告在回复中还认为由于原告现为新西兰国籍因此不能受理原告医师资格证书认定换发手续补办申请，违反《中华人民共和国立法法》的规定。国家卫健委关于《执业医师法》配套文件问答 7，也足以说明医师资格证书认定换发与国籍没有任何关系。综上，请求：撤销被告作出的《关于对黄典辉申请医师资格认定的答复意见》，责令被告重新作出行政行为。

被告福建卫健委辩称，一、依据有关法律法规，答辩人已不具有办理原告医师资格认定的法定职能，原告向答辩人申请办理有关手续于法无据。根据《执业医师法》第 43 条规定，在本法颁布之日前按照国家有关规定取得医学专业技术职称和医学专业技术职务的人员，由所在机构报请县级以上人民政府卫生行政部门认定，取得相应的医师资格，并授权国务院卫生和人事行政部门制定具体办法。由上述规定可以看出，"医师资格认定"是在国家开始实行医师资格考试和医师执业注册制度之初、新旧制度衔接的过渡期内，为解决原有医疗人员资格而做的特殊安排，根据国务院有关部门授权制定的具体办法，答辩人已不具有办理原告医师资格认定的法定职能，原告此时向答辩人申请办理有关手续于法无据，具体理由如下：（一）答辩人目前已不具有医师资格认定职能，原告申请办理医师资格认定超出法定时限。原卫生部、人事部依据《执业医师法》第四十三条授权制定的《认定办法》第 12 条第 2 款规定，曾取得医学专业技术职务任职资格，现未在医疗、预防、保健机构工作的，申请医师资格认定时间截至 1999 年 12 月 31 日。此外，原卫生部《关于妥善解决医师资格认定工作有关问题的通知》（卫人发〔2003〕第 316 号）及原福建省卫生厅转发《卫生部关于妥善解决医师资格认定工作有关问题的通知》（闽卫人〔2003〕305 号）规定，"对地处偏远、单位解体或其他等特殊原因，未能及时申请认定医师资格，但符合医师资格认定条件的人员"可以予以补办，补办时间截至 2004 年 6 月 30 日，留学回国服务人员不受此限制。根据上述规定，至迟于 2004 年 6 月 30 日，我国卫生行政部门已经不具有为除留学回国人员外其他人员办理医师资格认定的法定职能；而原告不属于留学回国服务人员，其于 2019 年才提出相关申请，超出法定时限整整 15 年，其申请于法无据。（二）即使在卫生行政部门仍有医师资格认定职能时，答辩人也不是原告医师资格认定申请的法定受理机关。《认定办法》第 4 条第 3 款规定，曾经取得过医学专业技术职务任职资格，现未在医疗、预防、保健机构工作，申请医师资格认定的，由申请人向人事档案存放机构所在地的地域设区的市级卫生行政部门提出申请。原告现未在医疗机构工作，符合上述规定的情形。因此，即使在卫生行政部门仍有医师资格认定职能的时期，根据上述规定，若原告在国内仍有人事档案，其应向人事档案存放机构所在地的地域设区市级卫生行政部门提出资格认定申请，而答辩人为省级卫生行政部门，其向答辩人申请于法无据。综上所述，答辩人已经不具有医师资格认定职能，且答辩人本就不是原告医师资格认定申请的法定受理机关，原告向答辩人申请办理有关手续于法无据。二、原告不具有中国国籍，客观上不符合申请医师资格认定的条件。即便不考虑卫生行政部门已无相关职能问题，由于原告不具有中国国籍，其客观上也不符合申请医师资格认定的条件，具体理由如下：（一）原告为境外人员，其不能通过"医师资格认定"获得医师资格。《认定办法》第 4 条第 4 款规定，符合本办法第 3 条规定条件，现在国外学习、工作或居住的中国公民，按前款规定办理即医师资格认定的范围不包括外国人；《执业医师法》第 47 条则特别规定，境外人员在中国境内申请医师考试、注册、执业或者从事临床示教、临床研究等活动的，按照国家有关规定办理——即不按《执业医师法》处理。2015 年 7 月，原国家卫生计生委在《关于医师资格认定有关问题的批复》（国卫人函〔2015〕252 号）中再次明确，境外人员医师资格的获得不适用于《执业医师法》第 43 条关于医师资格认定的规定。根据原告自述，其于 1999 年 3 月加入新西兰国籍；根据《中华人民共和国国籍法》第 9 条规定，定居外国的中国公民，自愿加入或取得外国国籍的，即自动丧失中国国籍。因此，原告已不是中国公民，根据前述规定其不符合申请办理医师资格认定的条件。（二）认定原告为外籍不符合申请医师资格认定条件，符合法律适用原则。

根据基本法理，对原告是否具有申请医师资格认定条件的判定，应按照原告申请时的客观情况和其申请时生效的法律进行；根据原告于 2019 年申请时为外籍的客观情况及前述生效法律法规，原告不符合申请条件。因此，原告提出的《执业医师法》颁布之日，不是判定其是否符合医师资格认定的国籍条件的基准日，原告称认定其不具有中国国籍违反"法不溯及既往"原则，是对法律原则的误解，于法无据。此外，《执业医师法》于 1999 年 5 月正式施行，而《认定办法》于 1999 年 6 月才颁布施行，因此，所有关于设立医师资格认定的法律法规均在原告丧失中国国籍之后才生效——也就是说，当我国开始存在"医师资格认定"时，原告已经是外籍人士，根据法律适用原则当然只能按照其为外籍人士而认定其不符合申请医师资格认定的条件。另，原告说其曾经获得医师资格是错误的，原告取得的是专业技术职称不是医师资格，在《执业医师法》生效前我国未建立医师资格制度。综上所述，答辩人已经不具有医师资格认定职能，且答辩人本就不是原告医师资格认定申请的法定受理机关，原告向答辩人申请办理有关手续于法无据。原告在我国开始"医师资格认定"之前就已经丧失中国国籍，其作为境外人员的医师资格获得，依法不适用于《执业医师法》第 43 条关于医师资格认定的规定。原告的起诉缺乏事实和法律依据，请求贵院依法予以驳回，以维护法律权威和被告合法权益。

一审法院福建省福州市中级人民法院驳回原告 HUANGDIANHUI（黄典辉）的起诉。认为，《认定办法》第 4 条第 3 款规定，曾经取得过医学专业技术职务任职资格，现未在医疗、预防、保健机构工作，申请医师资格认定的，由申请人向人事档案存放机构所在地的地域设区的市级卫生行政部门提出申请。根据上述规定，若原告需要申请办理医师资格认定，其首先应向人事档案存放机构所在地的地域设区市级卫生行政部门提出资格认定申请，被告不具有对医师资格认定作出认定的法定职责。而事实上，原告已就同一申请事由向福州卫健委提出申请，且因对福州卫健委作出的告知不服，向福建卫健委申请行政复议，并就此另案提起行政诉讼。因被告不具有作出医师资格认定的法定职责，故被告对原告医师资格认定的申请是否作出处理意见以及如何作出处理意见均对原告的权利义务不产生实际影响。本案原告就被告作出的答复意见不服，向人民法院提起行政诉讼，请求被告履行法定职责对其申请重新作出处理意见，不属于人民法院行政诉讼的受案范围，原告就此提起本案行政诉讼，不符合起诉条件。上诉人 HUANGDIANHUI（黄典辉）因诉福建省卫生健康委员会（以下简称福建省卫健委）行政答复一案，不服福州市中级人民法院（2019）闽 01 行初 383 号行政裁定，向福建省高级人民法院提起上诉。

上诉人 HUANGDIANHUI（黄典辉）不服原审裁定，提起上诉，请求撤销一审裁定，同时撤销被上诉人福建省卫健委作出的《关于黄典辉申请医师资格认定的答复意见》，并责令被上诉人限期决定为上诉人办理医师资格证书认定换发手续。主要理由是：根据《卫生部关于进一步做好医师资格认定工作的通知》（卫人发〔2000〕第 117 号）第 11 条以及《卫生部关于妥善解决医师资格认定工作有关问题的通知》（卫人发〔2003〕316 号）第 7 条的规定，认定工作由各省负责组织实施，对因地处偏远、单位解体或其他等特殊原因，未能及时申请认定医师资格，但符合医师资格认定条件的人员，各地应继续受理并予以补办，具体安排可根据当地实际情况，采取随时或限期受理补办的方式进行。故被上诉人具有作出医师资格认定证书换发的法定义务与职责。虽然福州市卫健委是法定受理单位，但被上诉人是国家卫健委授权的医师资格证书换发的省级决定人，福州市卫健委只是具体的受理机构，被上诉人作出的决定直接影响福州市卫健委能否受理、办理上诉人医师资格证书换发手续。因此，被上诉人作出的《关于黄典辉申请医师资格认定的答复意见》对上诉人的权利和义务产生了决定性的影响。答复意见中关于上诉人现为新西兰籍公民，不符合我国医师资格认定条件和现已超过补办截止时间，不予办理补认定的结论是违法的，依法应判决撤销并责令被上诉人限期为上诉人办理医师资格证书认定换发手续。原审裁定驳回上诉人的起诉有误。

被上诉人福建省卫健委答辩称，答辩人不具有受理上诉人医师资格认定申请的法定职责，答辩人的答复意见对上诉人的权利义务不产生实际影响，且上诉人客观上不符合申请医师资格认定的条件，认定上诉人具有医师资格不符合设立医师资格认定制度的初衷，更可能对人民群众生命健康安全造成严重威胁。综上，上诉人的起诉缺乏事实和法律依据，原审裁定驳回其起诉合法有据。请求依法驳回上诉，以维护法律权威和答辩人的合法权益。

二审法院福建省高级人民法院作出裁定：驳回上诉，维持原裁定。本院认为，1999年5月1日实施的《中华人民共和国执业医师法》第43条规定："本法颁布之日前按照国家有关规定取得医学专业技术职称和医学专业技术职务的人员，由所在机构报请县级以上人民政府卫生行政部门认定，取得相应的医师资格。其中在医疗、预防、保健机构中从事医疗、预防，保健业务的医务人员，依照本法规定的条件，由所在机构集体核报县级以上人民政府卫生行政部门，予以注册并发给医师执业证书。具体办法由国务院卫生行政部门会同国务院人事行政部门制定。"原卫生部、人事部于1999年6月28日发布的《具有医学专业技术职务任职资格人员认定医师资格及执业注册办法》第3条规定："已取得医师以上专业技术职务任职资格的，可以申请执业医师资格。已取得医师专业技术职务任职资格，以及1995年、1996年大学专科毕业生已经转正但未取得医师专业技术职务任职资格的，可以申请执业助理医师资格。"第4条第3款规定："曾经取得过医学专业技术职务任职资格，现未在医疗、预防、保健机构工作，申请医师资格认定的，由申请人向人事档案存放机构所在地的地域设区的市级卫生行政部门提出申请。"第7条规定："县级以上卫生行政部门负责受理申请医师资格认定。县级卫生行政部门收到申请材料后，对申请人的申请材料进行验证，并签署初审意见。初审合格的，经各地或设区的市级卫生行政部门审核后，报省级卫生行政部门认定。地或设区的市级卫生行政部门收到申请材料后对申请人的申请材料进行验证，并签署审核意见。审核合格的，报省级卫生行政部门认定……"因此，申请医师资格认定，应根据上述规定向有权受理的卫生行政部门提出认定申请，被上诉人作为省级卫生行政部门不具有受理医师资格认定申请的法定职责。原审认为被上诉人不具有对医师资格认定作出认定的法定职责不准确，本院予以指正。事实上，上诉人也已就同一申请事由向福州市卫健委提出申请，且因对福州市卫健委作出的告知不服，向福建省卫健委申请行政复议，并就此另案提起行政诉讼并经实体审理。故被上诉人受理或不受理上诉人的申请，以及作出何种意见，均不影响上诉人向有权受理机关提出申请。

根据《最高人民法院关于适用〈中华人民共和国行政诉讼法〉的解释》第一条第二款第（十）项、第六十九条第一款第（八）项的规定，对公民、法人或者其他组织的权利义务不产生实际影响的行为，不属于行政诉讼受案范围；公民、法人或者其他组织对明显对其合法权益不产生实际影响的行政行为起诉，已经立案的，应当裁定驳回起诉。故原审裁定驳回上诉人的起诉，结论正确，可予维持。

争议焦点

一、原告是否符合申请医师资格认定的条件。

二、二审法院能否撤销福建省卫健委作出的《关于黄典辉申请医师资格认定的答复意见》，能否责令其限期决定为上诉人办理医师资格证书认定换发手续。

（一）介绍教学目的，明确讨论主题，与学生共同阅读案例，了解案件基本情况，将学生进行角色分配，分为原告组、被告组（复议机关）、法院组。

（二）针对本案所涉及的法律程序进行分组讨论，学生回答相关法律程序的问题。各组按照各自的角色完成实践题，提交相应的法律文书。

（三）针对行政诉讼当事人的资格以及地位、如何甄选行政诉讼被告问题进行讨论，各小组回答有关行政诉讼当事人的问题，并就本案的行政诉讼当事人情况进行分析讨论。

（四）针对行政诉讼案件审理程序，尤其是法庭调查内容进行讨论；各组回答关于行政诉讼案件审理程序的问题，尤其要注意行政诉讼案件在法庭调查过程中内容的特殊性。

（五）针对在行政诉讼质证过程中对证据三性的认定进行讨论，各小组按照各自角色来讨论分析本案例中提交证据的三性，即真实性、关联性以及证明目的。

（六）学生、教师总结归纳。学生按照角色分组总结本组作为原告、被告或法官在法律程序中所完成的职责以及还需注意的问题。教师对整个案件进行总结。

（七）学生进一步思考委托代理律师在行政诉讼活动中的职能，如何更好地保障当事人的合法权益。

六、实训点评

实训素材中案例的训练目的是让学生体会了解诉讼程序，理解法条，检验并巩固行政诉讼专业知识，提高表达能力。

案例一在实训过程中需要注意以下问题：

（一）提起行政诉讼，必须严格遵守行政诉讼程序，遵从行政诉讼的起诉期限。

（二）诉请确认被告不履行法定职责，需要首先释明其法定职责是什么。即应该找出行政行为所依据的国务院部门和地方人民政府及其部门制定的规范性文件。

（三）诉讼过程必须注意程序合法性，制作各种文书必须规范。

1. 行政诉讼的起诉期限问题

根据审理查明的事实，原告就本案诉请的事项曾在法定期限内向西安铁路运输中级人民法院提起诉讼，西铁中院曾作出裁定（不属于中级人民法院管辖），2016 年 8 月 4 日原告收到该裁定书（邮单编号 EY083763856CN），原告遂于 2016 年 8 月 15 日向本院提起诉讼，本院于 2016 年 9 月 6 日立案受理，审理期间经本院依法释明，原告拒不变更诉讼请求，本院于 2016 年 12 月 12 日裁定，驳回原告起诉，并于 2017 年 1 月 18 日邮寄送达原告。原告魏小林未提起上诉，遂于 2017 年 1 月 24 日向本案再次提起诉讼。据此，原告起诉并未超过法定的起诉期限。

2. 重复起诉问题

根据《最高人民法院关于适用〈中华人民共和国民事诉讼法〉的解释》第 247 条第 1 款的规定，同时符合下列条件的，构成重复起诉：后诉与前诉的当事人相同；后诉与前诉的诉讼标的相同；后诉和前诉的诉讼请求相同，或者后诉的诉讼请求实质上否定前诉裁判结果。本案中，原告魏小林的起诉即被告所称（2016）陕 7102 行初 925 号及（2016）陕 7102 行赔初 51 号案件，但因（2016）陕 7102 行初 925 号案件系本案裁定驳回起诉的案件，也就是说原告诉请的事情，本案并未进行实质性处理；（2016）陕 7102 行赔初 51

号案件，也因原告诉请尚不具备条件为由，驳回原告的诉讼请求。据此，原告魏小林此次起诉并非重复起诉。

3. 被告的法定职责

原告以被告高新社保中心为被申请人向被告市政府申请行政复议，被告市政府是适格的复议机关。作为复议机关的本案被告，本应对行政复议申请中的全部事项进行审查并作出处理，但本案被告市政府作出的市政复驳字〔2016〕83号《驳回行政复议申请决定书》中仅对原告提出的行政复议申请事项一、二，即一、确认被申请人以下行为违法：一是被申请人拒不受理申请人请求补缴社保工伤保险费用申请的行为；二是被申请人在办理申请人工伤待遇资格认定和工伤待遇先行支付申请的不作为行为；三是被申请人要求申请人公司承担因被申请人违法行政行为造成的后果之行为；四是被申请人其他伤害申请人及公司合法权益的相关行政行为。二、责令被申请人立即为申请人办理补缴工伤保险、办理正常享受工伤保险待遇以及工伤保险待遇先行支付等业务之法定职责；但对原告的行政复议申请事项三要求责令被申请人承担因其不作为等违法行为，造成申请人及其公司遭受损失等不利后果，承担一切相关赔偿责任和义务的事项未作审查处理，且原告魏小林有权在向复议机关在复议阶段提出行政赔偿的请求，根据行政复议全面审查的原则，复议机关未全面审查行政复议申请事项即作出复议决定的行为，不符合法定程序，故，对于原告请求撤销该行政行为的诉讼请求，法院作出支持判决，结论正确。

案例二在实训过程中需要注意以下问题：

（1）提起行政诉讼，必须严格遵守诉讼程序，遵从行政诉讼的起诉期限。

（2）认真分析人民法院行政诉讼的受案范围，须符合起诉条件。

本案原告就被告作出的答复意见不服，向人民法院提起行政诉讼，请求被告履行法定职责对其申请重新作出处理意见，不属于人民法院行政诉讼的受案范围，原告就此提起本案行政诉讼，不符合起诉条件。据此，一审法院依照《最高人民法院关于适用〈中华人民共和国行政诉讼法〉的解释》第69条第1款第（一）项的规定，驳回上诉人的起诉，结论正确，二审法院予以维持。

七、实训拓展

1. 涉外行政诉讼的管辖。
2. 涉外行政诉讼的受案范围。

八、实训文书

（一）行政起诉状

1. 文书的含义及作用

行政起诉状是公民、法人或者其他组织不服行政机关作出的具体行政行为，依照《行政诉讼法》向人民法院提起诉讼的法律文书。

根据我国《行政诉讼法》第 12 条的规定，人民法院受理公民、法人或者其他组织提起的下列诉讼：（1）对行政拘留、暂扣或者吊销许可证和执照、责令停产停业、没收违法所得、没收非法财物、罚款、警告等行政处罚不服的；（2）对限制人身自由或者对财产的查封、扣押、冻结等行政强制措施和行政强制执行不服的；（3）申请行政许可，行政机关拒绝或者在法定期限内不予答复，或者对行政机关作出的有关行政许可的其他决定不服的；（4）对行政机关作出的关于确认土地、矿藏、水流、森林、山岭、草原、荒地、滩涂、海域等自然资源的所有权或者使用权的决定不服的；（5）对征收、征用决定及其补偿决定不服的；（6）申请行政机关履行保护人身权、财产权等合法权益的法定职责，行政机关拒绝履行或者不予答复的；（7）认为行政机关侵犯其经营自主权或者农村土地承包经营权、农村土地经营权的；（8）认为行政机关滥用行政权力排除或者限制竞争的；（9）认为行政机关违法集资、摊派费用或者违法要求履行其他义务的；（10）认为行政机关没有依法支付抚恤金、最低生活保障待遇或者社会保险待遇的；（11）认为行政机关不依法履行、未按照约定履行或者违法变更、解除政府特许经营协议、土地房屋征收补偿协议等协议的；（12）认为行政机关侵犯其他人身权、财产权等合法权益的。除前款规定外，人民法院受理法律、法规规定可以提起诉讼的其他行政案件。

《行政诉讼法》第13条规定，人民法院不受理公民、法人或者其他组织对下列事项提起的诉讼：（1）国防、外交等国家行为；（2）行政法规、规章或者行政机关制定、发布的具有普遍约束力的决定、命令；（3）行政机关对行政机关工作人员的奖惩、任免等决定；（4）法律规定由行政机关最终裁决的行政行为。

公民、法人或者其他组织向人民法院提起行政诉讼应符合下列条件：（1）依照法律规定需复议前置的行政案件，必须先经过行政复议后再起诉。（2）原告是认为具体行政行为侵犯其合法权益的公民、法人或者其他组织。如果有权提起诉讼的公民死亡，其近亲属可以提起诉讼；有权提起诉讼的法人或者其他组织终止，承受其权利的法人或者其他组织可以提起诉讼。（3）有明确的被告。被告必须是国家行政机关或法律法规授权的组织，而不能是行政机关的工作人员。（4）有具体的诉讼请求和事实根据。（5）属于人民法院受案范围和受诉人民法院管辖。

根据《行政诉讼法》第50条的规定，起诉应当向人民法院递交起诉状，并按照被告人数提出副本。书写起诉状确有困难的，可以口头起诉，由人民法院记入笔录，出具注明日期的书面凭证，并告知对方当事人。

2. 文书制作要点

（1）行政起诉状的格式有两种：一种用于公民提起行政诉讼；一种用于法人或其他组织提起行政诉讼，制作时首先应根据实际情况，选择适用的种类。

（2）原告是自然人的，应写明姓名、性别、年龄、籍贯、民族、职业、工作单位和住址；原告是法人或者其他组织的，应写明法人或组织的名称、所在地址、法定代表人的姓名、职务等。如果原告委托了律师代理诉讼，应在其项后写明代理律师的姓名及其所在律师事务所的名称。如果起诉人是无诉讼行为能力的公民，还应写明其法定代理人的姓名、性别、年龄、籍贯、民族、职业、工作单位和住址。

（3）被告一项应写明被诉的行政机关名称、所在地址、法定代表人（或主要负责人）的姓名及职务。

（4）如果有第三人，还应写明第三人的情况。第三人是自然人的，写明其姓名、性别、年龄、籍贯、民族、职业、工作单位和住址；第三人是法人或其他组织的，写明其名称和所在地址，法定代表人（或主要负责人）的姓名和职务。

（5）诉讼请求项应针对不服被告具体行政行为的情况，分别提出不同的诉讼请求，包括请求人民法院撤销违法的具体行政行为，变更不当的具体行政行为，判决被告在一定期限内履行法定职责或赔偿因其具体行政行为侵犯原告的合法权益造成的损害等。

（6）事实与理由一项应写明被诉行政机关侵犯原告合法权益的起因、经过和结果并陈述提起行政诉讼的理由。理由应当根据具体的案情有针对性地陈述，如起诉被告侵犯原告人身权和财产权的案件，理由可以从被告的具体行政行为所依据的事实不准确、适用法律不恰当、违反法定程序、超越职权、滥用职权、处罚过重等角度来陈述。

（7）证据和证据来源，证人姓名和住址一项应写明向人民法院提供能够证明案件事实情况的各份证据的名称和数量以及证据的来源。提供证人的，应写明证人的姓名和住址。

（8）尾部写明移送的人民法院的名称并由原告签名。

（9）应根据被告的人数向人民法院提交起诉状副本。

3. 文书的格式

【格式一】 公民提起行政诉讼用

行政起诉状

原告：

被告：

诉讼请求：

事实与理由：

证据和证据来源，证人姓名和住址：

此致

_____人民法院

起诉人：

年　　月　　日

附：本诉状副本_____份。

【格式二】法人或其他组织提起行政诉讼用

行政起诉状

原告：

所在地址：

法定代表人（或代表人）：

职务：

电话：

企业性质：工商登记核准号：

经营范围和方式：

开户银行：

账号：

被告：

所在地址：

诉讼请求：

事实与理由：

证据和证据来源，证人姓名和住址：

此致

_____人民法院

起诉人：

年　　月　　日

附：本诉状副本_____份。

（二）行政复议申请书

1. 文书的含义及作用

行政复议申请书是作为行政管理相对人的公民、法人或者其他组织，因行政机关的具体行政行为直接侵犯其合法权益而向有管辖权的行政机关申请复议时提交的，据以引起行政复议程序发生的法律文书。

行政复议的申请是公民、法人或者其他组织认为行政机关和行政机关工作人员的具体行政行为侵犯其合法权益而依法请求行政复议机关对该具体行政行为进行审查并作出裁决，以保护自己合法权益的一种意思表示。由于行政复议实行不告不理原则，即行政相对人不申请复议，复议机关不能主动进行复议，因而行政相对人的复议申请是行政复议的前提和基础。根据2023年9月1日第十四届全国人民代表大会常务委员会第五次会议通过的《中华人民共和国行政复议法》（以下简称《行政复议法》）的规定，提起行政复议申请应符合下列条件：

（1）申请人应当是认为具体行政行为直接侵犯其合法权益的公民、法人或者其他组织。

（2）应当有明确的被申请人。

（3）应当有具体的复议请求和事实依据。

（4）应当属于《行政复议法》规定的行政复议受理范围。

（5）应当在法定期限内申请复议。

根据《行政复议法》第22条的规定，申请人申请行政复议，可以书面申请；书面申请有困难的，也可以口头申请。书面申请的，可以通过邮寄或者行政复议机关指定的互联网渠道等方式提交行政复议申请书，也可以当面提交行政复议申请书。行政机关通过互联网渠道送达行政行为决定书的，应当同时提供提交行政复议申请书的互联网渠道。口头申请的，行政复议机关应当当场记录申请人的基本情况、行政复议请求、申请行政复议的主要事实、理由和时间。申请人对两个以上行政行为不服的，应当分别申请行政复议。

2. 文书制作要点

（1）行政复议申请书的首部应写明申请人和被申请人的基本情况。申请人是自然人的，应写明姓名、性别、年龄、职业、地址、联系电话等；申请人是法人或者其他组织，应写明全称、地址、法定代表人的姓名、职务及联系电话等。有共同申请人的，应将每一申请人的基本情况分别写明。有权申请复议的公民为无行为能力或者限制行为能力人的，应写明其法定代理人的基本情况。委托律师代为申请复议的，应写明代理律师的姓名及其所在律师事务所的名称。被申请人的基本情况包括被申请人的名称和详细地址等。

（2）复议书中应写明申请人知道行政机关作出具体行政行为的日期和争议的具体行政行为。争议的具体行政行为应参照行政复议法有关规定中的分类写，如拘留决定、查封货物决定、不颁发卫生许可决定等。

（3）写明申请复议的目的、要求，即明确提出撤销或者变更或者在一定期限内履行具体行政行为，如，撤销卫生防疫站×字第×号罚款××元的处罚决定、变更税务局×字第×号罚款××万元的处罚决定。

（4）事实与理由是行政复议申请书的核心部分，这部分应写明三方面的内容：①事实。应客观地陈述引起具体行政行为的全部案件事实，指出被申请人作出具体行政行为时所认定的事实与客观情况不符。②证据。为证明所陈述的事实，应列举出有关的书证、物证、证人证言以及其他证据材料，有证人的应写明证人的姓名、职业和住址。③理由。应在概括事实的基础上，援引有关法律法规、规章，经过推理，论证复议请求的合法性。

（5）复议申请书的尾部应写明致送的复议机关名称，由申请人签名或盖章并注明申请日期。

（6）附项中应写明提交的申请书副本的份数和证据的份数。

3. 格式

行政复议申请书

申请人：姓名、性别、年龄、职业、住址（法人或者其他组织的名称、地址、法定代表人的姓名、职务。）

被申请人：名称、地址、法定代表人姓名、职务。

申请人因不服被申请人_____年_____月_____日作出的_____具体行政行为，向_____机关提出复议申请，要求_____。

事实及理由：

此致

（受理复议申请的行政机关）

申请人：（签名或盖章）

年 月 日

附：1. 申请书副本_____份；

2. 证据_____份。

（三）行政答辩状

1. 文书的含义及作用

行政答辩状是行政诉讼中的被告（或被上诉人）针对原告（或上诉人）在行政起诉状（或上诉状）中提出的诉讼请求，事实与理由，向人民法院作出的书面答复。

根据我国《行政诉讼法》第67条的规定，人民法院应当在立案之日起5日内，将起诉状副本发送被告。被告应当在收到起诉状副本之日起15日内向人民法院提交作出行政行为的证据和所依据的规范性文件，并提出答辩状。人民法院应当在收到答辩状之日起5日内，将答辩状副本发送原告。被告不提出答辩状的，不影响人民法院审理。

《行政诉讼法》第34条第1款规定，被告对作出的行政行为负有举证责任，应当提供作出该行政行为的证据和所依据的规范性文件。因面对被诉行政机关进行答辩时，不仅要对原告的诉讼请求和提出的事实和理由进行反驳，还必须提供自己作出该具体行政行为的证据和所依据的规范性文件，否则就会导致败诉的后果。当作为第二审被上诉人的公民、法人或其他组织进行答辩时，应当对上诉人上诉的请求和事实与理由进行答复、辩解和反驳。

2. 文书制作要点

（1）在行政答辩的首部应写明答辩人的基本情况，如果答辩人是法人或其他组织的，应写明其名称、地址、电话号码、法定代表人姓名、职务、地址、电话号码等；如果答辩人是公民，则应写明姓名、性别、年龄、籍贯、民族、职业、工作单位和住址等。

（2）行政答辩状的正文部分应陈述答辩的事实和理由以及相关的证据。

被诉的行政机关或者法律法规授权的组织应当实事求是地围绕自己所作的具体行政行为是否合法的问题，就原告或上诉人在诉状中陈述的争议焦点，摆事实，讲根据，对对方提出的事实和理由进行辩驳，揭示对方诉状中的自相矛盾之处，阐明自己认定的事实和作出该具体行政行为的理由，从而证明自己作出的具体行政行为的合法性。由于《行政诉讼法》规定被诉行政机关对作出的具体行政行为负有举证责任，因而答辩状中应当对作出该具体行政行为的全部证据和规范性文件加以具体说明。

如果答辩人是作为第二审被上诉人的公民、法人或者其他组织，则在答辩状的正文中应就上诉人在上诉状中所提要点，有针对性地予以回答和辩驳。

（3）行政答辩状的尾部应写明致送的人民法院的名称、答辩人的名称及其法定代表人的姓名并盖章。

（4）应按对方当事人的人数提供答辩状的副本。

（5）行政答辩状应当在法定期限内向人民法院提交。

3. 格式

<h2 style="text-align:center">行政答辩状</h2>

答辩机关（单位）名称：

住所地：

电话号码：

法定代表人姓名：

职务：

电话号码：

因一案，现答辩如下：

此致

_____人民法院

答辩机关（单位）名称（公章）：

法定代表人姓名、职务（签章）：

年　月　日

附：本答辩状副本____份。

（四）行政上诉状

1. 文书的含义及作用

行政上诉状，是指行政诉讼当事人不服人民法院第一审判决、裁定，在法定期限内，向上一级人民法院提出的，要求上一级人民法院撤销、变更一审判决、裁定的法律文书。

我国《行政诉讼法》第85条规定，当事人不服人民法院第一审判决的，有权在判决书送达之日起15日内向上一级人民法院提起上诉。当事人不服人民法院第一审裁定的，有权在裁定书送达之日起10日内向上一级人民法院提起上诉。逾期不提起上诉的，人民法院的第一审判决或者裁定发生法律效力。

当事人行使上诉权，提起上诉，必须有上诉对象，也就是地方各级人民法院第一审未发生法律效力的判决和裁定。最高人民法院的判决和裁定是终审的判决和裁定，不能作为上诉对象，不得上诉。

行政诉讼当事人提起上诉应当提交行政上诉状。上诉状应通过原审人民法院提出。当事人若直接向第二审法院提起上诉，第二审法院则应依法在5日内将上诉状移交原审法院。上诉被受理后，案件就进入第二审程序。

2. 文书制作要点

（1）行政上诉状的首部应写明上诉人、被上诉人的基本情况。上诉人、被上诉人如果是法人或其他组织；应当写明组织名称、所在地址、法定代表人（或代表人）的姓名、职务、电话等情况；上诉人、被上诉人如果是自然人，则应写明姓名、性别、年龄、民族、职业、工作单位和职务、住址等。如果委托了律师代理诉讼，则应在上诉人的基本情况后写明律师姓名及其所在律师事务所的名称。

（2）在上诉请求一项，应写明撤销或变更一审人民法院判决或裁定的请求以及如何解决诉讼的具体要求。

（3）上诉理由一项应针对一审裁判在认定事实、适用法律、诉讼程序等方面的错误或不当之处，运用事实和法律加以论证，从而说明上诉请求是应当得到支持的。对上诉理由的陈述应做到有的放矢，层次分明，逻辑性强。

如果有新的证据，应当在上诉理由中予以说明。

（4）行政上诉状的尾部应写明致送的人民法院的名称，作成上诉状的时间，并由上诉人签名。如果上诉状是委托律师代书的，则还应写明代书律师的名称及其所在律师事务所的名称。

（5）应按被上诉人的人数向人民法院提交上诉状的副本。

3. 格式

行政上诉状

上诉人；

被上诉人：

上诉人因一案，不服人民法院年____月日（　　）字第号行政判决（或裁定），现提出上诉。

上诉请求：

上诉理由：

此致

_____人民法院

上诉人：

年　　月　　日

附：本上诉状副本____份。

（五）行政申诉状

1. 文书的含义及作用

行政申诉状是行政诉讼当事人认为已经发生法律效力的判决、裁定确有错误，依法向原审人民法院或者上一级人民法院申诉的法律文书。

我国《行政诉讼法》第 90 条规定，当事人对已经发生法律效力的判决、裁定，认为确有错误的，可以向上一级人民法院申请再审，但判决、裁定不停止执行。

当事人提出的申诉并不必然导致再审程序的开始。当事人的申请符合下列情形之一的，人民法院应当再审：（1）不予立案或者驳回起诉确有错误的；（2）有新的证据，足以推翻原判决、裁定的；（3）原判决、裁定认定事实的主要证据不足、未经质证或者系伪造的；（4）原判决、裁定适用法律、法规确有错误的；（5）违反法律规定的诉讼程序，可能影响公正审判的；（6）原判决、裁定遗漏诉讼请求的；（7）据以作出原判决、裁定的法律文书被撤销或者变更的；（8）审判人员在审理该案件时有贪污受贿、徇私舞弊、枉法裁判行为的。

2. 文书制作要点

（1）行政申诉状的首部应写明申诉人的基本情况。申诉人是自然人的，应写明姓名、性别、年龄、籍贯、民族、职业、工作单位和住址；申诉人是法人或者其他组织的，应写明法人或组织的名称、地址和法定代表人的姓名、职务、电话等。如果申诉人没有诉讼行为能力，则在申诉人的基本情况后还应写明法定代理人的基本情况，包括姓名、性别、年龄、工作单位、住址以及与申诉人的关系等。委托了律师代理申诉的，应写上律师的姓名以及该律师所在律师事务所的名称。

（2）在申诉状中务必准确写出申诉的已生效判决或裁定的字、号以及作出该判决、裁定的时间和人民法院的名称，从而使人民法院能够准确审查。

（3）请求事项一项应根据具体情况写明请求人民法院维持或者撤销或者变更原审人民法院已经发生的法律效力的判决、裁定。

（4）在行政申诉状的正文部分，应详细阐明申诉的事实和理由。应当从已生效的判决、裁定所认定的事实不清楚、证据不确实不充分、适用的法律法规不正确或者审理违反法定程序影响了案件正确裁判等角度作出陈述，从而说明该生效判决或者裁定确有错误。如果有新的证据证明该判决或裁定确有错误，也应写明。

（5）行政申诉状的尾部写明致送的人民法院的名称，作成申诉状的日期并由申诉人签名。如果委托律师代为申诉，还应写上律师的姓名及其所在律师事务所的名称。

（6）随申诉状应提交原审判决书或裁定书复制件1份。

3. 格式

行政申诉状

申诉人：

申诉人因一案，不服人民法院年＿＿月日（　　）字第号行政判决（或裁定），现提出申诉。

请求事项：

事实与理由：

此致

＿＿＿＿＿＿＿＿人民法院

申诉人：

年　　月　　日

附；原审判决书（或裁定书）1份。

九、实训法规

详见

第八章

行政案例实训

第一节　行政处罚案件

一、实训目标

本节实训以一起行政处罚案件为蓝本，围绕行政诉讼程序各环节展开教学，涉及知识点和执业技能内容包括：行政诉讼委托代理人如何参与行政诉讼，行政诉讼案件的证据收集、事实认定与法律适用等。本案例在行政处罚案件的程序上包括行政处罚一般程序、针对行政机关行政处罚决定不服提起的行政复议程序以及针对行政复议决定不服提起的行政诉讼程序，较为全面地涵盖了行政处罚案件所涉及的法律程序，具有典型性。

通过行政处罚案件的实训，掌握以下问题：（1）行政处罚一般程序；（2）行政处罚简易程序；（3）针对行政处罚决定不服提起的行政复议程序；（4）针对行政复议决定不服提起的行政诉讼程序；（5）行政诉讼当事人的资格以及地位；（6）行政诉讼案件审理程序，尤其是法庭调查内容；（7）庭审提交证据的作用。

二、实训素材

王某不服 SY 市公安局 TX 分局行政处罚案

（一）案情介绍

王某于 2012 年 7 月 27 日晚在其居住园区内与董某因车辆通行问题发生

争吵，并发生了厮打，王某将董某右手环指咬伤，经鉴定为轻微伤。经王某女儿报警后，SY 市公安局 TX 分局对王某作出行政拘留 5 日的行政处罚决定。王某不服该行政处罚决定于 2013 年 10 月 4 日向复议机关申请行政复议，要求复议机关撤销原行政处罚决定。复议机关于 2013 年 11 月 21 日作出维持原处罚决定的复议决定。王某不服该复议决定于 2014 年 1 月 13 日向人民法院提起行政诉讼，该法院于 2014 年 7 月 4 日作出驳回王某诉讼请求的判决。

（二）行政处罚决定

1. 被处罚人：王某

2. SY 市公安局 TX 分局查明的事实

2012 年 7 月 27 日 20 时 45 分，笃工派出所接 110 指令称：SY 市 TX 区北四中路 32 - 6 号有人打架。民警到达现场，经查，董某与王某在假日蓝湾的小区内，因王某的车挡住了董某的车，双方发生纠纷，进而发生厮打，王某将董某的右手无名指咬伤。以上事实有王某询问笔录、董某询问笔录、王某杨（王某女儿）询问笔录、杨某（王某妻子）、孙某（小区保安）询问笔录、于某（小区保安）询问笔录等证据实证。

3. SY 市公安局 TX 分局作出行政处罚决定的法律依据

《中华人民共和国治安管理处罚法》第 43 条第 1 款：殴打他人的，或者故意伤害他人身体的，处 5 日以上 10 日以下拘留，并处 200 元以上 500 元以下罚款；情节较轻的，处 5 日以下拘留或者 500 元以下罚款。

4. SY 市公安局 TX 分局作出行政处罚决定

给予王某行政拘留 5 日的行政处罚。

5. 履行方式

由笃工派出所民警将王某投送至 SY 市拘留所拘留。

（三）行政复议决定

1. 申请人诉求

申请人王某要求复议机关撤销原行政处罚决定，理由如下：

（1）民警办案过程中未对其出示对方当事人车中搜出的证物，程序违法

（王某声称董某从车里拿出黑色长条状物体将其按倒并进行殴打）；

（2）对方多少人董某所持之物是管制刀具还是甩棍事实不清。董某手部受伤是咬伤并骨折是自相矛盾，事实不清；

（3）王某其面部也受伤，但没有就医，被申请人据此不处理董某，显失公正。

2. 被申请人答辩意见

申请人在复议申请书中所陈述的内容与事实相悖，且没有证据支持。2012年7月27日20时许，在铁西区北四中路32-6号假日蓝湾的小区门前，因王某的车挡住了董某的车后双方发生口角，二人厮打，王某将董某右手环指咬伤，经鉴定为轻微伤。王某的行为已经构成故意伤害他人违法，被申请人依法给予王某行政拘留5日的处罚。请求复议机关维持原行政处罚决定。

3. 复议机关查明的事实

2012年7月27日20时许，在铁西区北四中路32-6号假日蓝湾的小区门内，王某与董某因琐事引发口角，进而发生厮打，王某将董某右手环指咬伤。被申请人于2013年8月16日依据《中华人民共和国治安管理处罚法》第43条第1款之规定，对申请人作出行政拘留5日的处罚决定（已执行）。

4. 被申请人提交的证据

（1）王某的四次询问笔录；

（2）董某的四次询问笔录；

（3）王某杨的两次询问笔录；

（4）杨某的询问笔录；

（5）孙某的询问笔录；

（6）于某的询问笔录；

（7）董某、王某分别出具的关于不同意调解的声明；

（8）沈佳（法）鉴字〔2012〕年第2070号司法鉴定意见书及董某住院病案复印件；

（9）鉴定意见告知笔录；

（10）受案登记表、行政处罚审批表、行政处罚决定书、行政处罚告知笔录、传唤证、通知记录、人员身份证材料及行政拘留执行回执等文书。

5. 复议机关作出的行政复议决定

复议机关认为被申请人对申请人作出的行政处罚决定事实清楚，证据确凿，适用依据正确，程序合法，内容适当。依据《中华人民共和国行政复议法》第 28 条第 1 款第（一）项之规定，维持被申请人 TX 公安分局对申请人王某作出的行政处罚决定。

（四）行政诉讼程序

1. 本案当事人

王某因不服复议机关 S 公治复决字〔2013〕073 号复议决定，将被告诉至人民法院，人民法院在审理过程中追加董某为第三人。

2. 原告诉讼请求及理由

原告请求依法撤销 S 公（T）（治）决字〔2013〕第 606 号行政处罚决定。请求判令被告承担诉讼费。理由如下：

（1）行政处罚程序违法

在做笔录过程中，王某及其爱人、女儿要求查看派出所从董某车中搜出并带回的凶器，派出所不但不出示，还采取欺骗、恐吓、引诱的方式为他们做笔录。根据《中华人民共和国治安管理处罚法》第 79 条第 1 款规定：公安机关及其人民警察对治安案件的调查，应当依法进行。严禁刑讯逼供或者采用威胁、引诱、欺骗等非法手段收集证据。王某认为询问笔录是派出所以非法手段收集的证据，不能作为处罚根据。

（2）行政处罚事实不清、证据不足

原告认为造成董某受伤的原因存在重大疑点。原告被董某按在一辆蓝色轿车前机器盖子上殴打，并无还手能力，董某手上的伤应当是其在殴打原告时造成的，因此原告不应为董某的伤负责。

（3）行政处罚显失公平

原告认为董某持有武器，普通居民是不会随身持有武器的。而且据原告了解董某曾有因打架斗殴被处罚的前科，其平时好斗成性。而且原告在厮打过程中也有受伤，当时的笔录上也有记录，只是原告没有进行验伤。原告曾要求派出所对董某进行处罚，派出所以原告没有医院出具的受伤诊断为由没有处理董某，因此被告的做法是明显偏袒一方的不公处罚，显失公平。

3. 被告答辩意见及理由

被告认为王某起诉被告的理由不成立，请求法院依法判决维持被告作出的 S 公（T）（治）决字〔2013〕第 606 号行政处罚决定，理由如下：

（1）被告在整起事件处理过程中严格按照法定程序办理

2012 年 7 月 27 日 20 时 45 分，公安 TX 分局笃工派出所接 110 指令，立即赶赴案发现场。在经过调查后，依法进行受案。经过调查取证后，向分局进行呈报；经法制大队复核后，由分局负责人批准后，作出 S 公（T）（治）决字〔2013〕第 606 号行政处罚决定，并由笃工派出所民警将王某投送至 SY 市拘留所执行拘留。卷中的受案登记表、行政案件延长办案期限审批表、行政处罚审批表、行政处罚决定书、行政处罚告知笔录、传唤证、通知记录、人员身份证明材料及行政拘留执行回执等文书都证明公安 TX 分局在整起案件办理过程中都严格依法办理。

（2）被告作出的行政处罚决定依据的事实清楚、证据确凿、充分

公安 TX 分局在处理案件过程中，依法收集大量的证据。具体如下：王某的四次询问笔录；董某的四次询问笔录；王某杨的两次询问笔录；杨某的询问笔录；孙某的询问笔录；于某的询问笔录；董某、王某分别出具的关于不同意调解的声明；沈佳（法）鉴字〔2012〕年第 2070 号司法鉴定意见书及董某住院病案复印件；鉴定意见告知笔录；电话查询记录。以上证据均能真实、准确地证明王某的殴打他人行为。被告作出处罚决定依据的事实清楚、证据确凿、充分。

（3）被告在整起案件处理过程中做到公平公正

经被告调查了解，2012 年 7 月 27 日 20 时 45 分，在 SY 市 TX 区北四中路 32－6 号，王某与董某厮打，王某的行为已经触犯《中华人民共和国治安管理处罚法》第 43 条第 1 款之规定，并且不符合其他法定情节，给予王某行政拘留 5 日的行政处罚符合法律规定，也符合行政法公平公正的基本原则。

综上，被告在办理王某殴打他人案的过程中收集的证据确凿、充分；履行的程序合法；处罚认定的事实清楚；处罚依据的法律准确；处罚裁量公平公正，并经复议机关于 2013 年 11 月 21 日作出的《行政复议决定》（S 公治复决字〔2013〕073 号）维持被告的行政处罚决定。

4. 双方争议焦点

王某因不服复议机关 S 公治复决字〔2013〕073 号复议决定，向人民法院起诉，请求依法撤销 S 公（T）（治）决字〔2013〕第 606 号行政处罚决定。请求判令被告承担诉讼费。

原告认为被告在行政调查过程中对其及其家人以威胁、恐吓的方式进行询问，询问笔录是以非法手段采集的，行政处罚程序违法，不应被采纳。董某手上的伤应当是其在殴打原告时造成的，因此原告不应为董某的伤负责。因此，行政处罚事实不清，证据不足。同时，原告认为董某也对其进行殴打并造成其受伤，但被告并未给予董某相应的行政处罚，行政处罚显失公平。

被告认为被告在办理王某殴打他人案的过程中收集的证据确凿、充分；履行的程序合法；处罚认定的事实清楚；处罚依据的法律准确；处罚裁量公平公正，并经复议机关于 2013 年 11 月 21 日作出的《行政复议决定》（S 公治复决字〔2013〕073 号）维持被告的行政处罚决定。

第三人董某同意被告意见。

本案的争议焦点是被告作出的具体行政行为是否符合相关法律规定。

5. 双方提供的证据

原告没有提供证据。

第三人没有提供证据。

被告提供的证据：

（1）受案登记表；

（2）行政案件延长办案审限登记表、公安行政审批表；

（3）公安行政处罚决定书 S 公（T）（治）决字〔2013〕第 606 号；

（4）公安行政处罚告知笔录；

（5）行政拘留执行回执；

（6）传唤证；

（7）通（告）知记录；

（8）王某的四次询问笔录；

（9）董某的四次询问笔录；

（10）王某杨的两次询问笔录、杨某的询问笔录；

（11）孙某的询问笔录、于某的询问笔录；

（12）王某不同意调解的声明、董某不同意调解的声明；

（13）董某的住院病案复印件及司法鉴定意见书；

（14）鉴定意见告知笔录；

（15）行政复议决定书；

（16）董某的处罚决定及告知笔录，通（告）知记录。

三、实训准备

1. 学生查找《治安管理处罚法》《行政复议法》《行政诉讼法》《关于行政诉讼证据若干问题的规定》等相关法律法规，熟悉案件相关法律规定。

2. 学生以律师或代理人角色进行分组，分成原告组、被告组（复议机关）、法院组。

3. 学生查阅案件相关资料，按照角色准备理论和案件事实、证据资料。

四、实训要点

1. 行政机关进行处罚包括哪些程序？

行政机关作出行政处罚包括如下程序：

（1）立案阶段

对于应给予行政处罚并符合立案条件的案件，及时办理立案手续，对于不符合立案条件的按相关规定处理。如对没有违法事实发生，或违法情节轻微不予立案的，将不立案的理由回复案件线索提供者。对超越管辖范围的，移送有管辖权的行政管理机关。

（2）调查取证阶段

调查取证阶段在行政处罚案件中处于核心地位。行政调查是行政主体作出各种决定前，所为各种形式之资料、情报收集、整理活动。在行政处罚案件中，查明违法案件事实，是正确处理行政违法案件的基础。各行政机关在行使其行政管理职权过程中，必须经过广泛收集调取能够反映行政相对人违法事实真实经过的证据，并对各种证据进行科学分析和综合判断，才能对案件违法事实作出符合客观实际的结论。因此行政调查是行政机关的重要工作手段，也是行政处罚决定作出的前提和基础，

此外，案件调查终结后，办案机构对于违法事实成立，应当予以行政处罚的，要写出调查终结报告，并草拟行政处罚建议书，连同案卷交由审核机构审核。对违法事实不成立，应当予以销案或违法行为轻微，没有造成危害后果，不予行政处罚的，或案件不属于本机关管辖要移交其他行政机关管辖的，或涉嫌犯罪，应移送司法机关的，写出调查终结报告，说明拟作处理的理由，报行政管理机关负责人批准。至此，案件进入处理阶段。

（3）案件审核阶段

案件核审是行政机关内部监督的重要方式，是行政机关实行"办案、核审、决定"三分离制度的重要措施。办案机构调查终结后，将案件调查终结报告、行政处罚建议书连同卷宗送审核机构（一般为法制机构）核审，审核机构负责人指定具体承办人员负责核审工作并提出核审意见。核审机构核审完毕，及时退卷，办案机构应将案卷、拟作出的行政处罚建议及核审意见报行政管理机关负责人审查决定。

（4）告知拟处罚阶段

行政机关得向当事人告知行政处罚的事实、理由、法律依据和所享有的权利，当事人有陈述申辩的权利，行政机关要认真听取当事人陈述和申辩，并记录在案。

（5）内部批准决定阶段

行政机关结合当事人的陈述申辩理由，改变处罚意见并重新履行告知程序（重大复杂案件集体讨论决定）。报行政机关负责人或有权机构批准处罚决定。

（6）作出行政处罚决定阶段

行政机关制作并送达处罚决定书，行政相对人对行政处罚决定不服，可

申请行政复议或行政诉讼。

（7）执行阶段

行政机关根据行政处罚决定，具体执行行政处罚决定。

（8）归档阶段

行政机关完善档案材料，将行政处罚案件材料依法归档保存。

2. 行政处罚实施主体有哪些？

（1）行政机关

行政处罚由违法行为发生地的县级以上地方政府具有处罚权的行政机关管辖，法律和行政法规另有规定的除外。依照《行政处罚法》的规定，国务院或经国务院授权的省、自治区、直辖市人民政府可以决定一个行政机关行使有关行政机关的行政处罚权，但限制人身自由的行政处罚权只能由公安机关行使。

（2）法律法规授权组织

根据法律、法规的规定，可以授权具有管理公共事务职能的组织在法定的授权范围内实施行政处罚。如行政机关的内设机构、派出机构，事业单位，社会团体，公司、企业等具有管理公共事务职能的都可以被授权。

（3）受委托组织

行政机关依照法律、法规或者规章的规定，可以在其法定权限范围内委托具有管理公共事务的事业组织实施行政处罚。受委托组织在委托范围内，以委托行政机关名义实施行政处罚，不得再委托其他任何组织或者个人实施行政处罚。委托行政机关对受委托的组织实施行政处罚的行为应当负责监督，并对该行为的后果承担法律责任。

3. 行政处罚的种类有哪些？

行政处罚的种类有警告、罚款、没收违法所得、没收非法财物、责令停产停业、暂扣或者吊销许可证、暂扣或者吊销执照、行政拘留和法律，行政法规规定的其他行政处罚。

4. 行政处罚机关的管辖如何确定？

行政处罚由违法行为发生地的县级以上地方人民政府具有行政处罚权的行政机关管辖。对管辖发生争议的，报请共同的上一级行政机关指定管辖。

5. 对于行政机关作出的行政处罚决定不服时，被处罚人可以采取哪些救济措施？时限如何？本案王某采取了哪些救济措施？

对于行政机关作出的行政处罚决定不服的，可以自收到行政处罚决定之日起 60 日内向上级行政机关复议，也可以在 3 个月内向人民法院提起行政诉讼。

6. 行政复议机关如何确定？

（1）一般管辖

行政复议案件由被申请人上一级行政机关管辖：

①申请人可以选择管辖。

②地方政府管辖。

（2）特殊管辖

①本机关自己管辖

对国务院部门或者省、自治区、直辖市人民政府的具体行政行为不服的，向作出该具体行政行为的国务院部门或省、自治区、直辖市人民政府申请复议，不能直接向国务院申请。

对行政复议决定不服的，可以向人民法院提起行政诉讼；也可以向国务院申请裁决，国务院依照行政复议法的规定作出最终裁决。

②共同上一级机关管辖

对两个或者两个以上行政机关以共同名义作出的具体行政行为不服的，向其共同上一级行政机关申请复议。

A. 同一政府所属的两个或者两个以上的工作部门以共同名义作出具体行政行为的，由他们所属的政府管辖。

B. 不同级别的政府所属的两个或者两个以上的工作部门以共同名义作出具体行政行为的，由处于领导地位的政府进行管辖。

C. 两个或者两个以上地方政府共同作出具体行政行为的，由共同作出具体行政行为的政府的上一级政府管辖。

D. 行政机关与法律、法规授权的组织，或者两个或者两个以上法律、法规授权的组织以共同名义作出具体行政行为的，由对他们共同领导或有主管权的行政机关进行管辖。

③派出机关和派出机构的管辖

A. 对县级以上地方人民政府依法设立的派出机关的具体行政行为不服的，向设立该派出机关的人民政府申请行政复议。

B. 对政府工作部门依法设立的派出机构依照法律、法规或者规章规定，以自己的名义作出的具体行政行为不服的，向设立该派出机构的部门或者该部门的本级地方人民政府申请行政复议。

④法律、法规授权的组织的管辖

对法律、法规授权的组织的具体行政行为不服的，分别向直接管理该组织的地方人民政府、地方人民政府工作部门或者国务院部门申请行政复议。

⑤被撤销行政机关的管辖

对被撤销的行政机关在撤销前所作出的具体行政行为不服的，向继续行使其职权的行政机关的上一级行政机关申请行政复议。

7. 行政复议机关可以作出哪些行政复议决定？

（1）维持决定

复议机关经过对具体行政行为审查，认为其认定的事实清楚，证据确凿，适用法律依据正确，程序合法，内容适当，依法作出否定申请人的复议申请，维持被申请人的具体行政行为的复议决定。

（2）履行决定

复议机关经过对具体行政行为审查，认为被申请人未履行法定的职责，作出责令其在一定期限内履行法定职责的决定。被申请人未履行法定的职责包括拒不履行和拖延履行法定职责。

（3）撤销、变更决定和确认违法决定

复议机关经过对具体行政行为审查，认为具体行政行为有下列情形之一的，决定撤销、变更或者确认该具体行政行为违法；决定撤销或者确认该具体行政行为违法的，可以责令被申请人在一定期限内重新作出具体行政行为：①主要事实不清、证据不足的；②适用法律依据错误的；③违反法定程序的；④超越或者滥用职权的；⑤具体行政行为明显不当的。

被申请人未依照行政复议法的规定提出书面答复、提交当初作出具体行政行为的证据、依据和其他有关材料的，视为该具体行政行为没有证据、依据，行政复议机关应当决定撤销该具体行政行为。

具体行政行为有下列情形之一，行政复议机关可以决定变更：①认定事实清楚，证据确凿，程序合法，但是明显不当或者适用依据错误的；②认定事实不清，证据不足，但是经行政复议机关审理查明事实清楚，证据确凿的。

（4）驳回复议申请

行政复议机关经过审查，认为有下列情形之一的，应当决定驳回行政复议申请：①申请人认为行政机关不履行法定职责申请行政复议，行政复议机关受理后发现该行政机关没有相应法定职责或者在受理前已经履行法定职责的；②受理行政复议申请后，发现该行政复议申请不符合行政复议法和实施条例规定的受理条件的。

上级行政机关认为行政复议机关驳回行政复议申请的理由不成立的，应当责令其恢复审理。

（5）责令被申请人赔偿的决定

行政复议机关经过审查，认为公民、法人或者其他组织申请行政复议时一并提出的行政赔偿请求，符合国家赔偿法的有关规定，根据《行政复议法》第72条规定，申请人在申请行政复议时一并提出行政赔偿请求，行政复议机关对依照《中华人民共和国国家赔偿法》的有关规定应当不予赔偿的，在作出行政复议决定时，应当同时决定驳回行政赔偿请求；对符合《中华人民共和国国家赔偿法》的有关规定应当给予赔偿的，在决定撤销或者部分撤销、变更行政行为或者确认行政行为违法、无效时，应当同时决定被申请人依法给予赔偿；确认行政行为违法的，还可以同时责令被申请人采取补救措施。申请人在申请行政复议时没有提出行政赔偿请求的，行政复议机关在依法决定撤销或者部分撤销、变更罚款，撤销或者部分撤销违法集资、没收财物、征收征用、摊派费用以及对财产的查封、扣押、冻结等行政行为时，应当同时责令被申请人返还财产，解除对财产的查封、扣押、冻结措施，或者赔偿相应的价款。

8. 对行政复议机关作出的行政复议决定不服时，当事人可以采取哪些救济措施？时限如何？

对行政复议机关作出的行政复议决定不服的，可以自收到行政复议决定之日起十五日内向人民法院提起行政诉讼。

9. 行政诉讼当事人有哪些？

行政诉讼参加人包括原告、被告、第三人、共同诉讼人。

10. 行政诉讼被告如何确定？

公民、法人或者其他组织直接向人民法院提起诉讼的，作出行政行为的行政机关是被告。经复议的案件，复议机关决定维持原行政行为的，作出原行政行为的行政机关和复议机关是共同被告；复议机关改变原行政行为的，复议机关是被告；复议机关在法定期限内未作出复议决定，公民、法人或者其他组织起诉原行政行为的，作出原行政行为的行政机关是被告；起诉复议机关不作为的，复议机关是被告；两个以上行政机关作出同一行政行为的，共同作出行政行为的行政机关是共同被告；行政机关委托的组织所作的行政行为，委托的行政机关是被告；行政机关被撤销或者职权变更的，继续行使其职权的行政机关是被告。

11. 行政诉讼第三人有几种？第三人可以以何种方式加入行政诉讼中？

公民、法人或者其他组织同被诉行政行为有利害关系但没有提起诉讼，或者同案件处理结果有利害关系的，可以作为第三人申请参加诉讼，或者由人民法院通知参加诉讼。

行政诉讼中的第三人包括类似于原告诉讼地位的第三人，例如：行政处罚案件受害人、加害人或共同被处罚人；行政确权、裁决、行政许可案件当事人等。类似于被告地位的第三人，例如，作出矛盾行为的机关；共同署名的非行政主体；共同行政行为，但只有部分行政机关被诉，原告不同意追加的被告等。

第三人加入行政诉讼中的方式包括申请参加和通知参加两种，申请参加是指第三人向法院提出申请，经法院批准而参加诉讼。法院同意的，书面通知第三人；法院不同意的，裁定驳回申请。申请人不服裁定可在 10 日以内上诉。通知参加诉讼必须具有根据和理由，第三人有拒绝的权利。

12. 在法庭审理质证过程中，委托代理人应如何围绕证据进行说明？

委托代理人在质证过程中要围绕证据的"三性"予以说明。证据的"三性"是指证据的关联性、合法性和真实性。不具有"三性"的证据材料不能作为认定事实的证据，也即不具有证明效力。

（1）关联性。是指证据与待证事实之间的逻辑关系，即只有对待证事实有证明作用的材料才能成为证据。与待证事实无关的材料自然不具有证据意义和价值。

（2）合法性。是指证据的形式和取得程序必须符合法律规定，或者不侵犯他人合法权益。例如，《最高人民法院关于行政诉讼证据若干问题的规定》第57条明确规定"严重违反法定程序收集的证据材料""以偷拍、偷录、窃听等手段获取侵害他人合法权益的证据材料""以利诱、欺诈、胁迫、暴力等不正当手段获取的证据材料"不能作为定案依据，其根源在于这些证据不具有合法性。

（3）真实性。包括证据形式上的真实和内容上的真实。其中，形式上的真实是内容真实的前提和保证，真实性的核心是内容的真实。

五、实训过程

1. 介绍教学目的，明确讨论主题，与学生共同阅卷，了解案件基本情况，将学生进行角色分配，分为原告组、被告组（复议机关）、法院组。

2. 针对本案所涉及的法律程序进行分组讨论，学生回答相关法律程序的问题。各组按照各自的角色完成实践题，提交相应的法律文书。

3. 针对行政诉讼当事人的资格以及地位、如何甄选行政诉讼被告问题进行讨论，各小组回答有关行政诉讼当事人的问题，并就本案的行政诉讼当事人情况进行分析讨论。

4. 针对行政诉讼案件审理程序，尤其是法庭调查内容进行讨论；各组回答关于行政诉讼案件审理程序的问题，尤其要注意行政诉讼案件在法庭调查过程中内容的特殊性。

5. 针对在行政诉讼质证过程中对证据三性的认定进行讨论，各小组按照各自角色来讨论分析本案例中提交证据的三性，即真实性、关联性以及证明目的。

6. 学生、教师总结归纳。学生按照角色分组总结本组作为原告、被告或法官在法律程序中所完成的职责以及还需注意的问题。教师对整个案件进行总结。

7. 学生进一步思考委托代理律师在行政诉讼活动中的职能，如何更好地保障当事人的合法权益。

六、实训拓展

（一）思考题

1. 本案行政机关作出的行政处罚决定是否符合法律程序？

2. 本案的行政处罚实施主体为哪个机关？是否符合法律规定？笃工派出所在行政处罚决定中角色是什么？

3. 本案中对王某进行的行政处罚属于哪种？

4. 本案的行政处罚是否符合管辖规定？

5. 对于行政机关作出的行政处罚决定不服时，王某采取了哪些救济措施？

6. 本案可以进行复议的复议机关有哪些？

7. 本案应由哪个法院管辖？

8. 我国现行法律法规对劳动者权益保护的立法趋势如何？

9. 本案中有哪些行政诉讼当事人？

10. 本案中被告应为哪个机关？

11. 本案中董某作为第三人属于哪种情形，他是如何加入本行政诉讼程序中的？

12. 本案的争议焦点是什么？围绕该争议焦点人民法院应进行哪些方面的调查？

13. 被告提交的证据作用分别是什么？

（二）实践题

1. 如果你是原告王某的委托代理律师，请撰写行政复议申请以及起诉书。

2. 如果你是 SY 市公安局 TX 分局的委托代理律师，请撰写行政复议的答辩意见以及行政诉讼答辩状。

第二节　劳动争议案件

一、实训目标

本节实训以一起真实不服工伤认定决定案件为蓝本，围绕行政诉讼程序各环节展开教学，涉及知识点和执业技能内容包括：行政诉讼委托代理人如何参与行政诉讼，行政诉讼案件的证据收集、事实认定与法律适用等。本案例在劳动争议案件的程序上包括劳动争议诉讼前置仲裁程序、劳动争议行政诉讼程序、工伤认定程序以及不服工伤认定决定提起的行政诉讼程序，较为全面地涵盖了劳动争议案件所涉及的法律程序，具有典型性。本案件在实体问题上涉及劳动关系的认定、工伤认定范围问题；在涉及证据和事实问题包括劳动争议、工伤认定证据的搜集、劳动关系判断标准、工伤认定标准等问题，是比较典型的劳动争议、工伤认定案件，对其他劳动争议以及工伤认定案件的解决具有参考意义。

通过对劳动争议案件的实训，掌握以下问题：（1）劳动争议案件解决步骤、程序；（2）行政诉讼当事人的资格以及地位；（3）行政诉讼案件审理程序，尤其是法庭调查内容；（4）在行政诉讼质证过程中对证据三性的认定；（5）以本案工伤认定争议解决为例，如何解决劳动争议问题，尤其提出委托代理律师根据其委托人诉讼地位的不同，处理具体案件的思路、分析步骤、事实认定与法律分析。

二、实训素材

前进富通混凝土有限公司不服 SY 市人力资源和社会保障局工伤认定决定案❶

（一）案情介绍

郭某是前进富通混凝土有限公司职工，职务是站长。郭某于 2012 年 12

---

❶ 本案例被收录在中国专业学位教学案例库中心法硕中心案例库。

月 10 日 17 时以后在下班途中乘坐单位通勤车时突发疾病，被单位同事发现后立即送往附近的 SY 市益民医院救治。郭某于 17 时 35 分被送到 SY 市益民医院抢救，后因抢救无效死亡。随后郭某的妻子认为郭某的死亡属于工伤，于 2013 年 12 月 26 日向 SY 市人力资源和社会保障局申请了工伤认定，SY 市人力资源和社会保障局于 2014 年 2 月 14 日作出工伤认定。前进富通混凝土有限公司不服 SY 市人力资源和社会保障局作出的工伤认定，认为郭某的疾病死亡的情况不属于工伤，向法院提起诉讼。

（二）前进富通混凝土有限公司与郭某劳动关系确定情况

1. 仲裁裁决

郭某妻子作为申请人向 LN 省劳动人事争议仲裁委员会申请确认郭某与被申请人前进富通混凝土有限公司存在劳动关系。申请人诉称：丈夫郭某是被申请人单位职工，2012 年 12 月 10 日到被申请人单位工作，职务是站长。2012 年 12 月 10 日，郭某照常骑电动车上班，午后 3：30 左右在检查筛沙现场工作时，由于工作忙碌不得休息突发心脏病，被单位通勤车送往医院途中死亡。由于郭某未与被申请人签订劳动合同，因此向仲裁委员会申请郭某与被申请人存在劳动关系。

而被申请人辩称：公司与郭某不存在劳动关系，12 月 8 日郭某已被申请人作出除名处罚。12 月 7 日身为生产站站长的郭某由于玩忽职守，公司两个搅拌站发生了严重的火灾，造成公司直接经济损失近百万元。公司于 2012 年 12 月 8 日对郭某作出除名的处罚决定，因此公司与郭某不存在劳动关系。

事实上，郭某于 2012 年 2 月 1 日至 2012 年 3 月 25 日在被申请人处工作，2012 年 3 月 26 日离职。2012 年 5 月 1 日重新入职被申请人单位。双方当事人对郭某 2012 年 2 月 10 日至 2012 年 3 月 25 日在本申请人处工作情况无异议，在此期间郭某与被申请人存在劳动关系。但是由于 2012 年 12 月 8 日被申请人对郭某进行了除名的处罚，被申请人认为已经与郭某解除了劳动关系，而申请人认为二者并没有解除劳动关系而发生争议。

经劳动人事争议仲裁委员会调查认为，根据《中华人民共和国劳动争议调解仲裁法》的相关规定，解除劳动关系的举证责任为被申请人。但是，在庭审中，被申请人没有证据证明《处罚决定》已经送达郭某本人，且被申请人未向郭某出具《解除劳动合同通知书》，被申请人应承担举证不能的不利后果。因此，仲裁委员会于 2013 年 4 月 26 日作出辽劳人仲字〔2013〕第 121 号仲裁裁决书，裁决：2012 年 2 月 10 日至 3 月 5 日、5 月 1 日至 12 月 10 日郭某与被申请人存在劳动关系。

2. 法院判决

由于前进富通混凝土有限公司不服辽劳人仲字〔2013〕第 121 号仲裁裁决定，以郭某妻子毕某为被告。向 SY 市 DD 区人民法院起诉，请求法院判决原告与郭某不存在劳动关系。原、被告双方出具了辽劳人仲字〔2013〕第 121 号仲裁裁决书、证人证言、会议纪要、处罚决定、结婚证、死亡证明等证据。

DD 区人民法院认为案件的争议焦点在于前进富通混凝土有限公司与郭某之间劳动关系终止的时间。根据《最高人民法院关于审理劳动争议案件适用法律若干问题的解释》第 13 条规定"因用人单位作出开除、除名、辞退、解除劳动合同、减少劳动报酬、计算劳动者工作年限等决定而发生的劳动争议。用人单位负举证责任。"因此原告应对郭某除名的处罚决定符合法律规定以及将该处罚决定已向郭某送达承担举证责任，但因原告未能提供证据证明其主张，因此原告对郭某的处罚决定存在严重瑕疵，法院未予以采信。另外在庭审中原告提供 2012 年 12 月份的工资表和出勤表来证明郭某在 2012 年 12 月 8 日至 10 日期间并未到原告单位工作的事实，因该出勤表和工资表上记载的原告职工王策、李海鹏以及东军的出勤天数并不一致，互相矛盾，法院也未予以采信。而通过对证人董伟的询问得知 2012 年 12 月 10 日郭某在原告单位处仍在工作，因此法院认为原告与郭某之间劳动关系存续至 2012 年 12 月 10 日。判决原告前进富通混凝土有限公司与郭某之间从 2012 年 2 月 20 日至 3 月 25 日以及 2012 年 5 月 1 日至 12 月 10 日期间存在劳动关系。

（三）前进富通混凝土有限公司不服 SY 市人力资源和社会保障局工伤认定决定案情况

1. 工伤认定情况

郭某妻子毕某于 2013 年 12 月 26 日向 SY 市人力资源和社会保障局申请

请求认定郭某的死亡视同工伤。申请人提出其丈夫郭某是被申请人单位职工，2012年12月10日到被申请人单位工作，职务是站长。单位原有两个站长，郭某是负责夜班的站长。负责白班的站长有一个月没来上班了，因此，黑、白两班都是由郭某管理。自从白班的站长走后，郭某是晚18时上班，经常是中午12点下班。2012年12月9日郭某改为白班。2012年12月10日，郭某照常骑电动车上班，午后3：30左右在检查筛沙现场工作时，由于工作忙碌不得休息突发心脏病，被单位通勤车送往医院途中死亡。根据《工伤保险条例》第十五条第一款第（一）项应视同工伤。

SY市人力资源和社会保障局于2014年2月14日作出沈人社工认字【2014】第328号工伤认定决定。其根据国务院《工伤保险条例》第15条（一）项"在工作时间和工作岗位，突发疾病死亡或者48小时之内经抢救无效死亡的"应当视同工伤的规定，对郭某突发疾病死亡，经SY市益民医院诊断为：心搏骤停。认定为工伤。

2. 案件中双方争议焦点

前进富通混凝土有限公司不服SY市人力资源和社会保障局沈人社工认字【2014】第328号工伤认定决定，向SY市SH区人民法院起诉，请求人民法院撤销SY市人力资源和社会保障局于2014年2月14日作出的沈人社工认字【2014】第328号工伤认定决定，并认定郭某死亡不构成工伤。

前进富通混凝土有限公司认为根据《工伤保险条例》第14条、15条、17条规定，职工在上、下班途中，受到非本人主要责任的交通事故或者城市轨道交通、客运渡轮、火车事故伤害的应认定工伤。职工在工作时间和工作岗位，突发疾病死亡或者48小时之内经抢救无效死亡的，应当视同工伤。案件中郭某虽然是在下班的途中突发疾病经抢救无效死亡，但不是受到非本人主要责任的交通事故伤害，郭某虽然是突发疾病死亡，却不是在工作时间和工作岗位上，仅仅是发生在下班途中。因此，郭某死亡的情形，不符合认定工伤的条件。被告SY市人力资源和社会保障局认定郭某死亡为工伤，属于事实认定不清、适用法律错误。

SY市人力资源和社会保障局认为对于郭某的突发疾病死亡属于国务院《工伤保险条例》第15条第（一）项"在工作时间和工作岗位，突发疾病死亡或者48小时之内经抢救无效死亡的"应当视同工伤规定的情形，对郭某突发疾病死亡，经SY市益民医院诊断为：心搏骤停。因此认定为工伤。沈人社工认字【2014】第328号工伤认定决定事实清楚，适用政策得当，程序合法。

第三人郭某妻子毕某认为郭某死亡情形符合认定工亡的法定情形。

本案的争议焦点是被告SY市人力资源和社会保障局作出的具体行政行为是否符合相关法律规定。

3. 案件中双方举证情况

（1）原告前进富通混凝土有限公司举证

①住院病历，证明郭某达到医院就诊时间为2012年12月10日17时35分，其内容记载患者于半小时前心区不适，该证据证明郭某并不是在被告认定的15时左右在工作岗位发病，郭某发病时间为下班后17时15分左右；

②通勤车时刻表（共二页），证明通勤车发车时间为17时；

③司机赵某、保管员马某、工人陈某出具的事情经过，证明公司通勤车于事发当日17时准时发车，郭某于车上发病；

④原告单位员工李某出具的证言，证明公司通勤车于事发当日17时准时发车，郭某于车上发病；

⑤保管员马某的证言，证明郭某于事发当日17时自己走上通勤车并且与证人有交流，当通勤车行驶至浅水湾附近，郭某才突感心脏不适，并由通勤车送往医院急救；

⑥珠海仕高玛江高公司售后服务人员贾大永出具的证言，证明2012年12月10日17时，其搭乘原告单位通勤车回旅社，车上有郭某，且郭某和贾某打过招呼，说明郭某上车时没有发病；

⑦曲某出具证言，证明郭某事发当日喝过酒；

⑧张某出具的证言（行政程序中未提交），证明郭某死后家属找过张连富，承诺以事后给钱的方式要求其出具伪证，被其拒绝。

（2）被告SY市人力资源和社会保障局举证

①工伤认定申请表，证明个人提出工伤申请；

②身份证复印件，证明个人身份；

③户口本复印件及结婚证复印件，证明亲属关系；

④企业机读档案登记资料，证明企业法人资格；

⑤工伤认定申请书，证明 2012 年 12 月 10 日郭某在工作中心脏病发作，由单位通勤车送医院抢救无效死亡；

⑥仲裁裁决书、区法院民事判决书、中法民事判决书，证明郭某同案件原告在 2012 年 5 月 1 日至 2012 年 12 月 10 日期间存在劳动关系；

⑦证明及身份证复印件，证明 2012 年 12 月 10 日郭某在工作中心脏病发作，由案件原告单位通勤车送医院抢救无效死亡；

⑧病历材料及死亡证明，证明 2012 年 12 月 10 日郭某因心脏病发作死亡；

⑨申请人提交工伤（亡）认定材料清单，证明申请工伤提交的材料；

⑩举证通知书存根，证明举证程序；

⑪单位举证材料，证明单位提交举证以及证明 2012 年 12 月 10 日郭某心脏病发作，由案件原告单位通勤车送到医院抢救无效死亡；

⑫调查笔录，证明原告 2012 年 12 月 10 日郭某在工作中心脏病发作，由案件原告单位通勤车送医院抢救无效死亡；

⑬调查笔录，证明原告 2012 年 12 月 10 日单位通勤车将心脏病发作的郭某送到医院抢救；

⑭工伤认定送达回证及邮寄存根，证明工伤认定送达程序；

⑮订正通知、送达回证及邮寄存根，证明订正及送达程序。

三、实训准备

1. 学生查找《工伤保险条例》《行政诉讼法》《最高人民法院关于行政诉讼证据若干问题的规定》等相关法律法规，熟悉案件相关法律规定。

2. 学生以律师或代理人角色进行分组，分成用人单位法律顾问组、劳动者代理律师组和劳动资源与社会保障部门代理律师组。

3. 学生查阅案件相关资料，按照角色准备理论和案件事实、证据资料。

四、实训要点

1. 作为一名劳动者的委托代理律师，在处理劳动者与用人单位之间的劳动争议时，应当首先进行什么工作？

2. 作为一名公司的法律顾问，当公司与劳动者发生劳动争议时，应当进行哪些工作？

（1）当有劳动争议出现的迹象时，积极与劳动者进行沟通，进行协商与调解，及时平息矛盾，尽量避免劳动争议进入仲裁、诉讼阶段。

（2）对已进入仲裁、诉讼程序的劳动争议，积极保全与收集证据，查询相关法律法规、规章等法律依据，受企业委托出庭应诉，维护企业的合法权益。

3. 劳动争议案件解决步骤、过程如何？

（1）协商。劳动争议协商的劳动争议双方当事人本着平等、合作的原则，自主协商，平等交流，在互谅互让的基础上达成协议，以达到劳动争议解决目的的一种协商过程。劳动者的协商能够及时化解矛盾，维护劳动关系以及社会关系的稳定，降低处理劳动争议的成本，达到息讼的效果。

（2）调解。劳动争议调解是劳动争议发生后，当事人双方自愿以书面或者口头形式向调解委员会申请调解，调解委员会以国家的劳动法律、法规为依据，以民主协商的方式，使双方当事人达成协议，从而解决劳动纠纷的一种解决方式。

（3）仲裁。劳动争议仲裁是我国劳动争议处理体制中，诉讼之前的法定必经程序，是劳动争议仲裁机构对当事人请求解决的劳动争议，依法进行评判的准司法行为，包括对劳动争议依法审理并进行调解、裁决的一系列活动。劳动争议只有经过劳动仲裁机构的仲裁之后，如果劳动者对仲裁裁决不服的，才能够提起诉讼，而不能未经劳动仲裁直接提起诉讼。

4. 处理劳动争议机构有哪些？

我国目前处理劳动争议的机构为：劳动争议调解组织、地方劳动争议仲裁委员会以及地方人民法院。（1）劳动争议调解组织包括企业劳动争议调解委员会、依法设立的基层人民调解组织和乡镇、街道设立的具有劳动争议调解职能的组织，其中企业劳动争议调解委员会是负责调解本企业内部劳动争议的群众性组织，调解委员会由职工代表、企业代表组成。（2）地方劳动争议仲裁委员会包括县、市、市辖区设立仲裁委员会，负责本行政区域的劳动争议。（3）劳动争议当事人对仲裁委员会的裁决不服并提起诉讼的案件，由人民法院进行受理。

5. 处理劳动争议的依据有哪些？

目前我国劳动争议处理的程序法律依据是《劳动争议调解仲裁法》以及《民事诉讼法》。由于劳动关系的内容比较广泛，包括工资、社会保险、福利、培训、劳动条件、工伤等方面，因此处理劳动争议适用的规范性法律文件也很广泛，包括《劳动法》《劳动合同法》《劳动合同法实施条例》《关于职工探亲待遇的规定》《国务院关于职工工作时间的规定》《最高人民法院关于审理劳动争议案件适用法律若干问题的解释》《最高人民法院关于审理劳动争议案件适用法律若干问题的解释》（二、三）等相关法律法规规定。

6. 负责工伤保险工作的行政部门是哪个？

《工伤保险条例》第 5 条规定，国务院社会保险行政部门负责全国的工伤保险工作。县级以上地方各级人民政府社会保险行政部门负责本行政区域内的工伤保险工作。社会保险行政部门按照国务院有关规定设立的社会保险经办机构具体承办工伤保险事务。

7. 与工伤保险工作相关的法律法规有哪些？现行法律法规对工伤认定标准是什么？结合现行法律法规规定分析在上、下班途中发生意外是否属于工伤？

（1）根据现行法律规定与工伤保险相关的法律法规包括：《工伤保险条例》、《最高人民法院关于审理工伤保险行政案件若干问题的规定》、各省、市工伤保险条例实施办法、《企业职工工伤保险实行办法》、《职工工伤与职业病致残程度鉴定标准》、《非法用工单位伤亡人员一次性赔偿办法》、《劳动部办公厅关于处理工伤争议有关问题的复函》、《劳动部办公厅关于私人包工负责人工伤待遇支付问题的复函》、《劳动部办公厅关于职工工伤致残享受护理费条件问题的复函》、《最高人民法院关于雇工合同"工伤概不负责"是否有效的批复》、《劳动部办公厅关于因病或非因工负伤医疗期管理等若干问题的请示的复函》、《关于当事人对工伤认定不服申请行政复议问题的复函》、《关于农民工参加工伤保险有关问题的通知》、《关于劳动能力鉴定有关问题的通知》等法律依据。

（2）《工伤保险条例》第 14 条规定，职工有下列情形之一的，应当认定为工伤：

①在工作时间和工作场所内，因工作原因受到事故伤害的；

②工作时间前后在工作场所内，从事与工作有关的预备性或者收尾性工作受到事故伤害的；

③在工作时间和工作场所内，因履行工作职责受到暴力等意外伤害的；

④患职业病的；

⑤因工外出期间，由于工作原因受到伤害或者发生事故下落不明的；

⑥在上下班途中，受到非本人主要责任的交通事故或者城市轨道交通、客运轮渡、火车事故伤害的；

⑦法律、行政法规规定应当认定为工伤的其他情形。

第 15 条规定：职工有下列情形之一的，视同工伤：

①在工作时间和工作岗位，突发疾病死亡或者在 48 小时之内经抢救无效死亡的；

②在抢险救灾等维护国家利益、公共利益活动中受到伤害的；

③职工原在军队服役，因战、因公负伤致残，已取得革命伤残军人证，到用人单位后旧伤复发的。

《最高人民法院关于审理工伤保险行政案件若干问题的规定》第 4 条规定，社会保险行政部门认定下列情形为工伤的，人民法院应予支持：

①职工在工作时间和工作场所内受到伤害，用人单位或者社会保险行政部门没有证据证明是非工作原因导致的；

②职工参加用人单位组织或者受用人单位指派参加其他单位组织的活动受到伤害的；

③在工作时间内，职工来往于多个与其工作职责相关的工作场所之间的合理区域因工受到伤害的；

④其他与履行工作职责相关，在工作时间及合理区域内受到伤害的。

第 5 条规定，社会保险行政部门认定下列情形为"因工外出期间"的，人民法院应予支持：

①职工受用人单位指派或者因工作需要在工作场所以外从事与工作职责有关的活动期间；

②职工受用人单位指派外出学习或者开会期间；

③职工因工作需要的其他外出活动期间。

职工因工外出期间从事与工作或者受用人单位指派外出学习、开会无关的个人活动受到伤害，社会保险行政部门不认定为工伤的，人民法院应予支持。

第 6 条规定，对社会保险行政部门认定下列情形为"上下班途中"的，人民法院应予支持：

①在合理时间内往返于工作地与住所地、经常居住地、单位宿舍的合理路线的上下班途中；

②在合理时间内往返于工作地与配偶、父母、子女居住地的合理路线的上下班途中；

③从事属于日常工作生活所需要的活动，且在合理时间和合理路线的上下班途中；

④在合理时间内其他合理路线的上下班途中。

（3）根据《工伤保险条例》第 14 条第（六）项规定，在上下班途中，受到非本人主要责任的交通事故或者城市轨道交通、客运轮渡、火车事故伤害的情形属于工伤。而"上下班途中"的认定根据《最高人民法院关于审理工伤保险行政案件若干问题的规定》第 6 条的规定：①在合理时间内往返于工作地与住所地、经常居住地、单位宿舍的合理路线的上下班途中；②在合理时间内往返于工作地与配偶、父母、子女居住地的合理路线的上下班途中；③从事属于日常工作生活所需要的活动，且在合理时间和合理路线的上下班途中；④在合理时间内其他合理路线的上下班途中。这四种情形下受到非本人主要责任的交通事故或者城市轨道交通、客运轮渡、火车事故伤害的情形才能认定为工伤，其他情形均不能认定为工伤。

8. 当用人单位或者劳动者对工伤认定结论不服时，可以采取哪些救济手段？如果提起诉讼，则应该提起哪种诉讼程序？

（1）劳动争议双方当事人如果对工伤认定结论不服的，可以向社会保险行政部门的上级部门申请行政复议，也可以直接向人民法院提起诉讼。

（2）由于工伤认定结论是由社会保险行政部门作出的具体行政行为，因此劳动争议双方当事人若对工伤认定结论不服的应该提起行政诉讼，将社会保险部门列为被告。

9. 由劳动工伤问题引起的劳动争议案件进入诉讼阶段时，作为劳动者的委托代理律师，该如何建议劳动者确定诉讼被告？作为公司法律顾问，该如何建议公司确定诉讼被告？

（1）劳动者如果对工伤保险部门的工伤决定不服，则应将工伤保险部门列为被告，可以将用人单位列为诉讼第三人。劳动者如果在工伤认定之后，在工伤赔偿问题上与用人单位发生纠纷的，则应将用人单位或者工伤保险承担责任单位列为被告。

（2）用人单位如果对工伤保险部门的工伤决定不服，则应将工伤保险部门列为被告，可以将劳动者列为诉讼第三人。

10. 行政诉讼审理对象是什么？行政诉讼案件的审理程序有什么特点？

（1）行政诉讼的审理对象是在行政诉讼过程中法官审理和裁判的对象，是人民法院审判权运作的客体，包括相对人与行政主体所争议的，向人民法院提起诉讼请求，要求人民法院依法审理与判决的所有与案件相关的事项，其实质就是进入诉讼程序的行政争议。

（2）行政争议的产生是由于行政相对人认为行政机关作出的行政行为侵犯了他的合法权益所产生的纠纷，而行政行为的作出要合理、合法，因此，行政争议的实质就是围绕行政机关作出行政行为是否合法以及是否合理产生的争议。人民法院对行政行为只评价合法性，而不评价合理性，因此，人民法院通过行政诉讼程序对行政行为进行审查，解决行政争议就要围绕行政机关作出的行政行为的合法性展开审理工作。行政机关要依法行使行政职权，以事实为依据，以法律为准绳，依照法定程序作出行政行为。因此，人民法院在开庭审理行政案件时要围绕行政机关的职权依据、事实依据、法律依据以及法律程序这四个方面展开调查，评价行政机关行政行为的合法性。

11. 作为行政机关的委托代理律师，在举证时应当从哪些方面着手？作为行政相对人的委托代理律师，在举证时应从哪些方面着手？

（1）行政机关的委托代理律师在法庭举证时，要围绕行政机关作出行政行为的职权依据，事实依据、法律依据、以及行政机关作出行政行为的程序四个方面提出相应的证据，以证明行政机关作出行政行为的合法性。

（2）行政相对人的委托代理律师在法庭举证时，要针对行政机关在作出行政行为时职权、事实认定、适用法律以及程序方面的瑕疵进行举证，以证明行政机关作出行政行为的不合法之处，提出有利于当事人合法权益的证据。

12. 在法庭审理质证过程中，委托代理人应如何围绕证据进行说明？

委托代理人在质证过程中要围绕证据的"三性"予以说明。证据的"三性"是指证据的关联性、合法性和真实性。不具有"三性"的证据材料不能作为认定事实的证据，也即不具有证明效力。

（1）关联性。是指证据与待证事实之间的逻辑关系，即只有对待证事实有证明作用的材料才能成为证据。与待证事实无关的材料自然不具有证据意义和价值。

（2）合法性。是指证据的形式和取得程序必须符合法律规定，或者不侵犯他人合法权益。例如，《最高人民法院关于行政诉讼证据若干问题的规定》第57条明确规定"严重违反法定程序收集的证据材料""以偷拍、偷录、窃听等手段获取侵害他人合法权益的证据材料""以利诱、欺诈、胁迫、暴力等不正当手段获取的证据材料"不能作为定案依据，其根源在于这些证据不具有合法性。

（3）真实性。包括证据形式上的真实和内容上的真实。其中，形式上的真实是内容真实的前提和保证，真实性的核心是内容的真实。

五、实训过程

1. 介绍教学目的，明确讨论主题，与学生共同阅卷，了解案件基本情况，将学生进行角色分配，分为公司委托代理人组、劳动者委托代理人组以及人力资源和社会保障局委托代理人组。

2. 针对劳动争议案件解决步骤、过程进行分组讨论，学生回答劳动争议案件解决步骤、过程中的问题，并对本案的解决步骤、过程进行评价。各组按照各自的角色完成实践题，提交相应的法律文书。

3. 针对行政诉讼当事人的资格以及地位、如何甄选行政诉讼被告的问题进行讨论，各小组回答有关行政诉讼当事人的问题，并就本案的行政诉讼当事人情况进行分析讨论。

4. 针对行政诉讼案件审理程序，尤其是法庭调查内容进行讨论；各组回答关于行政诉讼案件审理程序的问题，尤其要注意行政诉讼案件在法庭调查过程中内容的特殊性。各组针对本案中法庭调查程序内容进行评价。

5. 针对在行政诉讼质证过程中对证据三性的认定进行讨论，各小组按照各自角色来讨论分析本案例中提交证据的三性，即真实性、关联性以及证明目的。

6. 学生、教师总结归纳。学生按照角色分组总结本组作为委托代理律师代理原告或者被告行政诉讼案件解决劳动争议案件所需要完成的职责以及所需注意的问题。教师对整个案件进行总结，以本案工伤认定争议解决为例，提出如何解决劳动争议的程序以及实体问题，尤其提出委托代理律师根据其委托人诉讼地位的不同，处理具体案件的思路、分析步骤、事实认定与法律分析。

7. 学生进一步思考委托代理律师在行政诉讼活动中的职能，如何更好地保障当事人的合法权益。

六、实训拓展

（一）思考题

1. 郭某的妻子毕某应向哪个仲裁委员会申请劳动仲裁？

2. 对于仲裁委员会的仲裁决定不服时，劳动争议双方可以向哪个法院起诉？

3. 郭某的妻子毕某应向哪个部门申请劳动工伤认定？

4. 对于劳动工伤认定决定不服，劳动争议双方可以采取哪些救济措施？分别应该如何进行？

5. 请分组评价本案的法庭审理过程。每一个阶段的目的、意义如何？

6. 本案中，诉讼各方所举证的证据三性如何？请分组评价。

7. 行政机关对于郭某工伤的认定在适用法律上是否正确？请根据现行法律法规进行分析。如果你是委托代理律师，应该如何分析该问题？

8. 我国现行法律法规对劳动者权益保护的立法趋势如何？

9. 作为解决劳动争议案件的委托代理律师，在处理案件时应该履行哪些职责，注意哪些问题？请分组讨论。

10. 作为律师，如何在处理劳动争议案件过程中维护当事人合法权益，维护劳动者合法权益？

（二）实践题

1. 如果你是毕某的委托代理律师，你在接受委托后该进行哪些工作？请撰写仲裁申请以及工伤认定申请。

2. 如果你是前进富通混凝土有限公司委托代理律师，在接受委托后该进行哪些工作？请分别针对劳动关系争议诉讼以及工伤决定不服诉讼撰写起诉书。

3. 如果你是毕某的委托代理律师，请针对劳动关系争议诉讼撰写答辩意见。

4. 如果你是行政机关的委托代理律师，请针对劳动工伤决定不服诉讼撰写答辩意见。

七、实训法规

 详见

第三节　土地征收案件

一、实训目标

本节实训以一起土地征收案件为蓝本，围绕土地征收、行政复议、行政诉讼程序各环节展开教学，涉及知识点和职业技能内容包括：土地征收法律程序；与土地征用相关救济途径；行政复议、行政诉讼过程中与土地征收相关内容。

通过土地征用案件的实训，掌握以下知识点：（1）土地征收相关实体法律；（2）土地征收法律程序；（3）土地征收公告程序、听证程序及复议程序；（4）土地征收救济手段。

二、实训素材

李某等四人不服 LN 省人民政府行政复议决定案

（一）案情介绍

原告李某等四人系 LN 省 DT 市万宝桥街道大路村村民，原告通过信息公开申请方式，由 DT 市国土局得到《关于 DT 市实施县级规划批次用地的批复》（L 政地字〔2012〕292 号、〔2012〕293 号、〔2012〕282 号），《关于 DT 市增减挂钩项目建新地块用地的批复》（辽政地挂字〔2012〕40 号、〔2012〕39 号）文件，得知文件将包括原告村集体土地内的共有 71.5516 公顷的集体土地征为国有转为建设用地，并进行征收。原告认为该土地征收行为存在诸多违法之处，遂向 LN 省人民政府申请行政复议。2014 年 5 月 14 日，LN 省人民政府作出 L 政行复字〔2014〕66 - 70 号、〔2014〕77 - 80 号行政复议决定以及〔2014〕81 - 85 号、〔2014〕61 - 65 号、〔2014〕71 - 75 号、〔2014〕76 号驳回行政复议申请决定书。原告不服上述决定，遂提起行政诉讼，请求人民法院撤销 LN 省人民政府作出的〔2014〕61 - 65 号驳回行政复议申请决定书。

（二）关于《关于 DT 市增减挂钩项目建新地块用地的批复》（L 政地挂字〔2012〕39 号）情况介绍

《关于 DT 市增减挂钩项目建新地块用地的批复》（〔2012〕39 号）文件为 LN 省政府于 2012 年 5 月 15 日下发的关于《DT 市 2012 年度城乡建设用地增减挂钩项目第 4 批次建设新地块用地的请示》的批复，该批复同意将 DT 市万宝桥街道大路烟台村旱地 12.5676 公顷，未利用地 0.2714 公顷，合计 12.8390 公顷集体土地征为国有，作为 DT 市增减挂钩项目建设新地块用地。

（三）关于 LN 省人民政府《驳回行政复议申请决定书》（L 政行复驳字〔2014〕61 - 65）情况介绍

1. 行政复议申请人诉求及理由

申请人李某等四人对被申请人作出的《驳回行政复议申请决定书》（L 政行复驳字〔2014〕61 - 65）（以下简称《用地批复》）不服，请求撤销被申请人申请作出的《用地批复》，理由如下：

被申请人作出的《批复用地》将申请人的集体承包地征收转为建设用地和划为国有。申请人具有合法使用的土地位于《用地批复》范围内。被申请人的征收行为致使申请人无法继续享有土地使用权和生存权。被申请人违反法定征收程序，化整为零，越权审批，村委会违反土地承包法，放弃听证，超越村民组织法，剥夺了承包人的知情权，侵害了申请人的参与权。

2. 行政复议被申请人的答辩意见

被申请人请求依法驳回申请人的复议申请，理由如下：

被申请人认为其作出的《用地批复》程序合法，履行了听证告知等相关法律程序。在征收该地时，DT 市政府与申请人所在村的多数村民、村民代表进行了多次协商，并确认了土地现状调查结果。在征得村委会和村民代表同意后，制定了征地方案。《用地批复》下达后，DT 市政府发布了征收土地公告和征地补偿安置方案公告，严格执行了相关法律、法规的规定。各项手续齐备、程序合法。

3. 复议机关查明的事实

复议机关经审理查明：2012 年 5 月 14 日，被申请人作出《用地批复》，同意将 DT 市万宝桥街道大路烟台村旱地 1.7027 公顷、水田 0.8279 公顷、未利用地 0.1840 公顷；二道沟村水田 1.0558 公顷，合计 3.7704 公顷集体土地征为国有，作为 DT 市增减挂钩项目建新地块用地。同时，经复议机关调查核实，申请人的宅基地和承包的集体土地均不在《用地批复》征地范围内。

4. 被复议机关提交的证据

（1）被申请人《关于 DT 市增减挂钩项目建新地块用地的批复》（L 政地挂字〔2012〕39 号）。

（2）DT 市国土资源局卫星影像图、征地勘测界定图。

（3）听证会笔录。

5. 行政复议决定

复议机关于 2014 年 5 月 8 日作出驳回行政复议申请决定，理由如下：

复议机关根据《中华人民共和国行政复议法实施条例》第 28 条第（二）项的规定申请人行政复议应当与具体行政行为有利害关系。复议机关查明，申请人的宅基地和承包的集体土地均不在《用地批复》批准的征地范围内，被申请人作出的《用地批复》与申请人没有利害关系，申请人申请复议不符合《中华人民共和国行政复议法实施条例》第 28 条第（二）项规定，因此决定驳回申请人的行政复议申请。

（四）关于行政诉讼情况介绍

1. 本案当事人

原告：李某等四人

被告：LN 省人民政府

原告申请追加 DT 市人民政府为第三人，经合议庭合议不予追加。

2. 原告诉讼请求及理由

原告请求撤销 LN 省人民政府作出的《驳回行政复议申请决定书》（L 政行复驳字〔2014〕61 - 65），理由如下：

LN 省人民政府作出的驳回行政复议申请决定认定事实不清，适用法律错误。被告没有明确的证据能够证明原告的宅基地及承包地不在《用地批复》范围内。原告与《用地批复》具有法律上的利害关系，被告作出的《用地批复》是将原告所在集体经济组织所有的集体土地征为国有，原告作为集体经济组织成员，依法对涉案土地享有相应的集体所有权，征地行为直接影响到包括原告在内的全体集体经济组织成员的合法权益。原告与《用地批复》之间存在着法律上的利害关系，根据《行政复议法》第 2 条、第 6 条、第 9 条的规定，原告完全具备申请行政复议的主体资格。另外，被告在行政复议过程中违背国土资源听证程序，未按照法定期限提前通知原告参加听证会，对于原告提出的勘察审查申请也未予理会，属于程序违法。因此，请求法院撤销被告作出的《驳回行政复议申请决定书》（L 政行复驳字〔2014〕61 - 65）

3. 被告答辩意见及理由

被告请求法院维持《驳回行政复议申请决定书》（L 政行复驳字〔2014〕61 - 65），理由如下：

被告认为根据《中华人民共和国行政复议法》第 14 条的规定，被告具有作出被诉具体行政行为的职权。被诉具体行政行为认定事实清楚，适用法律正确，经查明原告的宅基地和承包的集体土地均不在《用地批复》批准的征地范围内，被告作出的《用地批复》与原告没有利害关系。原告的复议申请不符合《中华人民共和国行政复议法实施条例》第 28 条第（二）项规定，应予驳回。被告受理原告的复议申请后履行了调查取证等程序，在法定期限内作出了复议决定并送达给原告，程序合法。因此，被告认为其作出的《驳回行政复议申请决定书》（L 政行复驳字〔2014〕61 - 65）事实清楚，证据确凿，适用法律正确，程序合法，请求法院予以维持。

4. 双方提交的证据

（1）原告提交的证据

①土地承包合同三份；

②关于被征地农民劳动力安置及补偿协议；

③村委会放弃听证的送达回证；

④被征地农户意见签字；

⑤动迁建筑物补偿清册以及建设地上附着物拆迁补偿协议；

⑥关于幸福家园划拨用地的说明；

⑦商住两用楼房照片一组；

⑧土地转让协议赔偿申请书清单；

⑨LN 省政府土地批件，L 政地第〔2012〕292 号，L 政地挂〔2012〕40 号。

（2）被告提交的证据

①原告复议申请书、EMS 及详情单；

②《关于 DT 市增减挂钩项目建新地块用地的批复》（辽政地挂字〔2012〕39 号）；

③听证会笔录、DT 市国土资源局卫星影像图；

④答辩人邮寄给原告复议决定的 EMS 及详情单。

（3）法院证据的采信

被告提交的证据①、②、④因原告无异议且能够实现证明目的，法院予以采信。证据③听证会笔录第 3 页最后一行原告自认辽政地挂字〔2012〕39 号《用地批复》不涉及原告的土地故对该证据的证明目的法院予以采信。

原告提交的证据①~⑨的真实性予以确认，但证明目的与案件的审查客体即原告是否与《用地批复》具有利害关系、是否具有申请行政复议的主体资格无关，故对原告提供证据的证明目的未予采信。

（4）行政诉讼判决及理由

法院驳回原告李某等四人的诉讼请求，理由如下：

法院认为，根据《行政复议法》第 14 条的规定，被告 LN 省人民政府具有作出被诉驳回行政复议申请决定的职权。本案中，根据被告提供的听证会笔录，原告自认 L 政地挂字〔2012〕39 号《用地批复》所批准征收的土地不涉及原告的土地，根据《最高人民法院关于执行〈中华人民共和国行政诉讼法〉若干问题的解释》第 16 条的规定，农村土地承包人等土地使用权人对行政机关处分其使用的农村集体土地的行为不服，可以自己的名义提起诉讼。因原告宅基地及其承包地不在《用地批复》的征地范围内，因此原告不能以自己的名义提起行政复议。关于原告主张其作为集体经济组织成员对被征用的集体土地享有集体所有权，其与《用地批复》具有利害关系，具有提起行政复议的主体资格的问题，法院认为因《用地批复》涉及全体村民之权益，应由村民委员会或村民代表大会讨论决定后方可提起行政复议。因此，被告于 2014 年 5 月 8 日作出《驳回行政复议申请决定书》（L 政行复驳字〔2014〕61 - 65 号）认定事实清楚，适用法律正确，复议结论并无不当。原告的诉求请求不能成立。

三、实训准备

1. 学生查找《行政复议法》《行政复议法实施条例》《行政诉讼法》《最高人民法院关于执行〈中华人民共和国行政诉讼法〉若干问题的解释》《土地管理法》《土地管理法实施条例》等相关法律法规，熟悉案件相关法律规定。

2. 学生分成原告组、被告组（复议机关）、法院组。

3. 学生查阅案件相关资料，按照角色准备法律法规和案件事实、证据资料。

四、实训要点

1. 根据我国相关法律规定，征收土地应包括哪些程序？

根据《土地管理法实施条例》第 14 条、第 24 条、第 25 条规定，建设项目需要使用土地的，应当符合国土空间规划、土地利用年度计划和用途管制以及节约资源、保护生态环境的要求，并严格执行建设用地标准，优先使用存量建设用地，提高建设用地使用效率。从事土地开发利用活动，应当采取有效措施，防止、减少土壤污染，并确保建设用地符合土壤环境质量要求。

建设项目确需占用国土空间规划确定的城市和村庄、集镇建设用地范围外的农用地，涉及占用永久基本农田的，由国务院批准；不涉及占用永久基本农田的，由国务院或者国务院授权的省、自治区、直辖市人民政府批准。具体按照下列规定办理：（1）建设项目批准、核准前或者备案前后，由自然资源主管部门对建设项目用地事项进行审查，提出建设项目用地预审意见。建设项目需要申请核发选址意见书的，应当合并办理建设项目用地预审与选址意见书，核发建设项目用地预审与选址意见书。（2）建设单位持建设项目的批准、核准或者备案文件，向市、县人民政府提出建设用地申请。市、县人民政府组织自然资源等部门拟订农用地转用方案，报有批准权的人民政府批准；依法应当由国务院批准的，由省、自治区、直辖市人民政府审核后上报。农用地转用方案应当重点对是否符合国土空间规划和土地利用年度计划以及补充耕地情况作出说明，涉及占用永久基本农田的，还应当对占用永久基本农田的必要性、合理性和补划可行性作出说明。（3）农用地转用方案经批准后，由市、县人民政府组织实施。

建设项目需要使用土地的，建设单位原则上应当一次申请，办理建设用地审批手续，确需分期建设的项目，可以根据可行性研究报告确定的方案，分期申请建设用地，分期办理建设用地审批手续。建设过程中用地范围确需调整的，应当依法办理建设用地审批手续。

农用地转用涉及征收土地的，还应当依法办理征收土地手续。

2. 征用土地应如何进行公告？未依法予以公告的，或对于征地补偿安置、方案有不同意见的，被征地农村集体经济组织、农村村民或者其他权利人有何救济手段？

根据《土地管理法》第47条的规定，国家征收土地的，依照法定程序批准后，由县级以上地方人民政府予以公告并组织实施。县级以上地方人民政府拟申请征收土地的，应当开展拟征收土地现状调查和社会稳定风险评估，并将征收范围、土地现状、征收目的、补偿标准、安置方式和社会保障等在拟征收土地所在的乡（镇）和村、村民小组范围内公告至少30日，听取被征地的农村集体经济组织及其成员、村民委员会和其他利害关系人的意见。

多数被征地的农村集体经济组织成员认为征地补偿安置方案不符合法律、法规规定的，县级以上地方人民政府应当组织召开听证会，并根据法律、法规的规定和听证会情况修改方案。

拟征收土地的所有权人、使用权人应当在公告规定期限内，持不动产权属证明材料办理补偿登记。县级以上地方人民政府应当组织有关部门测算并落实有关费用，保证足额到位，与拟征收土地的所有权人、使用权人就补偿、安置等签订协议；个别确实难以达成协议的，应当在申请征收土地时如实说明。

相关前期工作完成后，县级以上地方人民政府方可申请征收土地。

根据《行政复议法》第 20 条、《行政诉讼法》第 46 条、《土地管理法》第 47 条的规定，公民、法人或者其他组织认为行政行为侵犯其合法权益的，可以自知道或者应当知道该行政行为之日起 60 日内提出行政复议申请；但是法律规定的申请期限超过 60 日的除外。

公民、法人或者其他组织直接向人民法院提起诉讼的，应当自知道或者应当知道作出行政行为之日起 6 个月内提出。法律另有规定的除外。

国家征收土地的，依照法定程序批准后，由县级以上地方人民政府予以公告并组织实施。

县级以上地方人民政府拟申请征收土地的，应当开展拟征收土地现状调查和社会稳定风险评估，并将征收范围、土地现状、征收目的、补偿标准、安置方式和社会保障等在拟征收土地所在的乡（镇）和村、村民小组范围内公告至少 30 日，听取被征地的农村集体经济组织及其成员、村民委员会和其他利害关系人的意见。

多数被征地的农村集体经济组织成员认为征地补偿安置方案不符合法律、法规规定的，县级以上地方人民政府应当组织召开听证会，并根据法律、法规的规定和听证会情况修改方案。

拟征收土地的所有权人、使用权人应当在公告规定期限内，持不动产权属证明材料办理补偿登记。县级以上地方人民政府应当组织有关部门测算并落实有关费用，保证足额到位，与拟征收土地的所有权人、使用权人就补偿、安置等签订协议；个别确实难以达成协议的，应当在申请征收土地时如实说明。

相关前期工作完成后，县级以上地方人民政府方可申请征收土地。

因不动产提起诉讼的案件自行政行为作出之日起超过 20 年，其他案件自行政行为作出之日起超过 5 年提起诉讼的，人民法院不予受理。

3. 被征地农村集体经济组织、农村村民或者其他权利人认为征收土地的行为侵犯其合法权益的，有何救济途径？

根据《行政复议法》第 11 条规定，有下列情形之一的，公民、法人或者其他组织可以依照本法申请行政复议，认为行政机关违法集资、征收财物、摊派费用或者违法要求履行其他义务。权利人可以对征收行为提起行政复议。

根据《行政诉讼法》第 12 条第 1 款第（五）项规定，人民法院受理公民、法人或者其他组织提起的下列诉讼：对征收、征用决定及其补偿决定不服的。

4. 被征地农村集体经济组织、农村村民或者其他权利人认为征用土地的行为侵犯其所有权或使用权的，应如何救济？

根据《行政复议法》第 23 条第 1 款第（二）项规定，有下列情形之一的，申请人应当先向行政复议机关申请行政复议，对行政复议决定不服的，可以再依法向人民法院提起行政诉讼：对行政机关作出的侵犯其已经依法取得的自然资源的所有权或者使用权的决定不服。

5. 行政复议被申请人如何确定？

根据《中华人民共和国行政复议法实施条例》有关规定：

（1）公民、法人或者其他组织对行政机关的具体行政行为不服，依照行政复议法和本条例的规定申请行政复议的，作出该具体行政行为的行政机关为被申请人。

（2）行政机关与法律、法规授权的组织以共同的名义作出具体行政行为的，行政机关和法律、法规授权的组织为共同被申请人。

（3）行政机关与其他组织以共同名义作出具体行政行为的，行政机关为被申请人。

（4）下级行政机关依照法律、法规、规章规定，经上级行政机关批准作出具体行政行为的，批准机关为被申请人。

（5）行政机关设立的派出机构、内设机构或者其他组织，未经法律、法规授权，对外以自己名义作出具体行政行为的，该行政机关为被申请人。

6. 对省级人民政府作出的具体行政行为不服，可以采取何种救济措施？

根据《行政复议法》第 24 条的规定，县级以上地方各级人民政府管辖下列行政复议案件：

对本级人民政府或者其工作部门管理的法律、法规、规章授权的组织作出的行政行为不服的。

除前款规定外，省、自治区、直辖市人民政府同时管辖对本机关作出的行政行为不服的行政复议案件。

省、自治区人民政府依法设立的派出机关参照设区的市级人民政府的职责权限，管辖相关行政复议案件。

五、实训过程

1. 介绍教学目的，明确讨论主题，与学生共同阅卷，了解案件基本情况，将学生进行角色分配，分为原告组、被告组（复议机关）以及法院组。

2. 学生对与土地相关的法律法规进行检索，掌握、了解相关法律法规。

3. 针对本案所涉及的法律程序进行分组讨论，学生回答相关法律程序的问题。各组按照各自的角色完成实践题，提交相应的法律文书。

4. 针对行政诉讼当事人的资格以及地位、如何甄选行政诉讼被告问题进行讨论，各小组回答有关行政诉讼当事人的问题，并就本案的行政诉讼当事人情况进行分析讨论。

5. 针对行政诉讼案件审理程序，尤其是法庭调查内容进行讨论；各组回答关于行政诉讼案件审理程序的问题，尤其要注意行政诉讼案件在法庭调查过程中内容的特殊性。

6. 针对在行政诉讼质证过程中对证据三性的认定进行讨论，各小组按照各自角色来讨论分析本案例中提交证据的三性，即真实性、关联性以及证明目的，法院组对于法院采信的证据进行评价。

7. 学生、教师总结归纳。学生按照角色分组总结本组作为原告、被告或法官在法律程序中所完成的职责以及还需注意的问题。教师对整个案件进行总结。

8. 学生进一步思考委托代理律师在行政诉讼活动中的职能，如何更好地保障当事人的合法权益。

六、实训拓展

（一）思考题

1. 本案中《关于 DT 市增减挂钩项目建新地块用地的批复》（L 政地挂字

〔2012〕39 号）是什么行政行为？是具体行政行为还是抽象行政行为？行为主体是谁？是否具有可诉性？

2. 本案中 DT 市人民政府是否是征地行为主体？李某等四人为何将 LN 省人民政府作为被申请人？

3. 本案中李某等四人将 LN 省人民政府作为被申请人提起行政复议，行政复议机关为何仍为 LN 省人民政府？

4. 本案中李某等四人除向人民法院起诉外，还可以采取何种救济手段？

5. DT 市政府是否可以成为行政诉讼第三人？为什么？

6. 本案中李某等四人认为 LN 省人民政府在行政复议过程中违背国土资源听证程序，未按照法定期限提前通知原告参加听证会。请根据《国土资源听证规定》《国土资源行政复议规定》相关规定，本案是否适用这两个规章？

7. 本案中关于原告的土地是否属于《关于 DT 市增减挂钩项目建新地块用地的批复》（L 政地挂字〔2012〕39 号）征地范围的举证责任如何分配？本案中关于这一问题是如何确定的？

8. 本案中双方提交的证据作用如何？请按照证据三性理论予以评价。

（二）实践题

1. 如果你是原告李某等四人的委托代理律师，请撰写行政复议申请以及起诉书。

2. 如果你是 LN 人民政府法制办工作复议处的工作人员，请撰写行政复议的答辩意见以及行政诉讼答辩状。

七、实训法规

详见